불안한 마음을 줄여드립니다

All rights reserved including the right of reproduction in whole or in part in any form.
This edition published by arrangement with Viking, an imprint of Penguin Publishing Group,
a division of Penguin Random House LLC
This Korean translation published by arrangement with Viking in care of
Penguin Random House LLC through AlexLeeAgency ALA

이 책의 한국어판 저작권은 알렉스리에이전시ALA를 통해 Penguin Random House LLC와
독점 계약한 알에이치코리아(RH Korea Co., Ltd.)가 소유합니다.
저작권법에 의하여 한국 내에서 보호를 받는 저작물이므로 무단 전재 및 복제를 금합니다.

불안한 마음을 줄여드립니다

크리스 베일리 지음
김미정 옮김

초조함 없이
평온한 뇌를 만드는
'자극 금식'의 기술

RHK
알에이치코리아

나의 가족을 위해

당신은 하늘이다.
그 외 모든 것은, 그저 날씨일 뿐이다.

―페마 초드론 Pema Chödrön

> 들어가는 글

평온함이 필요한 이유

이 책을 쓸 의도는 없었다. 몇 년 전, 나는 번아웃 상태 저 밑으로 추락했고, 머지않아 100명의 청중 앞에서 강연하던 중 불안 발작을 일으켰다(이 이야기는 1장에서 자세히 전할 예정이다). 그 후 정신건강을 챙겨야겠다는 생각에 무작정 평온함이라는 주제에 관한 지식을 파고들었다. 학술 논문을 들여다보고, 연구자들과 대화를 나누며, 나 자신을 실험 대상으로 삼아 내가 접한 요령들을 시험해 보면서 마음의 평안을 얻으려고도 했다.

나는 생산성에 관해 저술하는 것을 업으로 하는 사람으로서 내 일을 무척이나 즐긴다. 하지만 번아웃과 불안감을 한창 겪는 동안 머릿속은 초조와 불안 사이를 전전했다. 내 손으로 쓴 생산성 전략들을 실천하면서도 그렇게 지치고 불안하다면, 애초에 나는 무슨 자격으로 남들에게 그런 조언을 한단 말인가? 무언가를 놓치고 있었다.

다행히 연구를 자세히 살펴보던 중 이제껏 나 자신에게 말해온 것과는 사뭇 다른 아이디어를 발견하게 되었다. 자기보존 욕구에서 시작한 탐구가 이내 꺼트릴 수 없는 호기심으로 변하면서 나는 어떤 사실을 깨달았다. 우리는 평온함이라는 마음 상태를 크게 오해하고 있으며, 이를 둘러싼 우리의 이해가 전부 잘못되었다는 점이다. 물론, 불안―평온함의 반대―에 대처하는 것은 우리의 책임이다. 하지만 불안을 느끼도록 유도하는 많은 요인은 시야에 가려진 까닭에 다스리기는커녕 제대로 알아보기도 어렵다.

평소보다 더 불안해졌다고 느끼는 사람은 나만이 아닐 것이다. 만약 여러분에게 불안이 스며들었다면 혼자만의 일이 아님을 인정하고 자책을 거둬야 한다. 세계적인 유행병, 전쟁 관련 뉴스, 유달리 까다로운 일 등 불안(그리고 스트레스)의 몇몇 원천을 쉽게 지목할 수 있다. 하지만 명확하지도, 눈에 띄지도 않는 원인이 훨씬 많다.

이 책에서 다루는 것들도 여기에 포함된다. 그중 일부를 꼽아 보면, 더 많이 성취하려는 욕구, 일상에 묻혀 보이지 않는 수많은 스트레스 요인, 주기적으로 찾는 '초자극제', 6대 번아웃 요인과 그 측면에서 살펴본 우리의 성과, 개인마다 다르게 나타나는 '자극의 높이', 아날로그 세계에 비해 디지털 세계에서 보내는 시간의 양, 심지어 우리가 먹고 마시는 것들도 해당한다. 비유하자면 불안의 원천은 평온함을 찾아가는 여정의 끝에서 맞닥뜨리는 최종 보스다.

이러한 내용을 비롯한 다양한 주제를 이 책에서 자세히 분석하려고 한다. 다행히 불안과 번아웃을 극복하는 동시에 평온함을 되찾게 할 실용적인 요령들이 있고, 그중 다수는 지금 당장 실천할 수 있다.

스트레스와 번아웃을 다스리는 한편 평온함을 얻기 위한 실험을 진행하면서, 그동안 내가 제시한 생산성 조언들이 틀리지 않았음을 발견하고 안도했다. 하지만 내 조언에는 생산성이라는 그림을 구성하는 중요한 조각 하나가 빠져 있었다.

생산성 조언은 분명 효과가 있다. 훌륭한 생산성 조언은 시간과 주의력, 에너지를 관리하는 데 유익하며, 이로 인해 정신적, 시간적 여유를 얻어서 의미 있는 일에 쓸 수 있다. 이 조언들은 우리 삶을 풍요롭게 한다. 또한, 스트레스를 줄여주고 모든 일을 거뜬히 해내도록 이끌기도 한다. 오늘날 우리가 동시에 처리해야 할 온갖 일을 고려할 때, 훌륭한 생산성 조언은 그 어느 때보다 긴요하다.

하지만 그전에 일과 생활에서 건강한 생산성을 발휘하는 역량을 기르는 것도 중요하다. 불안과 번아웃에 부딪히면 자기도 모르는 사이에 생산성이 감소하기 때문이다.

평온함을 추구하는 것은 생산성을 위한 역량을 유지하고 심지어 그 힘을 기르는 방법이 될 수 있다.

평온함을 찾고 번아웃을 극복하면 자신의 현재 상태를 더 편안하게 받아들이고, 동시에 마음속으로도 편안한 기분을 느낄 수 있다. 덕분에 종일 길어 올리는 에너지의 저장소가 더 크고 넓어진다. 이로써 생산적으로 일하며 행복한 삶을 살 수 있다. 주어진 하루에 평온함을 더할 때, 우리는 일과 삶에서 우리의 노력에 동력을 불어넣고 시간이 오래 지나도 그 열기가 지속 가능한 어느 잃어버린 조각에 투자하는 셈이다. 이 사실을 발견하며 책을 쓰는 동안, 그간 내가 제시한 모든 생산성 조언이 만족스럽게 딸깍 소리를 내며 제자리를 찾는 듯한 기분이 들었다.

조금씩 평온함을 찾아가면서 불안과 번아웃이 낮아짐에 따라 나의 생산성 수준은 극적으로 상승했다. 평온하고 명료해진 마음 덕분에 한결 수월하게 글을 쓰고 아이디어를 연결할 수 있었다. 평소라면 몇백 단어를 쓸 시간에 수천 단어를 쓰고 있는 나를 발견했다. 불안이 잦아들자 인내심도 높아졌다. 누구와 있든 무엇을 하든 더 진지하게 들어주고 훨씬 몰두할 수 있었다. 생각은 또렷해지고, 아이디어는 날카로웠으며, 행동은 신중했다. 전보다 더 의도를 갖고 덜 즉흥적으로 행동했고, 더는 외부 사건들로 마음을 소진하지 않았다. 목적의식을 가지고 행동했더니 하루하루가 더 의미 있게 다가왔다.

실제로 평온함이 생산성 측면에 주는 이익은 매우 크다. 더구나 평온함은 여러분의 상황—이를테면 시간, 예산, 에너지가 제한적인 상황—과 관계없이 충분히 얻을 수 있다. 이 책은 평온한 상태로 이끄는 유익한 전략들을 탐구한다. (평온함 덕분에 얼마나 많은 시간을 돌려받는지는 이후 알아보도록 하자.)

결국 우리는 흥미진진한 결론에 이른다. 평온함이 정신 건강에 끼치는 장점을 제쳐놓더라도, 불안을 줄이는 데 시간을 투자할 가치가 있다. 평온함은 우리를 더 생산적으로 만들므로, 평온함을 얻으려고 노력하는 시간보다 결국 더 많은 시간을 돌려받게 된다.

개인적 여정을 거치면서 평온함이라는 주제에 관해 얻은 통찰을 망라해 이 책의 얼개 비슷한 것을 만들기 시작했다. 처음에는 이 과정이 썩 내키지 않았다. 쉽게 꺼내기 힘든 개인사도 드러내야 한다는 점을 잘 알았기 때문이다. 하지만 불안과 번아웃은 너무 보편적인 현상이라 말하지 않을 수가 없다. 나의 여정, 그리고 여기서 얻은 교훈을 공유해 평온함을 찾아가는 여러분의 길도 조금은 명료해졌으면 한다.

우리는 불안한 시기를 살아가고 있다. 세상과 담을 쌓고 사는 것이 아니라면 걱정거리가 한둘이 아닐 것이다. 그 이유를 다시 읊지는 않겠지만(세상 문제라면 이미 충분히 듣고 있으니까), 현대 사회에서 불안 없이 살기가 어렵다는 것만은 분명하다.

평온함은 현실을 외면하는 것이 아니다. 오히려 평온함은 쉼 없이 변화하는 환경을 헤쳐나갈 회복력과 에너지, 체력을 제공한다. 처음에 나는 불안을 이겨낼 수단으로 평온함을 추구했지만, 결국에는 평온함이야말로 지금 내가 하는 일에 깊이 몰두하는 비결이라는 점을 깨달았다. 또한, 평온함을 얻으면 생산성이 높아지므로 평온함을 추구하는 데 죄책감을 느껴서는 안 된다.

언뜻 보면 평온함은 매력적인 생산성 조언과 반대되는 듯하다. 하지만 빵에 넣는 효모 혹은 좋아하는 요리에 가미하는 미량의 소금처럼, 약간의 평온함도 삶에서 현재를 느끼며 행복감 속에 머물도록 만든다. 더 많은 평온함을 얻는다면 자기가 하는 모든 일에 편안하게 집중할 수 있다. 평온함은 든든한 뿌리를 제공해서 더 적극적이고 신중하게 행동하도록 이끈다. 평온함을 얻으면 인생이 더 즐거워지고, 덤으로 시간도 아낄 수 있다. 이보다 좋은 것이 있을까?

책의 끝부분에 다다를 즈음에는 여러분도 내가 발견한 지점을 찾았으면 한다. 불안한 세상 속에서는 평온함을 얻는 것이야말로 최고의 '생활 꿀팁'이라는 것을 말이다.

차례

들어가는 글 평온함이 필요한 이유 — 9

1장 평온함의 반대편에서 눈을 뜨다 — 17
2장 성취주의의 덫 — 31
3장 번아웃 방정식 — 81
4장 '더 많이'의 사고방식 — 113
5장 자극의 높이를 파악하라 — 153
6장 자극 금식의 기술 — 191
7장 아날로그 선택하기 — 229
8장 평온함과 생산성의 관계 — 281
9장 평온함이 숨 쉬는 곳 — 311

감사의 말 — 331
주 — 334

1장

평온함의 반대편에서 눈을 뜨다

몇 년 전까지만 해도 나는 평온함을 의도적으로 추구할 대상이라고 생각지 않았다. 나에게 평온함은 대개 우연한 순간에 느끼는 기분이었다. 잠시 일을 내려놓고 도미니카공화국 해변에서 편안히 쉴 때, 휴가 동안 사랑하는 사람들이 북적북적 내 주변에 있을 때, 긴 주말을 앞두고 있는데 실행해야 할 계획이나 의무가 없을 때 평온한 기분이 찾아들었다.

이렇게 우연히 마주치는 행복한 순간들을 제외하고, 평온함은 적극적으로 찾아 나설 대상이 아니었다. 그리 열심히 추구할 만큼 매력적이지도 않았거니와 딱히 주의를 기울이지도 않았다. 그러다 내 삶에 평온함이 전혀 없음을 경험하고는 생각이 바뀌었다.

나로선 불행한 일이지만, 일상에서 평온함의 흔적이 남김없이 사라졌다는 사실을 분명히 깨달았던 정확한 날짜(그리고 시간까지!)가 있다. 이 깨달음은 오래된 아파트 건물에서 주철 욕조가 바닥을 뚫고 곤두박질치듯, 곪아 있다가 갑자기 터져버렸다.

들어가는 글에서 말한 것처럼 그 일이 터지던 순간 내가 서 있던 곳은 무대 위였다.

평온함의 반대 기분인 '불안'은 사람마다 제각기 다르게 느낀다. 어떤 이들에게 불안은 늘 곁에 있는 벗과 같지만 어떤 사람들은 불안을 드물게 느낀다. 나에게 불안은 조용히 덜거덕거리며 늘 삶에 존재하는 대상이었다. 그런데 바로 이날, 덜거덕거리던 불안 — 몇 년간 출장 업무로 스트레스가 쌓이면서 점점 더 요란한 소리를 냈다 — 은 100명의 청중을 마주하고 무대에 서 있는 순간 전면적인 공황 발작으로 분출됐다.

강연을 앞두고 무대 밑에서 기다리고 있는데… 뭔가 심상치 않다는 느낌이 들었다. 평소보다 마음이 훨씬 조급해졌고, 당장이라도 고꾸라져서 한바탕 현기증에 휩싸인 듯한 느낌에 굴복할 것만 같았다.

다행히 내 이름이 불리는 순간 정신을 추스를 수 있었다. 계단 위를 가볍게 뛰어 올라가 포인터를 집어 들고 곧장 강연에 들어갔다. 1~2분이 지나자 기분이 아주 좋아졌고 현기증도 잦아들었다. 진짜 사건은 그때 터졌다. 나를 통째로 휘감은 묵직한 기분이 내 몸과 마음을 집어삼켰고 나는 초조함의 구덩이 저 아래로 굴러떨어졌다.

마치 누가 공포라는 물약 한 병을 내 머릿속에 들이부은 듯했다. 단어 하나하나를 내뱉을 때마다 말을 더듬게 되자 식은땀이 등줄기를 타고 흘러내리기 시작했다. 입속에 구슬이 십수 개는 들어 있는 느낌이었다. 심장이 급격히 빨리 뛰었고, 나는 또다시 곧 기절할 듯한 기분에 휩싸였다. 강연 전에 느꼈던 현기증이 2라운드에 돌입한 듯했다.

　나는 더듬거리면서도 비행기의 자동조종 장치를 작동하듯 꿋꿋하게 말을 이어나갔다. 쓰러지지 않도록 연단을 꼭 잡고, 나를 보기 위해 그 자리에 모여준 청중에게 사과의 말을 전했다. 식은땀이 나고 말을 더듬는 건 지독한 독감 때문이라는 내 말을 (고맙게도) 믿어준 것 같았다. 내심 이렇게 말한 덕분에 그나마 청중의 동정심을 얻어 강연을 무사히 마친 듯했다. 물론 강연 내내 그만 포기하고 무대에서 내려와 뒤도 돌아보지 않고 가버리고 싶다는 기분을 떨칠 수 없었다. 그렇게 나는 뜨뜻미지근한 반응 속에 강연을 마쳤다.

　그 정도만 해도 어디인가 싶었다.

　강연을 끝내자마자 고개를 푹 숙인 채 엘리베이터를 타고 호텔방으로 올라와 퀸사이즈 침대에 그대로 쓰러졌다. 아까보다는 조금 정리된 마음으로 낮에 있었던 일들을 머릿속으로 복기해 보았다. 그날 하루가 통째로 흐릿했다. 일련의 사건들이 너무 불분명하게 얽혀 있어서 뭐가 뭔지 도무지 분간할 수가 없었다. 무대 위에서 더듬거리던 내 모습을 다시 떠올리려고 갖은 애를 쓰다 보니 두 주먹을 움켜쥐게 되었고, 떠오르는 기억에 몸이 움찔움찔했다.

　호텔에 도착했던 전날 밤의 일도 떠올려 보았다.

　종일 먼 길을 이동해—수일간 이어진 출장 중 하나였다—숙소에 들어와서는 욕조에 몸을 담갔다. 목욕은 출장에 와 있는 동안 긴장을 풀기 위해 내가 즐겨 하는 일 중 하나다(목욕과 더불어 거하게 즐기는 배달 음식도 물론 빼놓을 수 없다). 강연 전날 여유 시간이 충분하다면, 거의 늘 욕조에 몸을 담그고 모범생들이 들을 법한 팟캐스트를 들으며 목적지에 제때 도착했다는 생각에 안도하곤 한다.

이날도 강연 전날 욕조에 앉아 목욕물이 식을 때까지 생각에 잠겨 있었다. 욕실 주변으로 아무렇게나 시선을 옮겨보았다. 세면대 밑 선반에 놓인 드라이기, 일렬로 놓여 있는 꽃향기 나는 작은 샴푸와 컨디셔너 용기들, 그리고 마지막으로 욕조 앞쪽에 있는 금속 재질의 둥근 오버플로 면판을 바라보았다. 이 면판은 배수구와 수도꼭지 사이의 중간 지점에 달려 있었다.

면판 안에는 금속의 굴곡 때문에 휘어져 보이는 내 얼굴이 있었다. 스마트폰의 애플리케이션을 잘못 눌러 우발적으로 셀프 카메라 화면에 내 얼굴이 비칠 때, 반사된 자기 모습에 깜짝 놀란 적이 있을 것이다. 그날 금속판에 반사된 내 모습을 본 나도 같은 심정이었다. 나는 쓸쓸하고, 피곤하고, 무엇보다도 남김없이 고갈돼 보였다.

나 지금 진짜 안 좋은 상태구나. 그 순간 이렇게 생각했던 것이 기억난다.

이날 이때까지 내가 수년간 집요하게 탐구해 온 것은 생산성 productivity, 즉 그날 무대에서 강연한 주제였다. 내 경력 그리고 인생의 상당 부분이 이 주제를 중심으로 구축되었다. 책 출간을 목표로 이 글을 쓰는 지금도 생산성은 여전히 내가 열중하는 주제이며, 이 열정은 내가 제대로 대우해 주는 만큼 내 삶에서 꾸준히 발전해 왔다.

하지만 그 순간, 뭔가 다른 것이 매우 뚜렷해졌다. 이 한결같은 관심 대상을 무척이나 중시하면서 지금껏 그토록 많이 탐구해 왔지만, 정작 나는 생산성을 어디까지 추구할지 적절한 선을 긋지 못했던 것이다. 과욕을 부리는 수많은 사람처럼 나 역시 불안하고, 지치고, 고갈된 기분에 빠지고 말았다. 아마 여러분도 한두 번쯤 그럴 때가 있었을 것이다.

출구를 찾지 못한 스트레스가 내 삶에 차곡차곡 쌓여버렸다. 강연 전 상황을 떠올리던 공상에서 빠져나와 천천히 침대에서 일어나 짐을 챙겼다. 흰 와이셔츠를 후드 티로 갈아입고, 헤드폰을 쓰고, 아마 잠시 골똘히 생각에 잠겼을 것이다. 그러고는 기차역으로 가서 귀갓길에 올랐다.

기차에 앉은 김에 더 먼 과거까지 한번 되돌아보았다.

○ 지나온 날들을 돌아보니

내가 처한 상황을 하나씩 헤쳐보기 시작하자 한 가지 나를 괴롭히는 점이 있었다. 사실 나는 자신을 제대로 돌보지 않은 탓에 언젠가 무대 위 공황 발작 같은 사건이 터질 것이라고 늘 생각해 왔다.

하지만 나는 분명 나를 챙기고 있었다. 그리고 실제로 내가 자기 돌봄을 꽤 잘한다고 생각했다!

근면한 사람들에게 적절한 자기 돌봄 요령을 일러주는 조언이 수두룩하다. 그날 무대 위에서 공황 발작을 겪기 전까지 나도 그런 조언을 꽤 많이 실천했다. 날마다 명상하기(대개 한 번에 30분), 일 년에 한두 번 침묵 명상 워크숍에 참가하기, 일주일에 몇 번씩 꼬박꼬박 운동하기, 마사지 받기, 가끔 아내와 함께 온천 가기, 책 읽기, 팟캐스트 듣기, 심지어 출장 중에 목욕하기—맛있는 인도 음식을 양껏 먹은 다음에 할 때가 많았다—까지 해보았다. 자기 돌봄에 투자하는 일은 생산성을 탐구하는 열정에 훌륭한 균형추 구실을 해주었다. 생산성은 주로 행동의 효율성과 기여도를 최적화하는 데 치중하기 때문이다.

이 정도면 충분하리라 생각했다. 나아가 이것들을 전부 실천할 만한 내 상황이 참 운이 좋다고 여겼다. 모든 사람이 일주일 휴가를 내고 세상과 잠시 떨어져 명상 워크숍에 참여할 여유나 특권을 가진 것도 아니고, 매달 두세 번씩 마사지하는 비용을 마련하기도 쉽지 않은 일이다. 내가 온갖 자기 돌봄 활동에 소중한 시간과 돈을 쏟아부은 것을 생각하면, 그렇게 은근했던 불안이 어떻게 전면적인 불안 발작으로 악화했는지 놀라울 뿐이었다.

진정한 평온함을 얻으려면 좀 더 깊게 살펴봐야겠다는 생각이 들었다. 이 깨달음이 결국 나를 긴 여정에 들어서게 했고, 그 결과물이 이 책이다.

해마다 연말이 가까워지면(대개는 휴가 기간), 새해를 내다보면서 다음 해가 끝날 시점에 이뤄놓고 싶은 것들을 미리 생각해 본다. (나는 의도적으로 미래완료 시제를 쓴다. 이렇게 하면 머릿속에서나마 한 걸음 앞서 나가서 아직 일구지 못한 미래를 상상해 볼 수 있다.) 일과 관련해서는 매년 세 가지 목표(완료하고 싶은 프로젝트, 성장시키고 싶은 사업 부문, 그 외 달성하고픈 기록들)를 수립한다. 다른 한편으로는 내년 연말에 나의 개인적 삶은 어떨지 미리 생각해 보고 한 해가 끝날 무렵 이뤄놓고 싶은 세 가지를 정해둔다.

그해, 일과 관련된 3대 목표는 무난하게 수립할 수 있었다. 대부분 이미 진행 중인 프로젝트였기 때문이다. 이를테면 명상과 생산성에 관한 오디오북 원고 쓰기(마감 기한이 있었다), 그해에 예정된 강연들을 재미있고 유익한 내용으로 채우기(이미 일정이 다 잡혀 있었다), 성공적으로 팟캐스트 운영하기(요즘 세상에 팟캐스트 하나쯤 안 하는 사람은 없으니까)였다.

개인적 삶의 영역에서도 보통은 원대한 목표 세 가지를 세우곤 했는데, 좋지 않은 시점에 공황 발작을 겪고 나서는 목표를 하나로 좁혔다. 나 자신을 '제대로' 돌볼 방법을 찾자고 말이다. 이 목표를 이뤄야겠다고 생각하니 다음의 간단한 질문에 초점을 맞추게 되었다.

진정으로 평온한 상태를 만들고 이를 유지하기 위해 내가 할 일은 무엇이었을까?

○ 간단히 살펴보기

이 여정에 첫발을 내디디면서 내가 원한 것은 뒤죽박죽된 마음을 가라앉히는 것뿐이었다. 그런데 프로젝트가 진척되는 동안 뜻밖에도 나는 생산성과 평온함, 그리고 그 외 여러 관련 주제들을 이전과는 전혀 다른 눈으로 바라보게 되었다. 앞으로 여러 장에 걸쳐 하나하나 살펴보겠지만, 내가 얻은 교훈을 미리 몇 가지만 적어보면 아래와 같다.

- 평온함은 불안의 반대다.
- 성취를 지향하는 끝없는 노력은 역설적으로 생산성을 떨어뜨릴 수 있다. 이 태도를 고수하면 시간이 지남에 따라 만성 스트레스, 번아웃, 불안을 겪기 때문이다.
- 대다수의 사람은 스스로 번아웃을 초래하지 않는다. 더 반가운 사실은, 번아웃을 극복할 과학적으로 입증된 방법들이 존재한다는 것이다. 번아웃 현상을 분해해서 자신의 상황을 더 잘 이해할 수 있는 방법도 있다. 이를테면 여섯 가지 번아웃 요인을 내가 어떻게 처리하고 있는지 점검하고, 나만의 '번아웃 역치'를 염두에 두는 것이다.
- 현대를 살아가는 우리가 반드시 제압해야 할 평온함의 흔한 적은 도파민을 향한 욕구다. 도파민은 뇌에서 분비되는 신경화학 물질로, 우리를 과도한 자극에 빠지도록 유도한다. 자신의 '자극의 높이', 즉 주기적인 자극이 분비시키는 도파민의 양을 낮추면

평온함에 더 가까워진다.
- 삶에 존재하는 스트레스의 여러 원인은 눈에 잘 띄지 않는다. 하지만 '도파민 디톡스'라고도 불리는 '자극 금식'을 통해 스트레스 요인을 길들이는 것은 흥미로운 일이다. 자극에 대한 내성을 조정하면 평온함은 커지고 불안과 번아웃은 줄어든다.
- 우리를 평온함으로 이끄는 거의 모든 습관은 한곳, 바로 아날로그 세상에 존재한다. 디지털 세상과 반대되는 아날로그 세상에서 보내는 시간이 많을수록 더 평온하다. 우리는 아날로그 세상에서 선조들의 뇌가 작동했던 방식을 따라 행동할 때 가장 느긋해진다.
- 평온함과 생산성을 동시에 추구할 수 있다. 생산성은 초조한 마음으로 한 번에 여러 곳에 주의를 기울일 때가 아니라, 의도를 기울여 신중하게 일할 때 크게 향상된다. 심지어 평온함을 추구할 때 확보되는 시간의 양을 계산하는 방법들도 존재한다.

모든 교훈 중에서도 내가 개인적으로 가장 중요시하는 사고방식의 변화는 마지막에 논한 생산성과 연관된다. 나는 지나친 걱정이 뒤덮은 세상에서 평온함이야말로 더 높은 생산성을 얻는 길이라고 믿게 되었다.

탐구의 여정을 거치는 동안 수많은 전략과 아이디어, 그리고 사고방식을 전환하는 요령을 발견했다. 이 방법들은 누구나 평온한 삶을 찾는 데 적용할 만하다. 더없이 분주한 시기를 보낼 때도 실천할 수 있다.

내가 발견한 요령들을 여러분과 나누는 출발점으로, 현대에 불안을 일으키는 2대 주요 원천부터 살펴보려고 한다. 하나는 '더 많이'의 사고방식이고, 다른 하나는 초자극제superstimuli, 즉 우리의 본성에 따라 자연스럽게 즐길 대상을 고도로 가공해서 과장해 놓은 자극과 그것에 빠지곤 하는 우리의 경향성이다. 이러한 요인들이 신경화학물질인 도파민 분비에 영향을 끼쳐 삶을 좌우하고, 비정상적인 만성 스트레스 수치에 이르도록 만드는 과정을 살펴보려고 한다. 필요할 때마다 나의 여정에서 겪었던 이야기, 그 과정에서 알게 된 흥미로운 연구 내용을 소개할 예정이다. 물론 각종 충동을 다루는 데 유익한 실용적인 조언도 건넨다.

평온함을 앗아가는 요인들을 탐색한 다음에는 삶의 나날을 평온함으로 가득 채울 방법을 더 깊이 파고들 것이다. 구체적으로 스트레스의 작동 방식, 불안의 흔한 형태인 '도피 수단', 평온함 추구에 죄책감을 느끼지 말아야 하는 이유, 그 외에 불안을 극복하기 위해 시도할 만한 기술을 자세히 다룬다. 내가 생활 속에서 직접 시도한 여러 실험을 통해 알게 된 내용들도 본문 곳곳에서 공유할 생각이다. 예를 들어 나는 생산성을 우선시할 시간과 장소를 정해두기도 하고, 최대한 극단적인 방식으로 자극을 피하고자 한 달간 도파민 금식도 시도했으며, 나의 카페인 내성 수준을 재설정하기도 했다.

그럼 이제 평온함에 푹 잠겨보자. 가장 먼저 내가 소중히 여기는 주제이자, 평온함을 위해 더 건강한 관계를 맺어야 할 대상부터 이야기하려고 한다. 여러분도 짐작하겠지만 그 주제는 바로 생산성이다.

    자각하든 못 하든, 우리가 사는 세상은 자신의 성취에 꽤 많은 생각을 기울이도록 유도한다. 나도 경험한 바지만, 더 높은 생산성과 성취를 지향하는 욕구 때문에 자신에 관한 수많은 이야기 ─ 그 이야기들의 사실 여부와는 관계없이 ─ 를 믿게 된다. 그리고 이 과정에서 상당한 만성 스트레스를 받는다.

    준비되었는가? 그렇다면 내가 '성취 지향적 사고방식'이라고 생각하게 된 그 주제로 직행해 심도 있는 탐험을 시작해 보자.

33 ○ **정체성은 어떻게 만들어질까**

평온함에 관해 내가 배운 것을 이야기하려면 '성취'부터 논해야 할 것이다. 더불어 우리가 자신의 성취를 바탕으로 정체성을 수립하는 방식도 일러둘 필요가 있다. 대개 정체성은 내가 믿는 나 자신의 이야기, 그리고 남들로부터 전해 듣는 나에 관한 이야기로 구성된다.

여러분의 삶을 되감기—승리하고 축하했던 순간, 힘겨운 때를 보냈던 순간을 거슬러 빠르게 삶을 되짚어보기—할 수 있다면, 정체성이 미처 형성되지 않았던 시점에 다다를 것이다. 그때 여러분은 그저 아이였다. 그 아이는 스노우 글로브(구 모양의 유리 속에 장식을 넣고 투명한 액체를 채워 흔들면 눈이 내리는 것처럼 보이는 물건-옮긴이) 속의 작은 조각상이 위를 올려다보며 경탄하듯 그렇게 세상을 흡수했다. 그때 여러분은 주변 세상에 관한 이야기, 여러분이 믿는 자신에 관한 이야기 등등 자기에 대한 증거를 하나둘 모으기도 했다.

두 눈을 크게 뜨고 탐구심을 발휘하며 풀로 덮인 축축한 땅에 볼을 갖다 대고 있을 때—아마 검지로는 개구리를 쿡쿡 찔러보기도 했을 것이다—고모가 여러분의 부모님에게 건네는 말이 희미하게 들린다. "아이가 호기심이 참 많네." 물론 여러분 들으라고 하는 말은 아니었다. 하지만 이 순간 마음속에 하나의 이야기가 움트기 시작한다.

내가 호기심이 많다고? 글쎄, 그런가 보네. 그게 어떤 뜻일까?

이번에는 고등학교 시절로 훌쩍 넘어가 보자. 고등학교 1학년 물리학 시간이다. 여태껏 여러분은 단 한 번도 물리학이 와닿는다고 느낀 적이 없었다. 그런데 어찌 된 일인지 선생님은… 세상의 구성 요소들이 상호작용하는 방식을 완벽하게 설명하는 방법을 알고 계시는 듯하다.

혹시 내가 과학 쪽에 소질이 있는 건가? 생각해 보면 나는 늘 꽤 논리적이었잖아. 이것이 나에 관해 말해주는 건 무엇일까?

다시 한번 빨리 감기 버튼을 눌러 이번에는 두 번째 직장에 입사했던 첫 주를 떠올려 보자. 회의 시간에 여러분의 새 상사—오늘날까지도 여러분이 가장 좋아하는 상사—가 별 뜻 없이 이렇게 말한다. 입사 첫 주인데도 참 듬직하다고, 어쩌면 그렇게 맡은 일을 척척 해내냐며 마술사 같다고 말이다.

아무렴, 나는 듬직한 사람이지. 나란 사람에게 그런 부분이 좀 있긴 해. 나는 생산적인 사람인가 보군.

시간이 지남에 따라 여러 기억이 증거처럼 차곡차곡 쌓인다. 이를 바탕으로 내가 어떤 존재가 되어가는지, 그리고 결국 내가 믿는 나 자신이 누구인지가 밝혀진다.

나 또한 위 사례의 주인공이 들었던 이야기들—호기심 많고, 논리적이며, 생산적이라는 평—을 들었다. 그 결과 장기간 진행되는 생산성 프로젝트에 착수해 생산성에 관한 조언을 최대한 연구하고 실험했다. 프로젝트 초반, 대학을 갓 졸업했던 나는 보수가 꽤 좋은 정규직 일자리를 두 번이나 거절했다. 일 년간 돈 한 푼 벌지 못하는 상태였지만, 생산성이라는 주제를 최대한 철저하게 탐구해 보고 싶었기 때문이다. (캐나다에서는 학자금 대출 상환을 얼마간 연기할 수 있는 터라 프로젝트 진행이 훨씬 수월했다.) 여러분도 짐작했겠지만, 이 일은 나 자신에 관해 믿어왔던 내러티브를 강화해 주었다.

생산성 프로젝트가 강화한 내러티브 중 몇몇은 사실이었다. 예를 들어 나는 생산성 과학에 깊은 호기심을 가지고 있었다. 참 별난 관심사이긴 하지만, 지금도 내게는 이 주제가 무척이나 흥미롭다. 어쩌면 전보다 훨씬 더 흥미로워하고 있는지도 모르겠다.

한편, 내가 구축했던 다른 내러티브도 있었다. 이를테면 내가 초인적으로 생산적인 사람이라는 것이다. 이 정체성의 토대는 그리 단단하지 않았다. 그러나 안타깝게도, 더 많은 아이디어와 전략을 실험할수록 내 눈에는 이 내러티브를 입증하는 듯한 증거들이 더 많이 보였다. 그렇게 나는 그 이야기 속에 더 깊숙이 안착하게 되었다.

물론 이런 이야기 전부를 내가 만들어 낸 것은 아니다. 예를 들어, (정보 유지력에 관해 실험하면서) 일주일간 TED 강연을 70시간이나 시청했더니 TED 강연 주최 측은 내가 '언젠가 만나보고 싶은 가장 생산적인 사람이다'라는 내용의 메시지를 보내왔다. 그때만 해도 이 말을 듣고 얼마나 기분이 좋았는지 모른다. 사실 좀 과장된 말이라는 건 알아차렸다. 그런데도 인터뷰할 때나 강연 전에 반복해서 듣곤 했던 이 문장은 내가 다짐하는 나 자신에 관한 이야기의 틀을 잡아주었다(자존심을 세워주었다는 점은 말할 것도 없다). 시간이 지나면서 더 많은 칭찬을 들었고, 이는 새롭게 찾은 내 정체성을 굳혀주는 연료가 되어주었다.

나는 생산성에 관해 충분히 잘 알고 있었다. 더불어, 내가 지적인 방식으로 일에 접근하는 요령을 배웠으며, 심지어 그런 요령을 개발하기도 했다고 자부한다. 생산성이라는 주제를 연구하고, 궁리하고, 실험하는 데 숱하게 많은 시간을 쏟았으니 당연히 그러리라고 예상할지도 모르겠다. 모름지기 목수는 가구를 만들 줄 알고, 교사는 가르치는 방법을 알며, 생산성 연구자는 같은 시간이라도 남들보다 훨씬 많은 일을 해낼 줄 알아야 하는 법이다.

그러나 다른 많은 사람이 그랬듯, 내가 제지하지 못할 정도로 생산적이라는 내러티브를 맹목적으로 받아들이면서 놓친 것이 하나 있었다. 나 자신을 밀어붙이는 데는 한계가 있다는 사실이다. 나는 생산성에 관해 많은 것을 알고 있었지만, 모르는 것도 많았다. 결정적으로 나는 삶이라는 더 큰 그림 속에서 생산성이 어떤 위치를 차지해야 하는지 적절히 고려하지 못했다.

어쩌면, 정말 어쩌면, 나는 생각보다 많은 스트레스를 받고 업무상 쉴 새 없이 이곳저곳을 다니면서 스스로 인정하기보다 심하게 짓눌리고 있었는지도 모른다. 그리고 나 자신을 하나의 이야기 속에 가둬두었던 것 같다. 사실 그 이야기는 결코 실현할 수 없는 것이므로 결국 나를 불안과 번아웃으로 몰고 갈 수밖에 없었다.

이상적으로 정체성을 수립할 경우, 긴 시간에 걸쳐 안정적으로 나타나는 자신의 특성을 고른 다음, 자신이 가장 소중히 여기는 가치 위에 정체성을 구축한다. 하지만 때로 우리는 그리 안정적이지 않은 삶의 가치—생계를 위해 종사하는 일 등—를 고르곤 한다. 일 또는 다른 무엇이라도 정체성 일부를 구성할 경우, 이것을 상실하면 존재의 일부를 상실한 느낌이 든다. 나도 같은 실수를 저질렀다. 일은 더 이상 내가 실행하는 무언가가 아니라, 내 존재의 일부가 되어버렸다. 독자들이 보내준 찬사의 편지, 나를 추천하는 매체 광고글, 그 외 친절한 평들이 이 내러티브를 입증하는 새로운 퍼즐들이었다. 이는 '나는 초인적으로 생산적인 사람이다'라는 새로운 정체성의 틀 안에 또 한 번 콘크리트 반죽을 붓는 것과 같았다.

번아웃, 무대 위에서 겪은 대대적인 불안, 심지어 욕조 면판에 비친 내 모습을 마주했던 사소한 순간마저 내가 믿어온 나와 실제 나 사이의 간극에 제대로 쐐기를 박았다. 그 순간들은 내 정체성의 상당 부분을 입증했던 증거가 진실이 아니었음을 뚜렷이 환기해 주었다.

그때 그 사건을 겪고 집으로 돌아오는 기차 안에서 이 모든 것을 깨달았다고 말한다면 거짓말일 것이다. 하지만 그때 기차를 타고 오는 동안 한 가지는 명백해졌다. 그동안 한결같이 생산성을 추구했지만 더는 그 토대가 튼튼하지 않다는 사실이었다. 뭔가가 빠져 있었다.

○ 사고방식의 탄생

수월한 전개를 위해, 간단해 보이지만 실은 그렇지 않은 질문 하나를 던져보려고 한다.

하루가 순조롭게 지나갔다는 사실을 어떻게 판단하는가?

각자 원하는 방식으로 이 질문을 1~2분 정도 솔직하게 생각해보자. 마음속에 떠오르는 것을 적어놓고 1~2분간 잠시 곰곰이 생각해도 좋고, 배우자나 파트너와 함께 이야기를 나눠도 좋다(개인적으로 이 방법을 좋아한다). 여러분이 나와 비슷하다면 이 질문을 이리저리 궁리하는 것이 흥미롭게 느껴질 수도 있다.

(그럼 여러분이 생각할 동안 잠시 기다리겠다.)

질문의 답을 고민해 봤다면 하루를 평가하는 방법이 무수히 많다는 사실을 깨달았을 것이다. 질문에 답하는 과정에서 어떤 가치에 초점을 맞추느냐에 따라 그에 맞는 대답이 떠오를 것이다. 내가 들었던 다양한 답 중 몇몇은 다음과 같다. (괄호 안의 내용은 답변에 상응하는 더 근본적인 가치를 가리킨다.)

- 개인적으로든 일을 통해서든 다른 사람에게 얼마나 도움이 되었는가? (봉사)
- 할 일 목록에 적어둔 일들을 얼마나 많이 완수했는가? (생산성)
- 순간순간을 얼마나 음미할 수 있었는가? (즐거움)
- 얼마나 많은 돈을 벌었는가? (금전적 성공)
- 나의 일 또는 삶에 얼마나 진지하게 임했는가? (존재)
- 다른 사람들과 함께한 깊이 있고 진솔한 순간들이 얼마나 많았는가? (소통)
- 그날 하루가 행복했는가? (행복)

이것은 예시에 불과하다. 개인적 가치 말고도 하루를 평가할 다른 기준들이 있다. 이를테면 생활과 일의 토대가 되는 문화, 현재 거치고 있는 삶의 단계, 성장 배경, 각자에게 주어진 기회 등이 그것이다. 투자은행가인 부모 밑에서 자란 사람이 하루를 평가하는 방식은 폭스바겐 밴을 집으로 삼는 자유로운 영혼을 지닌 부모 밑에서 자란 사람의 방식과 사뭇 다르다.

이 질문에 정답은 없다고 말해야 할 것이다. 대다수 사람은 매일 하루의 끝에서 한 걸음 물러나 그날 하루가 어떻게 지나갔는지 돌아보지 않는다. 모든 사람이 일기 쓰기나 명상을 생활화하지는 않으니 말이다. 하지만 어떤 차원에서, 대개 잠재의식 속에서는 좋은 하루였는지를 분명 돌아본다. 즐거운 마음으로 시간을 보냈고 자기 가치관에 따라 살았다면 흘러가는 하루하루를 꽤 흐뭇하게 여길 것이다. 남들이 보기에는 무자비할 정도로 치열한 경쟁 혹은 자유분방한 히피 활동처럼 보였을지라도 상관없다. 그날그날 만족스러운 기분으로 하루를 마친다면 그걸로 족하다. 내 시간이니 얼마든지 내가 원하는 대로 보내도 좋다.

이처럼 지나간 시간을 평가하는 방법도 제각각이고 개인의 가치관과 배경도 저마다 다르지만, 많은 사람이 자신이 완수한 일의 숫자 또는 자신의 생산성을 지표로 하루를 평가하는 듯하다.

이는 전형적으로 직장인의 업무 평가에 해당하는 경우다. 하지만 여러분이 조금이라도 나와 같다면, 집에서도 이러한 태도를 적용할지 모른다.

○ 성취 지향적 사고방식

삶이라는 테이프를 되감는다면, 자신이 얼마나 생산적이었는지, 하루에 얼마나 많은 것을 성취했는지에 대해 거의 생각하지 않는 어린 시절의 여러분을 발견할 수 있을 것이다. 정체성을 형성할 자신에 관한 이야기가 적을수록 스스로에게 기대되는 바를 덜 생각하고 기대치도 낮아진다.

나와 비슷하다면 어린 시절의 여러분도 지금보다 자유로운 영혼이었을 것이다. 이른바 흘러가는 바람을 따라 살고, 행위 자체가 좋아서 그 일을 하곤 했을 것이다. 타임캡슐도 만들고, 자전거를 타고 새로운 곳에도 가보고, 부엌에 있는 식재료를 이것저것 넣어 음식을 만들기도 했을 것이다. 그렇게 요리하는 건 재미있었을 테지만 결과물은 형편없었을 것이다. 밀가루, 케첩, 그 외 부엌 선반에 보이는 조미료를 대충 넣고 엉성하게 만들었으니 말이다.

어쩌다 한번은 지루함에 빠질 만큼 마음에 여유가 생기기도 했을 것이다. 그럴 때면 시간을 보낼 더 참신한 방법을 자유롭게 구상했을 것이다. 거실에 있는 의자와 소파에 담요를 씌워 요새를 지어보기도 하고, 부엌 찬장 맨 아래 칸에 온갖 과일 스티커를 붙이기도 했을 것이다. (마지막으로 지루함을 느낀 것은 언제인가?)

그보다 더 어린 시절에는 매일을 평가한다는 생각조차 거의 없었을 것이다. 물론 이는 나이가 들면서 실질적인 책임이 가중됨에 따라 달라진다. 우리는 성취라는 기준에 빗대어 자기가 보낸 시간을 평가하라고—그리고 자신의 가치도 종종 평가하라고—배운다.• 성인이 되면 책임의 무게 때문에 충동적인 모험을 멀리하게 된다.

이러한 사고방식은 심지어 아이들의 마음속에도 금세 형성된다. 학교에 들어가는 순간, 우리는 다른 사람과의 경쟁 속에서 달성할 목표가 존재하는 시스템으로 진입한다. 학년이 높아질수록 학교 시스템 안으로 더 깊이 들어가고, 시스템이 삶에도 더 깊이 물든다. 성적이 좋다면 로켓 과학자, 뇌 전문 외과의, 멕시코 만류

- 여러분의 삶은 그 속에서 무엇을 성취하느냐보다 훨씬 더 값지다는 것을 말해주고 싶다.

상공을 오가는 성공한 CEO가 될 수 있다. 주어진 일에 집중할수록 더 좋은 수완을 갖출 것이며, 의욕적으로 노력할수록 더 많은 것을 성취할 것이다. 이후 직장 생활을 시작하면 더 즉각적인 목표—더 높은 봉급, 성과 상여금, 조직 내 위계질서에서 보다 높은 직책—를 추구해야 한다. 얼마나 멀리 도달하든 우리는 늘 더 많이 얻으려고 노력한다. 더 많은 성공을 목표로 삼기 시작하면 도무지 멈출 수가 없다.

어른이 되어 책임이 늘어남에 따라 매 순간 할 일에 관한 선택지도 많아지는데, 모든 선택지의 가치가 동등한 것은 아니다. 지금 하는 일보다 더 중요한 다른 일이 없는지 끝없이 고민하게 되면서—경제학자라면 이를 가리켜 시간에 대한 '기회비용'이라 일컬을 것이다—죄책감이 들고, 과연 나의 소중하고 한정된 시간을 최대한 생산적인 활동에 쓰고 있는지 의심하게 된다. 맡은 책임이 있기에 시간을 보내는 방식이 중요해진다. 앞서 말한 기회비용이 생기기 때문이다. 모험을 떠나볼까 하는 생각이 잠시 스치더라도, 이내 그 일 대신 실행할 온갖 중요한 일들이 떠오를 것이다. 빨래도 개야 하고, 반려견도 산책시켜야 하고, 이메일에도 회신해야 한다.

이렇게 현실의 삶이 끼어든다.

처음에는 일에 관해서만 책임과 기회비용을 신경 쓰지만, 어느 순간 전환점에 다다를 수도 있다. 그러면 생산성에 골몰하는 태도가 하나의 사고방식으로 자리 잡아 개인적인 삶에까지 영향을 끼친다. 이때 생산성은 시간 대비 할 일이 많을 때 활용하는 일련의 관행을 넘어서고, 매 순간 가장 많은 일을 완수하는 데 온 신경을 기울이게 된다. 느긋하게 쉬었으면 하는 마음이 간절할 때도 그 생각을 놓지 못한다.

나는 이를 일컬어 '성취 지향적 사고방식accomplishment mindset**'이라고 부른다.** 성취 지향적 사고방식이란 더 많은 성취를 추구하도록 끊임없이 부추기는 일련의 조건화된 태도와 신념을 가리킨다. 이 사고방식은 늘 시간을 무언가로 가득 채우고 싶게 한다. '가장 적합하지 않은' 방식으로 시간을 보낼 때면 죄책감이 들게 한다. 이는 친구와 함께 야외에서 라떼 한잔을 즐기고 있을 때, 얼른 귀가해서 저녁을 준비하라고 채근하는 세력이다. 아름다운 공원 산책로를 걸으며 즐거운 시간을 보낼 때, 밀린 팟캐스트 녹음을 마저 끝내라며 속삭이는 목소리다. 무엇보다도 이 사고방식은 항상 시간에 대한 기회비용을 생각하게 한다. 그리고 어떻게 하면 한정된 시간을 활용해 더 많은 것을 성취할지 고민하게 만든다.

대다수 사람은 매분 매초 이러한 사고방식에 따라 자신의 시간과 의도를 평가하지 않는다. 하지만 삶을 살아나가며 경력을 쌓게 되면서 성취라는 기준에 빗대어 자기가 보낸 시간, 일, 주, 해를 평가하기는 한다. 은퇴하면 이런 사고방식도 다 접을 거라고 다짐하며 계속 버틴다.

느긋하게 쉬는 일이야 나중에도 할 수 있으니 그때가 되면 자신이 성취한 열매를 음미할 것이라고 믿는다. 이렇게 '성취한 사람'이 되는 것 자체가 정체성의 일부로 자리 잡는다. 업무 성취 목록이 개인의 정체성과 뒤섞일 때, 우리는 자신의 성공을 정체성의 일부로 여기게 된다.

애니 딜러드Annie Dillard는 그의 저서 《작가살이》[1]에서 하루를 보내는 방식이 곧 삶을 보내는 방식임을 보여준다. 나는 이 논리를 확장해 매일을 평가하는 방식에도 적용할 수 있다고 본다. 하루를 평가하는 방식이 곧 삶을 평가하는 방식이다. 하루 동안 얼마나 많은 것을 성취했는가로 그날을 평가할 경우, 자칫 잘못하면 자신에게 주어진 나날의 총합마저 그런 식으로 평가하게 된다.

학교와 직장은 우리가 생산성과 성취에 지나치게 몰두하게 만드는 곳이기도 하지만, 분명 이곳들은 중요한 목적을 수행한다. 학교와 직장이 있었기에 우리가 아는 현대 사회가 구축되었다.

현대를 살아가는 우리의 삶이 얼마나 나아졌는지는 아무리 말해도 지나치지 않다. 200년 전에 살았던 농장 노동자를 근사한 식료품점에 데려다 놓는다면, 그는 선반에 진열된 온갖 풍부한 상품을 도통 이해하지 못할 것이다. 그런데 사실 식료품점은 현대 생활에서 누리는 가장 호화로운 것과 전혀 견줄 수 없다. 이 딱한 농장 노동자가 마음을 진정시켰다면(여기까지만 해도 시간이 좀 걸릴 것이다), 슬그머니 주머니에서 스마트폰을 꺼내 언제든지 순식간에 지구상의 모든 사람과 소통할 수 있다는 사실을 보여줄 수 있다.

경제 발전의 결과, 미국인의 평균 연간 소득은 지난 200년 사이에 1인당 2,000달러에서 무려 5만 달러로 늘어났다.[2] 심지어 이는 인플레이션을 고려한 후의 수치다. 우리 삶이 전보다 25배나 부유해졌음에도 다수의 재화 가격은 오히려 하락했는데, 여기에는 기술 발전이 큰 몫을 했다. 80년 전에 1,000달러로 TV 한 대를 살 수 있었다면, 지금은 같은 값으로 더 큰 크기와 더 높은 화질의 TV를 구매할 수 있다. 그것도 컬러로 말이다!

이러한 성장의 유익은 부유한 나라에 사는 사람만 누리는 것이 아니다. 지난 20여 년간 전 세계적으로 극빈층에 해당하는 사람 수는 절반 넘게 감소했다. 20년 전에는 전 세계 인구의 29퍼센트[3]가 극빈층이었으나 오늘날 그 비율은 9퍼센트로 줄었다. 이 같은 경제 지표는 상당히 중요하다. 저명한 연구가 한스 로슬링Hans Rosling은 《팩트풀니스》에서 '사람들의 삶에 영향을 미치는 주된 요인은 그들의 종교, 문화, 또는 거주 국가가 아니라 소득'이라고 논했다.[4]

이 모든 이유에서 나는 경제 성장에 반대할 생각이 없다. 사람들이 그 이익을 공평하게 누린다고 가정한다면(가정일 뿐이다), 경제 성장은 실로 삶을 더 나아지게 한다.

그러나 이러한 현대 사회에는 대가가 따랐다. 바로 불안이다. 우리의 일과 삶을 품고 있는 체계들, 그리고 이 체계들로 인해 채택한 사고방식 및 짊어지게 된 스트레스가 불안을 만들어 내는 중대한 요인이다. 학교든 직장이든 생산성과 성취를 장려한다. 긴 시간을 놓고 보면 생산적인 사람일수록 더 '성공적인' 삶을 누리는 경향이 있다.

현대 사회는 돈, 지위, 인정과 같은 전통적인 성공의 잣대를 매우 중요시한다. 얼마나 행복감을 느끼는지, 얼마나 깊고 보람 있는 관계를 맺고 있는지, 타인의 삶에 긍정적인 변화를 일으키는지 등 비교적 정량화하기 어려운 기준은 무시된다. 더 많은 성취를 이루는 방법 역시 더 생산성을 발휘해 충분히 생산적인 날들을 축적함으로써 '성취한' 삶을 영위하는 것이라고 제안한다. 생산성을 보상하는 체계 속에서 보내는 시간이 길어질수록 생산성과 성취가 가장 중요한 것이라고 확신하게 된다.

결국 이것이 자기 시간을 얼마나 잘 보냈는지 평가하는 기본 방법으로 자리 잡는다.

○ **생산성 조언의 양면**

이번 장에서는 주로 자신의 안녕을 희생하면서 생산성을 얻고자 노력할 때 치르는 대가를 살펴보고 있지만, 사실 이러한 노력에는 크나큰 이익이 따르기도 한다. 특히 선을 지키며 생산성을 추구할 때는 더욱 그렇다.

'생산성'이라는 단어를 생각했을 때 냉철함, 사업적인 느낌, 효율성의 이미지만 떠오른다면 여러분만 그런 것이 아니다. 하지만 걱정할 필요는 없다. 이보다 훨씬 더 친근하게 생산성이라는 주제에 접근할 방법이 있다. 또한 생산성에 관한 조언이라고 해서 전부 여러분을 성취에 중독된 로봇으로 만드는 것은 아니다.

내가 생각하는 생산성은 그저 자신이 계획한 일을 성취하는 것이다. 그 의도가 받은 편지함의 모든 이메일을 말끔히 치우는 것이든, 직장에서 팀에 영입할 사람으로 후보 중 한 사람을 결정하는 일이든, 피냐 콜라다 칵테일 두 잔을 마시며 (양손에 한 잔씩 들고) 해변에서 느긋하게 쉬는 일이든 상관없다. 무엇을 실행하겠다고 계획을 세웠고 자신이 보기에 이를 완수했다면 완벽하게 생산적이다. 다른 관점에서 생산성은 더 많이 추구하는 것이 아니라 의도성 있게 행동하는 것을 말한다. 이 정의는 우리가 활동하는 삶의 영역 어디에서나 모든 맥락에 적용된다.

하지만 이렇게 (바라건대 더 인간적으로) 정의했어도 결국 생산성과 성취는 동전의 양면과 같다. 심지어 내가 '성취하려는' 의도가 그저 하루 동안 느긋하게 쉬는 것일지라도 말이다. 여기서 잠시 이 친근한 정의는 잠시 밀어두려고 한다. 이 용어에 관해 더 전통적으로 인정되는 정의—자신의 목표와 성취를 바라보며 진척을 이루는 것(전통적인 잣대로 평가했을 때 더 성공적인 사람이 되는 것)—를 토대로 생각해 볼 가치가 있기 때문이다.

생산성을 높이는 요령 자체는 좋은 것도 나쁜 것도 아니다. 개인에게 더 많은 성취를 안겨주는 여러 방법, 습관, 전략은 놀라운 목적을 위해 쓰이기도 한다. 나는 이를 직접 확인했다. 생산성은 내가 세상에서 가장 좋아하는 주제 중 하나이며, 나는 이 주제에 집중하면서 자랑스러워할 만한 일을 무척이나 많이 이뤄냈다. 다른 일을 했더라면 이 정도의 성공은 달성하지 못했을 것이다. 하지만 동시에, 이렇게 성취에 집중하면서 번아웃과 불안에 내몰리기도 했다.

생산성을 논할 때, 더 많은 성취 추구가 성공과 해로움을 동시에 안겨준다고 이야기하는 경우는 (설령 있다고 해도) 매우 드물다.

그러니 여기서 한번 이야기해 보자.

생산성 조언들은 좀처럼 외면하기 어려운데, 여기에는 그럴 만한 이유가 있다. 직장과 집에는 매일같이 꼭 완수해야 할 일들이 있다. 우리는 온갖 막중한 책임을 안고 중요한 삶을 살아간다. 어느 날은 10시간 분량의 일을 (8시간 만에) 해내야 할 때도 있다. 한편으로는 몸이 아파 다른 방에 누워 있는 아이를 돌보면서 재택근무를 하고, 다른 한편으로는 어떻게든 짬을 내 우편함에 쌓여가는 연체된 공과금을 납부해야 한다. 다른 날에는—심지어 주말에도!—밀린 집안일을 해내는 동시에 대가족의 저녁 식사를 준비하면서, 제대로 쉴 만한 시간을 최대한 모아보려고 애써야 한다.

생산성 조언은 이런 상황에 훌륭하게 적용된다. 실제로 효과를 보이는 조언은 제값 이상을 한다. 그 조언에 투자한 시간을 되돌려받는 데 더해 얼마간의 시간도 더 얻게 된다. 해야 할 일을 더 짧은 시간 내에 성취하면, 의미 있는 일—인간관계, 취미, 더 심도 있게 몰입할 만한 일—에 더 많은 시간을 할애할 수 있다.

간단한 예로 '평일 근무 시간에 처리할 작업의 우선순위 세우기' 기술을 살펴보자. 매일 하루를 시작할 때마다 몇 분을 투자해 그날 달성하고 싶은 일들을 정한다면, 가장 가치 있는 작업이 무엇인지 깨닫게 된다. 이에 따라 어디에 시간을 할애하는 것이 최선이며 어디에 시간을 쓰면 안 되는지 알게 된다. 단 몇 분의 계획 덕분에 이후 실행 단계에서 몇 시간을 절약할 수 있다. 이렇게 하면 그날그날 가장 중요한 작업에 집중하는 데 용이하고, 다른 팀원에게 위임하는 편이 더 나은 프로젝트는 작업을 중단할 수도 있다.

불안한 마음을 줄여드립니다

잠시 상상해 보자. 여러분은 100만 대 1의 경쟁률을 뚫고 경연에서 우승해 최고급 청소 서비스 업체로부터 평생 정규직 집사를 제공받았다. (그의 이름은 '킹슬레이'이다.) 킹슬레이는 여러분과 가족들의 뒷정리를 깔끔히 해주고, 매 끼니 식사를 준비하며, 일정(그는 이것을 여러분의 '다이어리'라고 부른다)을 관리하고, 시내에 나갈 때면 운전까지 도맡아 하면서 날마다 여러분에게 더 많은 자유 시간을 안겨준다. 그중에서도 가장 좋은 점은 50년 뒤인 그의 은퇴일까지 킹슬레이가 받을 고액의 봉급이 빠짐없이 업체로부터 지급된다는 사실이다. 여러분은 그에게 팁을 줄 필요도 없다(그것도 봉급에 포함되어 있다)! 애석하게도 이 시나리오는 거의 모든 사람에게 꿈같은 이야기지만, 최고의 생산성 전략과 요령들은 이와 비슷한 이득을 가져다줄 수 있다. 이 요령들 역시 킹슬레이 집사처럼 우리가 마음대로 쓸 수 있는 가장 귀중한 자원, 즉 시간을 우리에게 제공한다.

이는 생산성 조언이 건네는 약속이자 놀라운 효과다. 주어진 일을 완수하는 역량을 기르면 내가 맡은 모든 일에 더 많은 시간과 주의력, 에너지를 기울일 수 있다. 심지어 전보다 더 큰 성공을 거둘 수도 있다.

하지만 집사와 달리, 생산성 조언에는 다음의 중요한 경고 하나가 딸려 있다. 어느 지점에서는 노력을 멈춰야만 유익하다는 점이다. 생산성 조언의 효과는 강력하지만, 이를 실천할 때는 선을 지켜야 한다.

경계를 무시한 채 무조건 성취에 집착한다면 오히려 생산성이 떨어질 수 있다. 그 태도가 우리를 평온함에서 멀어지게 하기 때문이다.

○ 평온함의 반대

공황 발작 이후로 몇 달이 지나고 빡빡했던 스케줄도 마침내 좀 한가로워졌다. 이때를 기회 삼아 나를 그렇게 불안하고 지치게 만든 원인들을 분해해 보기 시작했다. 번아웃의 기제에 관해서는 다음 장에서 살펴보기로 하고, 우선은 평온하다는 것이 대체 무슨 뜻인지, 그리고 우리가 바라는 최종 결과는 무엇인지 알아보자.

나는 연구자들이 평온함을 단독 개념으로 연구하지 않는다는 사실을 금세 알게 되었다. 대다수 사람은 평온함이 어떤 느낌인지 안다.[5] 사전에는 그 단어(calm)의 정의가 'callus(손, 발의 굳은살)'와 'calomel(염화제일수은, 감홍)' 사이에 잘 나와 있다. 이 단어에는 '조용하고 평화로운 상태 또는 조건', '조급한 움직임, 불안, 잡음이 없는' 등의 설명이 붙어 있다. 하지만 일반적으로 합의된 임상적 정의가 담겨 있지는 않다. 지금껏 그런 정의를 제안한 사람이 (설령 있었을지 모르나) 거의 없었기 때문이다. 평온함은 심리학적 연구 대상이 되는 주제도 아니거니와, 한 개인이 얼마나 평온한지 정확히 평가하도록 설계되었다고 검증된 도구가 있는 것도 아니다. (수 시간 동안 다양한 학술 검색엔진을 샅샅이 찾아본 끝에,[6] 반갑게도 마침내 밴쿠버 상호작용 및 평온함 척도Vancouver Interaction and Calmness Scale를 발견했다. 그러나 이 척도에서 '평온함calmness'이란 중환자실에서 기계로 호흡을 이어가는 환자가 얼마나 차분한 상태인지를 가리키는 용어였다. 환자들이 몸에 연결된 선이나 관을 스스로 뽑아버리지 않는지도 검사 항목에 있었다!)

일상생활에서 평온함이 얼마나 난해한 개념인지는 생각할 것도 없다. 연구에서조차 이토록 난해한 개념이니 말이다!

다행히 이렇게 공식적인 임상 정의가 부족한 부분을 우회하면서도 연구적 관점을 충실히 지킬 방법이 있다. 바로 불안을 탐구해 보면 된다. 평온함에 관한 연구는 극히 드물지만, 그다음의 흥미로운 점을 지적하는 연구는 존재한다. 평온함이 불안의 반대라는 사실이다. 따라서 평온함을 정의하는 일은 그 반대 개념을 탐색하는 일에서 시작할 수 있다.

불안할 때 우리는 내적 동요를 경험한다. 앞으로 벌어질 일에 대한 두려움으로 가득 차 생각을 곱씹는다. 연구에 따르면, 불안한 시기에는 초조하고 안절부절못하는 동시에 걱정을 내려놓지도 못한다고 한다. 불안의 다른 지표로는 느긋하게 쉬기 어려워함, 침착하지 못함, 짜증을 내거나 과민함, 자주 두려워함 등을 들 수 있다. 마치 금방이라도 끔찍한 일이 벌어질 듯이 행동하는 것이다. 생각해 보니 나의 불안은 오르락내리락하는 조바심으로 나타났다. 하루 동안 불안한 순간들이 파도처럼 서로 부딪히곤 했다.

평온함은 이 모든 동요의 반대를 가리킨다. 다행히 이 상태 사이의 정확한 차이점에 관한 통찰을 제시하는 연구가 있다. 중요한 것은, 불안은 높은 정신적 각성 상태를 나타내는 불쾌한 감정인 반면, 평온함은 낮은 각성 상태를 나타내는 유쾌한 감정이라는 점이다.[7]

연구자들은 평온함과 불안이 하나의 스펙트럼 위에 존재한다고 확언한다.[8] 그중 최근 한 연구가 미국심리학회의 저명한 학회지인 〈성격 및 사회심리학 저널Journal of Personality and Social Psychology〉에 게재되었다. 이 연구는 불안이 우리 생각처럼 '0에서 강렬함'으로 옮겨가지 않으며, 오히려 이 개념은 '높은 평온함'과 '높은 불안'이 양 끝에 있는 하나의 연속체 속에서 생각되어야 한다고 제안했다.

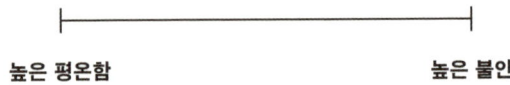

높은 평온함　　　　　　　　　　높은 불안

달리 말하면, 평온함만 불안의 반대인 것이 아니라 불안도 평온함의 반대이다. 불안을 극복하면 평온함에 더 가까워지고, 반대로 더 높은 수준의 평온함을 삶에 지니면 다시 불안해지기까지 더 오랜 시간이 걸린다. 이처럼 평온함은 미래의 불안 앞에 회복력을 갖추게 한다.

이 연구 결과들을 두루 고려할 때, 평온함이란 주관적으로 긍정적인 상태로서, 낮은 각성 수준을 나타내며 불안이 없는 것이라고 정의할 수 있다. 스펙트럼상의 높은 불안에서 멀어져 높은 평온함에 가까워질수록 마음이 더 느긋하고 잔잔해지면서 만족감이 깊어진다. 결국 생각이 차분해지고 마음이 정돈되면서 평온함을 경험한다. 이 상태가 되면 삶에서 일어나는 여러 사건에 감정적으로 반응하는 일도 줄어든다.[9]

불안과 평온함이 늘 같은 방식으로 경험되지는 않는다는 점을 일러둔다. 우리의 주관적인 상태는 끊임없이 유동적으로 움직인다. 이런 이유에서(그리고 여러분이 불안 장애—다음 쪽의 상자에 간략히 정리한 주제—를 겪고 있지 않다는 가정하에), 우리는 불안과 평온함을 개인의 고정된 특성이 아니라, 때에 따라 거쳐 가는 상태로 생각해야 한다. 이 상태는 삶에 벌어지는 일들, 그리고 매 순간 개인을 짓누르는 스트레스의 무게에 따라 달라진다. 불안은 스트레스를 일으키는 상황, 특히 위협적이라고 해석된 상황에 나타나는 비정상적인 반응이다. 불안을 경험한다고 문제가 있는 것은 전혀 아니다.

어떤 날은 하루 종일 평온한 가운데 한두 차례 불안한 순간을 느낀다. 이를테면 공항 셔틀버스가 30분 늦게 도착할 때 잠시 불안해진다. 반대로 온종일 불안한 상태에서 이따금 기분이 새로워지는 평온한 시기가 찾아올 때도 있다. 예를 들어 퇴근하고 귀가해 현관으로 걸어 들어오는 순간, 아이들이 달려와 내 무릎을 꼭 껴안아 줄 때면 회사에서 쌓인 스트레스가 일순간 날아가는 듯하다.

이렇게 평온함에 이르는 길—불안을 줄이는 동시에 평온함이라는 스펙트럼의 반대쪽 끝으로 유도하는 요령들을 추구하는 것—이야말로 스트레스를 없애고, 번아웃을 극복하며, 주의산만을 이기는 한편, 현재에 더 집중해 높은 생산성을 발휘하는 비결이다.

더 깊은 이야기를 나누기 전에, 잠시 법조인의 옷을 입고 (이 옷도 내가 가진 여느 옷과 다를 것이 없지만, 법률가는 시간당 상담료를 받는다) 한 가지 일러둘 점이 있다. 이 책에 제시한 조언들은 훈련된 의학 전문가의 조언을 대체할 수 있다고 해석해서는 안 되며, 그럴 목적에서 쓴 것도 아니다. 정상적인 생활이 불가능하거나, 어떤 식으로든 전반적인 불쾌감을 일으키는 불안을 겪고 있다면 당연히 의사와 상담해야 한다. 혹시 불안 장애—상태 불안과는 대조되는 것으로서, 특성 불안이라고도 불리는 장애—가 있는 건 아닌지 궁금하지만 전문가와 상의하고 싶지는 않다면, 범불안장애 척도GAD-7, Generalized Anxiety Disorder 7를 찾아보길 강력히 추천한다. 온라인에서 확인할 수 있는 이 무료 검사는 범불안장애 여부를 알아보는 용도로 쓰인다. 이 검사는 1~2분이면 답할 수 있는 일곱 개의 짧은 문항으로 구성되어 있으며, 몇 문단 전에 내가 언급했던 것과 같은 불안 증상(이 검사에서 직접 가져온 것들)의 발생 빈도를 묻는다. 요지는 필요하다면, 또는 필요할지도 모르겠다는 생각이 든다면 도움을 받으라는 것이다. 이 책은 많은 사람이 겪곤 하는 낮은 수준의 준임상적 불안을 다룬다. 특히 성취에 몰두하는 현대 사회에서 자주 경험하는 불안을 다루는 데 도움이 되고자 한다.

○ **생산성 스펙트럼**

평온함을 정의 내렸으니 이제 다시 생산성과 성취로 돌아가자. 모든 사람은 생산성과 성취를 중시하고, 이 또한 평온함과 불안의 경우처럼 스펙트럼 위의 한 지점에 놓여 있다.

스펙트럼의 한쪽 끝에는 생산성은 물론이고 주어진 시간에 무엇을 성취하고 싶은지조차 전혀 생각하지 않는 사람이 있다. 이상적이라고는 할 수 없다. 집요한 생산성 추구는 정신 건강에 부정적인 영향을 끼치지만, 목표를 수립하고 이를 달성하고자 노력하는 것은 분명 필요한 일이다. 생계를 뒷받침할 봉급을 벌고, 주변 사람들을 도와주며, 미래에 후회할 일을 최소화하기 위한 생활을 일궈나가야 한다(후회를 최소화하는 것은 훌륭한 삶을 이루는 가장 중요한 요소 중 하나라고 생각한다). 주어진 시간을 활용해 무엇을 이루고 싶은지 전혀 생각하지 않는 사람은 자기 삶을 향상시키고자 노력하거나, 자신의 가치관에 일치되게 사는 경우가 거의 없다. 적어도 주어진 시간의 일부는 목표를 이루고자 노력하는 데 써야 한다. 게다가 우리 마음은 온종일 주의를 쏟을 대상을 갈망한다. (주의를 쏟아 어떤 일에 집중하는 것은 다른 어떤 삶의 요소보다 우리를 행복하게 만든다. 이 점은 뒤에서 자세히 살펴보자.)

스펙트럼 반대쪽에는 늘 성취 지향적 사고방식에 젖어 있는 사람이 있다. 그는 다른 무엇, 이를테면 행복, 소통, 평온함 등 좋은 삶을 이루는 다른 훌륭한 요소보다도 성취와 생산성을 중시한다. 이 사람은 생산성을 거의 종교처럼 신봉하면서 직장을 비롯한 삶의 전 영역에서 이를 실천한다. 나의 경우, 정체성을 구성하는 이야기에 생산성과 성취가 한데 엉키면서 이쪽 스펙트럼의 극단에 가까워졌다. 자신의 성공 스토리가 정체성과 엉켜버렸거나, 느긋하게 쉬고 싶을 때조차 성취 지향적 사고방식을 내려놓기 어렵다고 느껴진다면, 여러분 역시 이쪽 스펙트럼의 극단에 근접했다고 볼 수 있다.

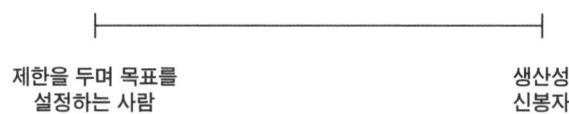

제한을 두며 목표를　　　　　　　　　　생산성
설정하는 사람　　　　　　　　　　　　　신봉자

성취가 일의 대부분을 좌우할 때는 충전하고, 속도를 늦추며, 내가 이룬 열매를 음미하는 데 시간을 할애하지 못할 수도 있다. 역설적이지만, 장기적으로는 이런 모든 활동이 우리를 더 의욕적이고 생산적인 사람으로 만든다. 따라서 적어도 주어진 시간의 일부는 에너지를 채우는 데 써야 한다. 그러지 않으면 번아웃에 빠질 위험이 있다.

자신이 이 스펙트럼상의 어느 지점에 있는지 생각해 보길 바란다. 특히 대다수 사람보다 생산성과 성취에 더 많은 관심을 두고 있다면 더욱 고민해 볼 일이다. 평온함의 측면에서 생각할 때, 과도한 성취 지향적 사고방식은 양날의 검처럼 작용할 수도 있다. 지나친 성취 지향은 기쁨을 떨어뜨리는 한편, 더 많은 스트레스를 불러온다.

하나하나 자세히 살펴보자.

○ 사라진 기쁨

평온함을 탐구하는 과정에서 일찍 깨달은 것은 성취 지향적 사고방식 때문에 내가 경험하는 일상의 기쁨이 크게 줄었다는 점이다. 이유는 간단하다. 이 사고방식은 삶의 거의 모든 것을 쳐내야 할 일들로 바꿔놓는다. 사람들이 하는 말처럼, 손에 쥔 도구가 망치뿐일 때 모든 문제는 못으로 보이는 법이다. 비슷한 논리가 여기에도 적용된다. 모든 일을 성취 지향적 사고방식으로 바라보면, 삶의 모든 것이 완수할 일로 여겨진다. 이렇게 성취 지향적 사고방식은 날마다 내가 느끼는 기쁨을 마음대로 훼손한다. 주기적으로 생산성을 추구하는 시간을 보내고, (생산성 있게 보내지 않는 시간에는) 죄책감을 느끼면서 시간을 보내기 때문이다.•

나는 이를 직접 경험하며 깨달았다. 맛있는 식사를 천천히 음미하는 대신, 식사를 하는 동안에도 팟캐스트를 듣거나 유튜브 영상을 보면서 한눈을 팔았다. 한편으로는 주어진 시간 동안 더 많은 일을 하고 싶었고, 다른 한편으로는 쉴 때 느껴지는 죄책감을 피하고 싶었던 것이다(이 주제는 8장에서 자세히 살펴보기로 하자). 나

• 그렇다고 시간을 경시해야 한다거나 주어진 시간의 기회비용을 무시해야 한다는 뜻은 아니다. 분명 이런 점들을 고려해 가치 있는 일에 시간을 써야 한다. 시간은 좋은 삶을 누리는 데 활용할 가장 한정된 자원이다. 그러므로 시간을 매우 소중히 여겨야 한다. 다만 실제로 이를 소중히 여기는 의미에서, 시간을 그저 할 일을 완수하는 데만 쓰지 않도록 노력해야 한다.

는 진정한 즐거움 대신 고집스럽고도 반복적으로 분주함을 택했다. 하루가 끝날 무렵 친구와 대화를 나누기로 계획해 놓고도 다음날 업무에 복귀해 처리할 일들을 생각하면서 성취 지향적 사고방식의 족쇄에서 벗어날 수 없었다. 내가 얼마나 생산적인지를 지나치게 우려하는 지경이 되자, 내 삶에서 가장 즐거운 활동— 아내와의 시간, 식사 시간, 그 외 놀라운 경험들— 마저 쳐낼 일이 되는 딱한 상황이 되고 말았다. 휴가마저도 즐길 일이 아닌 완수할 일이 되어버렸다.

이렇게 생산성은 내가 추구하는 최종 목표가 되었다. 물론, 생산성 자체를 목표로 삼는 것은 바람직하지 않다. 생산성은 더 많은 자유 시간, 금전적 여유, 다른 사람들과 진정으로 소통할 더 많은 공간 등 더 중요한 목표를 위한 수단으로 여겨야 한다.•

많은 사람이 그렇듯 나도 내 역량을 다 써가며 살았다. 일정표에는 느긋한 시간이나 자유로운 시간이 거의 없었다. 적어도 나는 그렇다고 확신했다. 하지만 알고 보니 분명 내게도 시간이 있었다. 단지 그 시간을 나를 몰입시키거나 평온하게 만드는 활동에

• 성취 지향적 사고방식과 관련된 이차적 비용은, 이런 사고방식이 우리의 개인주의를 부추겨 타인을 덜 고려하게 만든다는 것이다. 이 사고방식은 주로 자신에 관해 생각하도록 이끈다. 다른 사람을 얼마나 도울 수 있을까, 우리 팀이 얼마나 생산적일까, 혹은 내가 사랑하는 사람들과 어떤 삶을 만들어 갈까 하는 것보다는 자신이 얼마나 생산적인가에 골몰하기 때문이다. 내가 반복해서 깨닫는 교훈 하나는, 사실 내 안에는 다른 사람들을 맞아들일 거의 무한대의 공간이 존재한다는 것이다.

쓰지 않았을 뿐이다. 생산성 측면에서 이정표로 세워둔 중간 목표를 달성할 때마다 성취 지향적 사고방식이 다시 한번 나를 장악했다. 그러면 나는 방금 달성한 것을 온전히 음미할 새도 없이 완수해야 할 다음 목표에 온 신경을 기울였다.

업무를 수행하는 근무 시간에는 성취 지향적 사고방식을 따르는 것이 좋다. 일은 우리의 시간을 돈과 교환하는 방법이다. 공평한 상황에서 일한다고 가정할 때, 우리는 일정 시간 동안 생산성을 발휘한 대가로 급료를 받는다. 생산성을 발휘하면 세세한 성취를 이룰 수 있고, 이것들이 모이면 상당한 성취가 된다. 하지만 주의할 점이 있다. 자칫 잘못하면 일에서 성취를 누리게 하는 바로 그 사고방식이, 시간과 돈을 주고받지 않는 인생 최고의 순간을 즐기지 못하게 만들 수도 있다. 그때 우리는 순간을 즐기는 대신 할 일 목록에 완료 표시를 하게 된다. 휴가, 이층집, 가족과 보내는 양질의 시간 등 자신의 성취가 가져다준 열매를 음미하는 데는 별로 시간을 쓰지 않는다. 애초에 그렇게 열심히 일하는 목적이 이런 것들인데도 말이다.

내가 그랬듯이 여러분도 이 사실을 놓친다면, 모든 것이 업무처럼 어떠한 결과를 위해 수행해야 할 일로 느껴질 것이다. 이때 여러분의 할 일 목록은 하게 될 일이 아니라 해야만 하는 일들로 가득 찬다.

더 생산적이어야 한다며 자기를 다그치기란 놀랄 만큼 쉽다. 사실 애초에 내가 다른 사람보다 얼마나 뒤처지는지 판단하지 않고서는 삶을 개선하겠다는 의지가 생길 수 없다. 이 때문에 자기

계발은 하나의 덫이 될 수도 있다. 특히 성취 지향적 사고방식을 가장 극단적으로 추구할 때는 더욱 그렇다.●

바라건대 여러분은 나처럼 생산성 스펙트럼의 극단까지 오지는 않았기를 바란다. 단 분명히 짚어둘 점은, 성취 지향적 사고방식을 무한정 추구하다가는 누릴 기쁨이 줄어든다는 사실이다. 특히 느긋하게 쉬어야 할 때조차 마땅한 기쁨을 누리지 못한다.

늘 성취만을 추구한다면 결코 자신의 현 위치, 자기가 하는 일, 그리고 무엇보다도 이 모든 것을 함께하는 사람을 진정으로 음미할 수 없다.

○ 생산성이 보여주는 신기루

성취 지향적 사고방식의 두 번째 비용은 앞서 넌지시 언급했다. 이 사고방식은 일상의 모든 순간을 활동으로 꽉꽉 채우도록 부추기는 탓에 불필요하게, 그것도 사소하고 덜 중요한 일로 분주하게 만든다. 때로는 이런 분주함을 보고 자신이 의도한 성취를 향해 나아가고 있다고 착각하곤 한다. 하지만 실은 그저 여러 앱을 번갈아 확인하고, 업데이트된 소셜미디어 피드를 훑어보고, 충동적으로 뉴스를 읽고 있을 뿐이다. 우리는 가만히 쉬면서 충전

- 대체로 자신을 개선하고자 노력하는 시간은 줄이고, 있는 그대로의 자신에 만족하면서 더 많은 시간을 보내는 것이 바람직하다.

하고 있을 때보다 멍하게 화면을 훑어내리며 뭔가를 하고 있을 때 죄책감을 덜 느낀다. 그런 행동이 오히려 에너지를 소진시키고 스트레스를 안겨주는데도 말이다.

　어느 정도의 분주함은 살면서 반드시 겪는 일이고, 중요한 책임이 쌓이다 보면 분주한 나날을 보내기도 한다. 하지만 휴대용 인터넷 기기가 넘쳐나는 시대에 들어서면서 오늘날에는 전에 없던 불필요한 분주함이 더 늘었다. 수십 년 전만 해도 이런 유형의 활동은 존재하지 않았다! 요즘 사람들은 회의 사이사이에 잠깐 틈이 생기면, 주어진 시간에 무엇을 할지 계획하기보다 계속 정신을 자극하는 것들에 집중하곤 한다. 이메일을 다시 한번 새로고침하고, 인스타그램을 또 확인하고, 강박적으로 X(구 트위터)를 살펴보면서 분주하다고 느낀다. 이 분주함은 우리 마음을 속여 자신이 뭔가를 성취하고 있다고 생각하게 하지만, 실상 이는 생산성이 보여주는 신기루에 불과하다.

　유감스럽게도 이러한 분주함은 필요 이상의 만성 스트레스를 안겨줌으로써 우리를 평온함으로부터 몰아내기도 한다.* 불안과 평온함을 다룬 연구를 더 깊게 파고들어 보니, 내 삶에 만성 스트레스를 안겨주는 원천 — 그 수많은 요인은 성취 지향적 사고방식

---

* 또한, 역설적이게도 성취 지향적 사고방식은 더 많은 시간을 낭비하게 만든다. 예상치 않은 휴식 시간이 생겼을 때, 우리는 소셜미디어를 훑어보고 화면의 네모난 버튼을 여기저기 누르면서 그 시간을 허비한다. 진정으로 보람 있는 휴식을 즐길 때는 죄책감이 들기 때문이다. 언제든 분주함을 택하는 편이 더 쉽다.

이 야기하는 불필요한 분주함에서 비롯되었다 ─ 을 제거하는 것이야말로 더 큰 평온함을 얻는 최선의 길이었다. 이 점은 아무리 강조해도 모자랄 것이다. 대개 성취 지향적 사고방식에서 비롯되는 만성 스트레스는 지속적인 평온함을 위해 물리쳐야 할 최대 장애물이다.

자세히 설명하면 이렇다.

우리가 살면서 경험하는 스트레스는 두 가지다. 첫 번째 유형은 일시적이고 대개 일회성에 그치는 급성 스트레스다. 이를테면 비행기 표를 다시 끊어야 한다든지, 한밤중에 레고 블록을 밟았다든지, 배우자와 (결국에는 해결되는) 말다툼을 벌였다든지 하는 경우에 느끼는 스트레스다. 다행히 우리 몸은 급성 스트레스를 처리하도록 설계되어 있다. 인류의 역사 대부분 동안 우리가 경험했던 주된 스트레스는 급성 스트레스다. 수백만 년간 인간은 표범, 뱀, 거대 하이에나 등에 잡아먹히는 맛 좋은 먹잇감에 지나지 않았다.[10] 우리 몸에서 일어나는 스트레스 반응은 이러한 위협을 모면하는 데 필요한 신체적, 정신적 에너지를 제공했다.

급성 스트레스는 정의 그대로 단기적이며 일시적이다. 급성 스트레스 상황에서 몸이 어떻게 반응하는지는 익히 알 것이다. 스트레스 호르몬인 코르티솔이 분비됨에 따라 스트레스 반응이 활성화된다. 이 반응은 스트레스를 끼치는 대상에 맞서는 데 필요한 신체적, 정신적 에너지를 제공해 다시 삶을 살아가게 해준다. 온몸에 아드레날린이 넘쳐나고 동공이 확대되는 등 스트레스 반응이 일어나면, 그 자리에서 달아나거나 아니면 난폭한 면모를 발휘해 무시무시한 하이에나를 살해한다.

사람들은 스트레스를 나쁘게 여기지만 이는 불공평한 대우다. 실은 맥락을 잘 살펴야 한다. 스트레스를 겪는 일은 전혀 즐겁지 않으나 덕분에 우리 삶에 의미가 생긴다. 급성 스트레스는 더 나은 반대쪽 출구로 나가기 위해 헤쳐 갈 일종의 터널이다. 종종 소중한 추억들은 당시 스트레스라고 느꼈던 경험에서 만들어진다. 결혼식도 스트레스가 가득한 일이며, 대가족을 위해 주말 저녁에 식사를 준비하는 것도 마찬가지다. 100명 앞에서 내 연구를 주제로 강연하는 일도 마찬가지다. 하지만 이는 삶을 의미 있게 만드는 경험이다. 이에 관해 심리학자 켈리 맥고니걸Kelly McGonigal은 그의 저서 《스트레스의 힘》에서 다음과 같이 유려하게 논했다.[11] "더 폭넓은 관점에서 볼 때 스트레스를 경험했던 날을 전부 제거해 버린 삶은 이상적인 형태가 아닐 것이다. 내가 성장하는 데 유익했던 경험들, 가장 뿌듯하게 여기는 도전 과제들, 나를 정의하는 관계들마저 모두 제거하게 될 테니 말이다."

급성 스트레스는 훗날 돌아볼 추억, 풍요로운 기분이 들게 하는 경험, 성장할 수밖에 없도록 이끄는 도전 과제들을 제공한다.

'만성' 스트레스는 반대다. 이 스트레스는 무익하고 매우 나쁜 유형으로, 절대 사라지지 않을 것만 같고 몇 번이고 다시 ─ 만성적으로 ─ 마주치는 스트레스다. 이 스트레스는 한 번 취소된 항공표가 아니라 매일 통근길에 마주하는 극심한 교통 체증과 같다. 이따금 배우자와 벌이는 언쟁이 아니라, 말을 걸 때마다 솟구치는 타협할 수 없는 감정들과 같다.

급성 스트레스의 경우, 스트레스가 정점에 달한 순간에도 분명 끝이 보인다. 따라서 그 상황을 지나고 나면 몸이 회복할 기회가 생긴다. 만성 스트레스에는 이 원리가 적용되지 않는다.

안타깝게도, 성취 지향적인 현대 사회에는 만성 스트레스의 원천이 무한히 존재한다. 심지어 그중 일부는 가려져 있다. 불필요하게 분주한 탓에 보이지 않는 것이다.

만성 스트레스의 원인은 쉽게 눈에 띈다. 먹고살기 위해 금전적으로 고군분투할 때, 성가신 직장 동료의 부정적인 면을 계속 상대할 때, 아픈 가족을 돌봐야 하는 상황 등은 쉽게 누그러지지 않아서 우리를 긴장시키곤 한다.

하지만 만성 스트레스의 다른 이유들은 가려져 있다. 종종 우리는 이 스트레스 원천에 의도적으로 주의를 기울인다. 그것들이 정신을 자극해 생산적이라는 느낌을 주기 때문이다. 이런 스트레스 중 일부는 자극 또는 확증을 준다는 점에서 중독적이기까지 하다. 그런데도 어느 수준에 다다르면 이 자극이 위협적이라고 판단하게 된다. 예를 들어 여러분은 X(구 트위터)가 자극적이고 중독적이라고 생각할 수도 있다. 하지만 생각해 보면 X를 이용할 때마다 번번이 정신이 흐트러지는 것이 사실이다. 인스타그램도 마찬가지다. X만큼 자극적이어서 주의를 뺏기지만, 그 안에서 시간을 보내다 보면 어딘가 부적절하다는 느낌이 들기도 한다. 페이스북의 내부고발자 프랜시스 하우겐 Frances Haugen이 의회 증언에서 말했듯이, 인스타그램에서는 두 가지—몸매와 생활 방식 비교—가

주를 이루기 때문이다.**12** 소셜미디어를 가득 채운 콘텐츠들은 우리에게 부적절하다는 느낌을 던져줘서 불필요한 스트레스에 짓눌리게 한다.

대다수는 아닐지라도 우리의 주의를 흩뜨리는 최대 원인의 상당수가 만성 스트레스를 일으킨다. 특히 불안한 시기에 이 현상이 극명히 드러난다. 이때 우리가 주의를 환기하고자 소비하는 콘텐츠의 대부분은 위협적인 것들이다.

이메일, 소셜미디어, 뉴스는 그 자체가 자극적이다. 하지만 때로 이런 관심거리에 주의를 기울이는 이유는 그것들이 다름 아닌 스트레스를 안겨주기 때문이다. 새롭고 위협적이라는 특성은 말할 것도 없다. 그러나 이곳에 접속했을 때 새롭고 자극적인 무언가가 전혀 없을 때도 있다. 만성 스트레스의 원천이 중독적인 이유도 여기에 있다. 스트레스는 시간이 지날수록 점점 더 편안해지는 해로운 관계처럼 중독되어서, 그런 스트레스가 어느 순간 삶에서 사라지면 이상한 허전함을 느끼게 된다.

특히 뉴스는 최근 들어 우리가 스트레스를 받는 데 익숙해진 원인의 훌륭한 예다. 물론 대개는 이런저런 정보를 얻을 목적에서 선택적으로 뉴스를 소비하지만, 이 행위는 생각보다 훨씬 많은 스트레스를 안겨준다. 역설적이게도, 이렇게 해서 나와 내가 사랑하는 사람에게 직접적인 영향을 끼치는 뉴스를 대하는 정신적 여유가 줄어든다. 한 연구에서는, 실험 참여자 중 보스턴 마라톤 폭탄 테러에 관한 뉴스 보도를 6시간 이상 시청한 사람들이, 마라톤에 직접 참여해 그 사건의 영향을 받았던 사람보다 더 높은 스트레스를 경험했다고 밝혀졌다.[13] 또 다른 연구는 국내 테러 공격에 관한 계속된 보도가 시청자들에게 외상 후 스트레스 장애를 일으켰다는 것을 밝혀냈다.[14] 설상가상으로 부정적인 뉴스 시청은 향후 시청자들이 더 위협적인 콘텐츠를 소비하도록 유도해, 일부 연구자가 '괴로움의 순환'이라고 일컫는 현상을 부추기는 것으로 나타났다. 수많은 뉴스 보도를 읽고 시청하는 사람이라면 이 연구들을 교훈 삼아 그런 뉴스 접촉을 줄이길 바란다. 이 현상은 주의를 흩뜨리는 다른 요인에도 적용된다. 무언가가 정신을 자극한다고 그것이 반드시 나를 행복하게 해주지는 않으며, 그것이 스트레스나 위협과 무관하다고 볼 수도 없다. 오히려 정반대일 때도 있다. 맛좋은 커피 한 잔을 마실 때는 첫 모금을 마시고 긴장을 풀면서 아— 하고 숨을 내뱉는다. 그러나 소셜미디어를 확인하고 나서는 절대 그러지 않는다.

안타깝게도 우리 몸은 급성 스트레스와 만성 스트레스를 구분하지 못하는 까닭에 두 상황에 같은 방식으로 움직인다.

몸의 스트레스 반응은 낙하산을 쓸 때처럼 아주 가끔만 사용하도록 설계되어 있다. 이 시스템은 생명을 위협하는 대대적인 스트레스 요인을 이따금 극복하는 데 활용하도록—그 후에는 부드럽게 착륙하도록—수백만 년에 걸쳐 수립된 것이다.

주의를 기울이지 않으면, 성취 지향적 사고방식에 휘말려 분주하게 움직이다가 큰 대가를 치르게 된다. 그러므로 애초에 바라는 것이 성취일 때도 이 사고방식의 고삐를 단단히 죄어야 한다.

그러려면 어떻게 해야 할까?

본 장을 마무리하면서, 성취 지향적 사고방식 그리고 스스로 다짐한 목표로 인한 대가를 줄여줄 두 가지 좋은 전략을 제시하려고 한다. 이 방법을 실천하면 생산성 스펙트럼의 양극단에서 벗어나 스트레스는 줄이고 기쁨을 키우는 한편, 더 큰 평온함을 누릴 수 있다.

두 가지 전략은 다음과 같다. 하나는 나만의 '생산성 시간'을 정하는 것이며, 다른 하나는 '스트레스 재고표'를 만드는 것이다. 순서대로 살펴보자.•

○ 생산성 시간 정해놓기

성취 지향적 사고방식은 한계를 정해놓고 따라야 한다. 그러지 않으면 이 사고방식에 삶이 지배당하기 쉽다. (그 이유는 4장에서 살펴보기로 하자.)

내가 생산성을 극대화하려는 관점으로 하루 중 대부분의 순간을 보낸다는 사실을 알게 된 후, 나는 의도적으로 생산성이나 성취를 신경 쓰지 않는 시간을 떼어놓는 방식으로 한계선을 정하기

- 앞으로 보게 되겠지만, 만성 스트레스는 이 책 곳곳에서 등장하는 주제다. 따라서 이번 장에서 이 주제를 전부 다루지는 않으려고 한다. 만성 스트레스의 일부 원천은 중독적이고, 없애기 힘들며, 때로는 우리의 일상생활에 깊이 스며들어 있다는 정도만 다루었다. 하지만 앞으로 이 주제를 본격적으로 다룰 기회가 있을 것이다.

시작했다. 그러자 선택한 시간 내에 일을 완수하면서도, 내게 꼭 필요한 평온함을 누릴 시간도 확보할 수 있었다. 사실 이는 생산성을 연구하면서 내가 계발해 온 모든 직관에 반하는 일이었다. 하지만 생산성이나 성취를 신경 쓰지 않는 시간을 설정하는 것은 놀라운 효과를 발휘했다. 아니, 고쳐 말하면, 그 놀라운 효과 앞에 충격을 받았다.

그때 이후로 매일 하루를 시작할 때마다 생산성 시간을 정했다. 간단히 말해 이 시간은 여러분이 일 — 회사 일이든 집안일이든 — 을 하는 시간이다. (나는 회사 일과 집안일의 처리 시간을 모두 설정하는 것이 유익하다고 본다. 그래야 직장과 집에서 적절한 한계를 세울 수 있기 때문이다. 하지만 여러분의 체계는 다를 수 있다.) 이 시간에는 할 일 중에서도 약간의 시간적 압박이 따르는 과업을 실행해야 한다. 바로 이 시간 동안 성취 지향적 사고방식에 따라 여러분이 가장 중요하다고 여기는 과업에 몰두하고, 완료할 수 있는 것들은 확실히 끝마친다. 필요한 시간의 양은 그날그날 할 일의 분량, 생산성을 발휘하는 자신의 숙련도, 가는 곳마다 따라붙어 일을 챙겨 줄 개인 비서의 유무 등에 따라 달라진다. 성취를 가늠하는 전통적 기준을 중시할수록 매일 온전히 일에 투여하는 생산성 시간도 길어질 것이다.

이 전략을 실행하기란 그리 어렵지 않다. 생산성 시간을 정하고 싶다면 매일 하루를 시작할 때(또는 전날 하루를 마감할 때), 말하자면 내 접시 위에 무엇 — 참석할 회의 수와 일정, 완료할 일의 분량, 처리할 집안일의 수 — 이 있는지 점검하고, 하루 중 이 일들을 처리할 시간을 선택한다. 보통의 업무 시간을 준수하는 고정적인 일에 종사할 경우, 생산성 시간은 근무일 전체가 될 수도 있다(점심시간과 기타 휴식 시간은 제외).

물론, 생산성 시간도 정해놓고 이를 실행할 의지도 있었는데 아무것도 성취하지 못할 때도 있다. 딱히 자리를 지키지 않아도 되는 따분한 회의에 발이 묶인 경우가 그렇다. 하지만 기억해 둘 점이 있다. 그런 회의들을 건너뛰고 그 시간에 자신의 목표 달성을 위해 더 직접적으로 노력할 선택권이 있다면 그렇게 하는 것이다. 성취 지향적 사고방식을 채택했기 때문이다.

생산성 시간 정하기는 일로 인한 스트레스를 처리하는 데 유용한 전략이다. 이 시간을 정해두면, 정신없이 바빠 저녁나절에 1~2시간밖에 자유 시간이 없어도 어쨌든 어느 시점에는 일이 끝나기 때문이다. 다행히 그 자유 시간에는 일로부터 한 걸음 물러서겠다고 마음먹었으므로 생산성과 관련된 죄책감이 파고들 가능성도 크게 줄어든다.

여러분 안에 맴도는 이야기들, 스트레스, 일로 인한 불안, 나아가 성취 지향적 사고방식을 구획화하는 한편, 이 과정에서 진정한 여가 시간도 떼어둘 수 있다. 그러면 아무리 바쁜 시기라도(어쩌면 이런 시간에는 생산성 시간보다 자유 시간을 정해두는 편이 더 합리적이다), 일 처리를 걱정하지 않는 자투리 시간이 마련될 것이다. 이 시간에는 죄책감이나 만성적인 일 스트레스가 파고들지 않는다. 특히 이 자유 시간을 철저히 개인적인 시간으로 채우는 습관을 들이고 나면 더욱 그렇게 된다.

생산성 시간과 관련해 '마감 기한 효과'라는 것도 있다. 일을 완료하기까지 제한된 시간, 달리 말해 마감 기한을 설정해 두면 잔뜩 웅크리고 앉아 생산성 신봉자처럼 행동할 수밖에 없다. 필요한 시간의 양을 더 정확히 가늠할수록 자신이 완수해 내는 일의 양을 보고 자신도 깜짝 놀랄 것이다. 이 전략을 활용하면 자신을 위해 놀랄 만큼 많은 시간을 만들어 낼 수 있다.

나는 정교한 기술 ― 사진, 새로운 프로그래밍 언어, 피아노 연주 (내 피아노 실력은 지금도 형편없다) 등 ― 을 익히는 데 생산성 시간을 활용하는 것이 효과적이라는 사실을 알게 되었다. 기술을 익히겠다고 너무 진지하게 접근할 필요는 없다. 긴장을 풀고 느긋하게 과제를 완수하면 된다. 생산성은 평온하게 일하는 순간일수록 과한 스트레스로 여겨지지 않는다는 사실을 기억해야 한다. 전반적으로 속도보다는 방향에 더 집중하자. 생각을 기울여 신중하게 실행하면 방향성 없이 번잡하게 움직이는 것보다 훨씬 좋은 결과를 낳는다. 설령 속도 면에서 실패하더라도, 신중함을 발휘하면 훨씬 많은 부분을 만회할 수 있다.

익숙해질 때까지 점점 더 직장과 집에서 중요한 과제에 집중하는 데 생산성 시간을 활용하도록 노력해 보자. 스마트폰, 소셜미디어, 그 외 주의를 빼앗는 것들은 얼마든지 다른 시간에 할 수 있다. 생산성 시간은 여러분이 뒤처지지 않고 진척을 이루도록 유도하는 일들에 활용해야 한다. 지식 노동에 종사하고 있다면 자기 생각보다 조금 더 천천히 일하고, 심사숙고하는 일에 더 많은 시간을 쏟도록 하자. 정신 활동이 관여되는 일에 적용되는 이 두 가지 주요 생산성 요인은 더 전략적으로, 그리고 덜 즉흥적으로 일하도록 이끈다. 이를 지킨다면 천천히 일하는 것이 결국 시간을 절약해 준다는 사실을 알게 될 것이다.

성취가 중요한 순간에는 생산성에 집중하자. 반면에 의미가 중요한 순간에는 생산성을 잠시 제쳐놓아야 한다.

물론, 하는 일의 종류 및 삶의 형태에 따라 다음 조언을 꼭 참고해야 한다. 만약 영업 사원이라면 소설가인 사람보다 저녁 시간에 더 빈번히 사람들과 소통해야 할 수도 있다. 하지만 일이 불가피하게 개인 시간을 침범할 때는 자잘한 일들을 한데 묶어서 처리하자. 그러면 끊임없이 주의가 흐트러지는 데서 오는 만성 스트레스를, 중대하지만 한계가 있는 업무 스트레스로 바꿀 수 있다.

이 시간이 효과를 나타내는 또 다른 강력한 이유는, 어느 정도만 일하고 있는 것이 생산성을 발휘해 집중적으로 몇 시간 더 일하는 것보다 항상 더 나쁘기 때문이다. 구간을 정해놓고 집중적으로 일하면 몰입도가 생겨서 자기 일에서도 목적성을 느끼게 된다. 반면, 하루 내내 단발성으로 업무 메일을 확인하다 보면 불필요한 만성 스트레스가 생긴다. 야근 업무에 대한 추가 수당이 없다면, 야근을 꼭 해야 하는지 고민해 보길 바란다. 더군다나 그 일이 내게 만성 스트레스를 안겨주는 중대한 요인이라면 더더욱 고민해 봐야 한다. 업무상 내가 꼭 야근을 해야 할 것 같은 느낌이 들더라도 꼭 심사숙고해 보자.

여가 시간은 긴장을 풀고, 소통하고, 느긋하게 쉬고, 평온함을 느끼는 데 활용하자. 7장에서 소개하는 몇몇 방법으로 시간을 채운다면 도움이 될 것이다. 이 시간에는 자신을 불안하게 만드는 것들로부터 한 걸음 물러나야 한다. 성과, 생산성, 결과물은 그만 걱정하고, 주어진 시간에 뭘 더 채워 넣어야 한다는 생각도 내려놓자. 이 시간은 나의 성취 목록에 더 많은 항목을 욱여넣는 시간이 아니라, 나의 생산성이 안겨준 열매의 이득을 누리는 시간이다. 음미할 항목 가운데 몇 가지를 즐길 수도 있다.

죄책감은 일종의 내적 긴장이다. 직장에서는 뇌가 뭔가 다른 일을 실행하라고 상기하는 방법으로 죄책감을 안겨줄 때도 있다. 주어진 시간에 대한 기회비용을 생각하라는 것이다. 이런 감정을 의도적으로 끊어내는 데 익숙지 않다면 여가 시간, 특히 날마다 일정한 여가 시간을 가지려고 노력할 때 죄책감이 일어난다. 이는 정상적인 현상이다. 그저 죄책감을 알아차리고, 이 책 후반부에서 소개하는 요령 한두 가지를 시도하여 죄책감이 여가 시간을 망가뜨리지 않게 하자. 죄책감은 생산성을 발휘하는 시간에도 일어난다. 그럴 때는 의도를 가지고 최선의 일에 매진하고 있는지 생각해 보자.

생산성 시간을 설정하는 요령을 시험 삼아 실천하기로 마음먹었다면, 바라건대 여러분도 내가 느꼈던 것을 느꼈으면 한다. 나는 생산성 시간을 설정해서 업무 스트레스의 한계를 정하는 한편, 기쁨을 누리는 시간을 따로 떼어둘 수 있었다.

이 시간 동안 더 많은 일을 완수할 방법을 찾는 사람들을 위해 내가 유용하다고 느낀 몇 가지 요령을 더 소개한다.

- **자신에게 필요한 생산성 시간의 양을 파악하기까지 시간이 걸린다는 점을 기억하자.** 십중팔구 처음에는 정확한 시간을 헤아리지 못해 생산성 시간을 너무 많이 혹은 너무 적게 설정할 것이다. 하지만 시간이 지나면 자신의 일일 성취 역량을 더 잘 파악하게 될 것이다. 떼어놓을 적절한 시간을 알지 못해 허덕인다면, 그날 할 일 목록에 있는 항목의 수, 그날 예정된 회의 수, 나의 소진 정도, 에너지 수준, 당면 과제를 전부 완료하는 데 예상되는 소요 시간 등을 곰곰이 생각해 보자.

- **직장, 집, 가정생활을 챙기며 생산성 모드를 발휘하는 중간중간 약간의 틈을 유지하도록 노력하자.** 이를 통해 삶에서 자신이 맡은 하나의 역할(리더, 멘토, 매니저, 문제를 해결하는 사람, 임원, 학생 등)에서 또 다른 역할(부모, 조부모, 친구, 롤모델 등)로 원활히 이동하게 된다.

- **불안하다면 여가 모드에 있을 때 '나중에 할 일 목록'을 작성해 보자.** 아니면 적어도, 문득 떠오르는 할 일과 업무 아이디어를 대략 적어두되, 지금 당장은 잠시 잊어두었다가 나중에 이용하도록 하자. (주의할 점: 두 모드 사이를 오가는 일이 적을수록 일과 휴식 모두에 더 깊이 들어갈 수 있다.)

- **생산성 시간이 끝날 즈음에는 반드시 하던 일을 멈추자.** 종료 1시간 전으로 미리 알람을 설정하면 도움이 된다. 이리저리 시도해 보면서 자신에게 효과적인 방법을 찾길 바란다.

- **두 모드 사이를 오가는 횟수를 제한해 보자.** 생산성 모드와 여가 모드 사이를 오가는 횟수가 적을수록 전환에서 오는 정신적 충

격이 줄어든다. 덕분에 그날 하루 더 많은 통제감을 느끼게 된다. 생산성 모드에 들어가기까지 시간이 걸려도 괜찮다는 사실을 기억해 두자. 하나의 과제에서 다음 과제로 옮겨갈 때, 또는 일을 처음 시작할 때 몇 분 정도 걸릴 수 있다. 그래도 괜찮다. 아주 정상적인 현상이기도 하다.

- **생산성 시간이 끝나가는데도 일을 이어가고 싶다면 융통성을 발휘하자.** 자신을 대우하는 적절한 방법이 무엇인지 생각하자. 업무 일정을 유연하게 운영할 수 있는 경우, 꽤 많은 업무를 완료한 다음 날에는 일하는 시간을 줄이도록 노력하자. 자신을 대우하는 또 다른 방법(이 또한 업무 일정이 유연한 경우)도 있다. 그동안 미뤄둔 업무 다수를 처리하는 날에는 압박이 있는 생산성 시간을 줄이는 것이다.

- **하루의 첫 시간부터 생산성 모드에 돌입하지는 말자.** 부디 이 말은 꼭 들어주길 바란다. 천천히 일어나서 차분하게 하루를 시작하고, 그날 어떤 일들을 완수하고 싶은지 생각해 보자. 아침에 눈 뜨자마자 이메일을 확인하는 것만큼 통제감을 떨어뜨리는 일도 없다. 느리게 시작하는 아침이 신중한 하루를 만든다.

- **집에서는 짧게 짧게 집중하도록 노력하자.** 처리할 집안일이 몇 개 있다면, 시계나 스마트폰 스피커에 타이머를 15분으로 설정해 놓고, 그 시간 안에 최대한 많은 접시를 닦는 데 (그 외 다양한 일들에도) 도전해 보자. 짧지만 집중적으로 15분씩 집안일들을 처리하면 자잘한 일들을 30~45분 안에 해낼 수 있다. 이렇게 단기 구획으로 시간을 활용할 때 중요한 것은, 방해를 피하려고 너무 경

직되지 않는 것이다. 타인, 특히 사랑하는 사람의 방해는 전혀 나쁜 것이 아니다. 주변 사람이야말로 생산성을 발휘하는 목적임을 기억하자.

생산성 시간 및 이 시간이 제공하는 구조는 매일의 과제에 경계를 설정하는 훌륭한 방법이다. 더 좋은 점은 시간이 갈수록 이 요령 덕분에 목표에 더 가까워진다는 것이다.

생산성의 묘미는 애초에 내가 생산성에 주의할 때를 파악하는 데 있다.

○ 스트레스 재고표

생산성 시간에만 성취 지향적 사고방식을 적용하는 것에 더해, 살면서 마주하는 모든 스트레스—급성 스트레스와 만성 스트레스 모두—를 적어보는 것도 가치 있는 일이다. 이는 여러분의 도구 모음에 추가할 두 번째 전략으로, 이 책을 읽는 동안 계속 참고할 유용한 목록으로 활용할 수도 있다.

다음과 같이 해보자. 종이 한 장을 꺼내, 자기 삶에 스트레스로 작용하는 모든 것을 적어본다. **사소한 것 하나도 빠뜨리지 말자.** 여러분의 하루를 빠짐없이 생각해 보라. 아침 일과를 거쳐 내가 하는 일(이 부분에 대해서는 별도의 종이를 마련해도 좋다), 그리고 개인적인 삶에서 맡은 책임을 쭉 훑어본다. 급성 스트레스 혹은 만성 스트레스의 원천은 무엇이며 그 크기는 어느 정도인지, 그냥 감당하는 편이 나은 스트레스 요인은 무엇인지, 그동안 해결하려고 애써 본 것은 무엇인지 등은 걱정하지 말라. 떠오르는 모든 것을 종이 위에 꺼내놓으면 된다. 스트레스에 대한 자기만의 정의를 확대해야 한다는 것도 기억하자. 의지하곤 하는 많은 오락거리 중 작지만 숨은 스트레스 요인으로 작용하는 것들도 모두 적어보는 것이다.

내가 마주하는 온갖 형태의 스트레스를 눈으로 확인하고 나면, 그 모든 것들―그중 일부는 긍정적인 요인이라고 인식되더라도―에서 한 걸음 물러서게 된다.

자신이 직면하는 스트레스 요인들을 확인했다면, 이제 이것들을 2열로 구분된 종이 위에 분류해 보자. 1열에는 내가 방지할 수 있는 스트레스 요인을 적고, 2열에는 방지할 수 없는 것들을 적는 것이다.* 작업에 들어가기 전에 미리 일러둘 점이 있다. 예방할 수

- 만성 스트레스의 원인은 그것들을 방지하려고 철두철미하게 노력할 경우 대부분 막을 수 있다. 내 집 마련의 스트레스는 주택 임대를 택하면 제거할 수 있다. 살면서 겪는 온갖 인간관계의 스트레스 역시 은둔자가 되면 모두 제거할 수 있다. 일 때문에 스트레스를 받는다면 세속의 모든 소유를 내려놓고 수도승이 되면 된다. 하지만 스트레스 요인을 제거할 수 있다고 해서 반드시 그래야만 하는 것은 당연히 아니다. 때로는 스트레스를 제거해서 처음보다 더 많은 스트레스에 짓눌리기도 한다. 스트레스와 함께 그 스트레스 요인이 내 삶에 부여하는 의미마저 사라지기 때문이다. 항목을 분류할 때는 다스리기 쉬운 스트레스와 어려운 스트레스를 현실적으로 생각하길 바란다. 대다수의 스트레스 요인은 열심히 노력함에 따라 충분히 다스릴 수 있다는 사실도 염두에 두자.

없는 스트레스 요인이 예방 가능한 것보다 훨씬 많을 것이다. 이는 정상적이며 충분히 예상되는 결과다.

○ 손쉬운 열매부터 거두기

스트레스는 나를 바쁘게 만들고, 바쁘게 움직이다 보면 스스로 생산적이고 중요한 사람인 것처럼 느껴진다. 하지만 이런 상태 속에서 성취 지향적 사고방식에 따라 움직이면 불필요한 스트레스를 받을 수 있다. 이런 점에서 내가 방금 소개한 활동이 유용하다. 내 삶에 존재하는 스트레스로부터 한 발짝 떨어져서 과연 그중 얼마나 많은 스트레스가 실제로 필요한지 살펴보는 것이다.

나는 이 활동을 통해 내가 직면하는 스트레스 요인의 상당수를 예방할 수 있다는 사실에 매우 놀랐다. 그중에서도 만성 스트레스의 원천은 충분히 예방할 만한 것들이었다. 그 예는 다음과 같다.

- **뉴스 웹사이트:** 뉴스 웹사이트는 내가 위협이라고 인식하는 정보에 끊임없이 나를 노출시켰다. 그런데도 나는 그것들을 꼭 확인하고 싶다는 기분에 빠지곤 했다.
- **저녁 뉴스 방송:** 이 뉴스들을 보고 나면 잠자기 직전에 불안감에 빠졌다.
- **불필요한 이메일 새로고침:** 이메일을 새로고침할 때마다 해소해야 할 긴장된 일들 및 새로운 처리 과제들이 눈에 들어왔다.

- **해로운 관계:** 나의 스트레스 수준에 영향을 미치는 해로운 관계가 하나 있었는데, 나는 그 관계를 끊지 않았다.
- **성과 지표:** 팟캐스트 다운로드 횟수, 웹사이트 방문자 수, 도서 출판 부수 등 나의 성과 지표를 주기적으로 확인했다. 그날 (또는 그 시간) 확인된 수치에 따라 기분이 한껏 들뜨기도 하고 우울감에 빠지기도 했다.
- **클라이언트 2인:** 이 두 사람은 다른 클라이언트를 전부 합한 것보다 훨씬 많은 스트레스를 안겨주었다.
- **X(구 트위터):** 이 플랫폼은 화를 돋우는 부정적인 게시물을 끊임없이 내게 보여주었다.
- **인스타그램:** 이 플랫폼에 올라오는 게시물을 보면서 질투심이 들기도 했고, 여기서 받는 메시지를 처리하는 것도 일이었으며, 새로 올라오는 이미지들 때문에 계속 이 앱에 머물러 있기도 했다.

스트레스 요인 하나가 삶에 얼마나 깊게 스며들어 있느냐에 따라, 때로는 이를 다스리는 데 상당한 노력이 요구되기도 한다. 페이스북 계정 삭제처럼 문제 해결이 늘 단순하지는 않다. 물론 아직까지는 계정 삭제를 후회한 사람을 만나보지 못했다. 해로운 관계를 정리할 계획을 세우는 것은 어수선한 집을 마주할 때 느끼는 정신적 스트레스를 다스리는 일보다 어려울 것이다. 마찬가지로, 대다수의 업무 스트레스를 유발하는 프로젝트에서 벗어날 방법을 찾는 것은 대수롭지 않은 직장 동호회를 탈퇴하는 일보다 훨씬 어려울 것이다.

불안한 마음을 줄여드립니다

이 활동에 저항감이 들 수도 있다. 하지만 평온함을 얻는 일을 진지하게 생각한다면 이를 외면하지 않길 권한다. 이러한 저항감도 거쳐 갈 과정의 일부다. 다음 장에서 이야기하겠지만, 만성 스트레스는 여러분의 생각보다 훨씬 큰 희생을 치르게 할 수도 있다.

나는 내가 얻은 결과에 따라 예방 가능한 스트레스 요인들을 처리했다. 먼저, 뉴스 웹사이트와 방송들은 조간신문 구독으로 대체했다. 5분마다 새로 올라오는 뉴스 정보들을 하루 한 번 바뀌는 아날로그 브리핑과 맞바꾼 것이다. 소셜미디어 계정은 구체적이고 유의미한 목적이 있을 때만 확인했다. 이메일은 생산성 시간이 아닐 때, 하루 한 번 확인하기로 스스로 제한했다(그날 처리할 다른 자잘한 일과 한 번에 묶어서 실행했다).

이런 조언은 말보다 실천이 훨씬 어려운 법이다. 하지만 스트레스를 받고 불안과 번아웃을 겪고 있다면, 예방 가능한 생활 속 만성 스트레스의 원천을 제거할 필요가 있다. 자신이 떠올린 목록에서 해결할 항목을 고르되, 몇 가지는 반드시 처리하길 바란다. 지금으로서는 어려운 일이라고 생각되더라도 걱정할 것 없다. 뒤이은 여러 장에서 이를 실행하는 데 활용할 전략들을 더 제시할 예정이다. 우선은 할 수 있는 것들을 실천해 보자.

만성 스트레스의 특정 요인을 제거하기가 어려울 때—그 스트레스에 너무 익숙한 상태거나 이를 삶에서 제거하기가 까다롭다고 여겨질 때—도 그렇게 하는 것은 거의 언제나 가치 있는 일이다. 부정적인 만성 스트레스의 요인을 하나씩 제거할 때마다 진정한 성취를 위해 떼어둔 시간을 어지럽히는 가짜 생산성이 하나 더 제거되고, 번아웃의 요인도 하나 더 사라진다. 이 점에 관해서는 다음 장에서 살펴보기로 하자.

나는 절대로 번아웃에 빠지지 말아야 한다는 것을 뼈저리게 체험했다. 성취 지향적 사고방식과 매우 비슷하게, 번아웃도 우리를 평온함에서 멀어지게 하기 때문이다.

3장
번아웃 방정식

83　○　**스트레스에 무뎌질 때**

앞 장을 다 읽었는데도 불필요한 생활 속 만성 스트레스를 길들이는 데 노력이 더 필요하다고 생각되는가? 그렇다면 내가 힘들게 얻은 깨달음을 들어보라. 만성 스트레스가 초래하는 최종 결과는 번아웃이다. 세계보건기구는 '국제질병분류'에서 번아웃을 가리켜 '만성적인 직장 스트레스를 적절히 관리하지 않아' 나타난 직접적인 결과라고 정의했다.●1

끊임없는 만성 스트레스를 겪지 않고 번아웃에 빠지기란 불가능하다. 따라서 예방 가능한 만성 스트레스의 원천을 적절히 다루

- 세계보건기구가 정의하는 번아웃은 전적으로 직장에서 일어나는 현상이다. 하지만 일과 삶의 경계가 갈수록 모호해지는 지금은 이 정의가 일상생활까지 일반화되는 추세다.

는 것이 매우 중요하다. 이를 실천할 기회를 만들어야 하고, 때로는 달갑지 않아도 이 작업을 실행해야 한다. 그러지 않으면 결국 번아웃에 빠질 수밖에 없다.

앞 장에서 언급했듯이, 스트레스 상황에 놓일 때마다 우리 몸은 스트레스 호르몬인 코르티솔을 분비하면서 심신 차원의 스트레스 반응을 발동시킨다. 이때 스트레스 반응의 강도를 결정하는 요소는 두 가지다. 하나는 스트레스에 노출된 기간이며, 다른 하나는 스트레스의 강도이다. 비판적인 태도의 낯선 사람 250명 앞에서 3시간 동안 강연하는 것은 30분간 기상천외한 케이블 뉴스를 시청하는 것보다 강렬한 스트레스 반응을 일으킨다.[2] 어떤 경우든 위협으로 인식된 대상에 맞서도록 코르티솔이 몸을 준비시킨다. 이런 점에서 스트레스는 단순히 우리가 직면하는 정신적 도전 과제가 아니다. 스트레스는 우리 몸 안에서 일어나는 화학적인 현상이다.

평온함을 탐구하면서 스트레스와 불안을 더 깊이 연구한 지 몇 달쯤 되었을 무렵, 나의 번아웃 상황을 파악할 요량으로 몇 주간 플라스틱 튜브에 타액을 모아보았다. 앞서 번아웃 종합 검사, 매슬랙 번아웃 측정도구Maslach Burnout Inventory에서는 예상대로 번아웃 진단이 나왔다. 하지만 이즈음 내 코르티솔 수치도 궁금했던 터라 타액 코르티솔 검사도 받아보았다.

긴 시간 동안 상당한 수준의 만성 스트레스—이를테면, 직장에서 지나치게 많은 프로젝트를 맡았을 때, 혹은 나처럼 쉴 새 없이 출장을 다니는 경우—에 노출되면, 몸은 번번이 스트레스 반응이라는 힘든 절차를 그대로 밟는 데 싫증을 낸다. 연구에 따르면 너무 오랫동안 만성 스트레스를 겪을 때, 몸은 '결국 코르티솔 생성을 비정상적으로 낮은 수준까지 떨어뜨리는 반응'을 보인다. 연구자들의 표현을 빌리면, 마치 '우리 몸의 스트레스 반응 체계 자체가 번아웃에 빠진' 듯하다.[3]

보통 코르티솔 수치는 아침에 눈 떴을 때 가장 높다. 부분적으로 이 때문에 우리가 잠에서 깨는 것이다. 유난히 스트레스가 많을 때 아침에 일어나기가 힘겨운 것도 이 시기에 몸이 코르티솔 분비량을 하향 조정하기 때문이다. 어차피 낮 동안 받는 스트레스로 인해 생성하는 코르티솔 양이 있으므로, 이를 고려해 평소 주기적으로 실행하는 코르티솔 생성을 멈추는 것이다. 다수의 연구에 따르면,[4] 번아웃으로 진단받은 사람들은 그렇지 않은 피험자보다 오전 코르티솔 수치[5]가 훨씬 낮다고 한다.•

타액 코르티솔 검사는 매슬랙 번아웃 측정도구(곧 설명하겠다)에 비해 신뢰도가 낮은 번아웃 검사다. 하지만 나는 궁금증을 참지 못해 이 검사도 해보았다. 그리고 결과를 보고 깜짝 놀랐다.

대개 하루 동안 코르티솔 수치가 나타내야 할 마땅한 그래프 모양은 다음 쪽의 모습과 같다. 아침에 급격히 치솟았다가 하루를 보내는 동안 합당한 수치로 점차 떨어지는 형태다.

• 흥미롭게도, 이 때문에 카페인은 기상 직후보다 오전 10시 30분경에 섭취할 때 그 효과가 더 크다. 아침에 일어나 몇 시간이 지나고 나면 코르티솔 수치가 자연스럽게 조금 떨어지는데, 이와 함께 에너지 수준도 떨어진다. 이때 카페인을 섭취하면 에너지 수치가 눈에 띄게 부쩍 오른다.

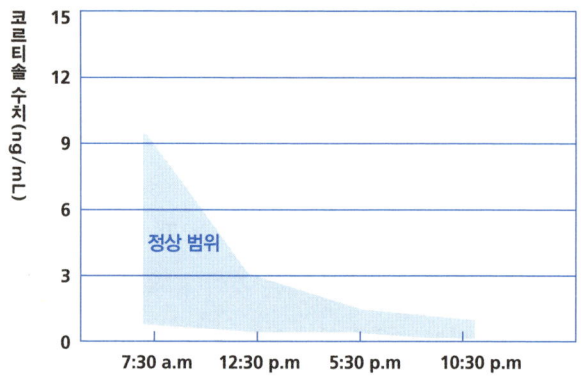

내 그래프는 달라도 너무 달랐다. 결과지를 받아보니 내 코르티솔 수치는 거의 죽어 있었다.

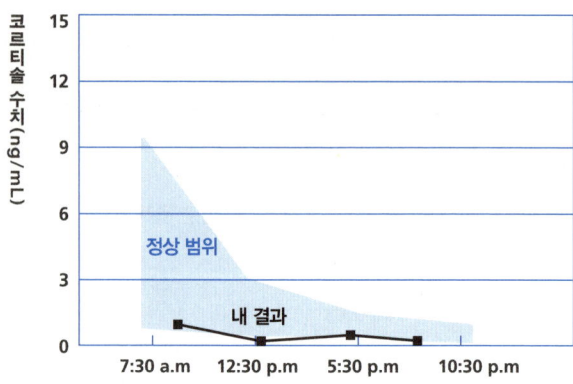

내 몸은 완전한 번아웃 상태에 빠져 있었다. 화학적 수준에서 내 몸의 스트레스 반응 체계는 무너진 것이나 다름없었다. 심지어 나를 들뜨게 하는 긍정적인 스트레스—사람들 앞에서 강연하거나 휴가를 떠나는 일—에 반응할 때도 내 몸은 도무지 움직이려 하지 않았다. 동시에 내 정신도 앞에 다가오는 기회들 앞에 들뜨려 하지 않았다. 나는 더 이상 내어줄 게 없었다.

스스로 만성 스트레스를 부추기는 일을 멈추고자 더 노력했더라면 훨씬 좋은 결과를 얻었을 것이다.

하지만 나는 번아웃 진단을 있는 그대로 인정할 수밖에 없는 상황이었다.

○ 번아웃 방정식

더 깊게 연구 결과를 살펴본 후, 번아웃 자체 그리고 번아웃 때문에 평온함을 잃는 과정에 관한 흥미로운 사실을 발견했다. 그중 하나는 번아웃의 정확한 정의와 관련된다. 소진된 느낌은 번아웃과 매우 흔히 연관되는 기분이므로 사람들은 두 용어를 혼용하곤 한다. 하지만 이 둘을 연관시키는 사람들은 번아웃 방정식의 3분의 2를 완전히 놓치고 있다.

일반 통념과는 반대로 번아웃은 단순한 소진이 아니다. 물론 번아웃에 빠지면 소진된 느낌이 드는 것이 사실이다. 더불어 피로하고, 고갈되고, 녹초가 된 듯한 느낌이 들기도 한다. 하지만 번아웃에 빠지면 또 다른 두 가지 기분, 즉 냉소적이고 비생산적인 기분도 느낀다. 완벽한 번아웃에 빠졌다면 이 세 가지를 전부 느끼게 된다.

냉소주의는 일종의 분리 감정이다.⁶ 냉소주의에 빠지면 부정적이고, 짜증스럽고, 한발 물러선 기분을 느끼며, 몇몇 경우에는 하고 있는 일과도 분리된 기분이 든다. 냉소주의는 '이 일 때려치우고 만다' 같은 태도를 일으키는 더 깊은 원천이다. 겉보기에 의미 있어 보인다고 실제로 그 일이 충만한 의미를 안겨주는 것은 아니다. 팬데믹을 감당해야 했던 의료인을 아무나 붙잡고 한번 물어보라. 애초에 번아웃은 의료계에서 관찰된 현상이었다. 겉보기에 이 직종은 의미 있어 보이지만, 매일의 활동을 자세히 들여다보면 만성 스트레스의 원인이 수두룩하다. (물론 이 직종에는 더 의미 있는 급성 스트레스의 원인도 매우 많다.)

냉소적인 기분과 함께 느끼는 또 다른 기분은 비생산성이다. 일을 썩 잘하지 못하는 것 같기도 하고, 충분한 성취를 못 이루는 것처럼 느껴진다. 자신의 노력이 누구에게도 이롭지 못한 것만 같다. 이런 차원의 번아웃은 상황을 악화할 가능성이 있다. 번아웃에 깊이 빠질수록 의미 없는 번잡한 일(소셜미디어 탐닉 등)에 더 많이 관여한다. 이는 언뜻 생산성의 신기루를 보여주지만 시간이 지날수록, 특히 더 많은 만성 스트레스를 겪을수록 더욱 생산성이 떨어지게 한다.

세 요소, 즉 '소진, 냉소주의, 비생산적인 느낌'이 없다면 정확히 번아웃에 빠졌다고 할 수 없다.

이 책이 평온함을 다룬다는 점을 고려하면 번아웃은 주제와 다소 어긋나는 것처럼 보인다. 그리고 여러분의 짐작대로 번아웃과 불안은 연구자들이 별개의 구성물로 간주하는 대상이다. 하지만 번아웃은 탐구할 가치가 충분하다. 번아웃과 불안이 매우 밀접하게 연관된다는 점만 봐도 그렇다. 한 연구에서는 번아웃으로 진단받은 사람의 59퍼센트가 불안 장애도 함께 진단받은 것으로 나타났다.[7] 아마도 원인은 만성 스트레스일 것이다. 연구에 따르면, 불안은 '위협적인 상황 앞에서 보호 수단으로 작용하는 질환'이라고 간주되기도 한다. 번아웃과 중첩되는 또 다른 질환은 우울인데, 이 책에서 다루는 많은 내용이 우울 질환을 이해하는 데 유익하다. 또 다른 연구에서는 번아웃이라는 임상 진단을 받은 사람의 58퍼센트가 우울증 혹은 우울 에피소드를 겪는 것으로 나타났다.[8] 세 현상 사이의 정확한 관계는 불분명하지만, 이 질환들을 겪기 전에 공통적으로 만성 스트레스를 비롯한 생물학적 요인이 나타나는 듯하다.[9]

물론 번아웃 진단을 제쳐놓고 보면, 번아웃의 세 가지 특성 중 하나만 겪더라도 충분히 괴로우며, 그것이 원인이 되어 뚜렷한 질환을 겪을 수도 있다. 대개 소진되는 기분이 들 때는 업무량에 주의를 기울이면 된다. 거리감이 느껴질 때는 적극적으로 사회적 관계에 나서고, 가능한 한 동료들과 더 깊이 소통할 방법을 찾으면 된다. 냉소적인 기분이 든다면 일하는 데 필요한 자원을 보유하고 있는지 확인하고,[10] 앞의 경우처럼 직장에서의 인간관계를 두 배로 늘릴 방법을 고민해 보는 편이 좋다.

무대 위 공황 발작이라는 대대적인 사건을 초래한 내 일과 삶의 사건들을 곰곰이 되짚어 보니, 불꽃이 튀듯 머릿속에 깜박거리는 사소한 기억들이 있었다. 그 기억은 내가 그동안 얼마나 고갈되었는지를 환기했다. 당시 나에게는 간단한 일을 완수하는 것조차 산을 옮기는 일처럼 버거웠다. 이는 평온함을 알아가는 여정에서 내가 끊임없이 새롭게 깨닫는 교훈이다. 나는 뭔가가 잘못되었다고 느껴지는 제일 사소한 순간에 가장 큰 교훈을 얻곤 했다. 가장 기본적인 일을 처리하기도 어려워 허덕이던 순간들, 메일 하나를 읽고 또 읽고 나서야 답변할 방법을 궁리했던 순간들, 다음 날 아침 일하러 가야 한다는 생각에 덜컥 겁이 나 마음이 내려앉던 어느 일요일 저녁이 그런 순간이었다.

또 다른 기억으로, 비행기 안에서 몇 가지 일들을 끝내려 했던 날도 떠오른다. 노트북을 앞에 펼쳐놓고 이메일에 답변하면서 보니, 받은 편지함 안의 그만그만한 이메일을 응시하는 데 2시간의 비행 중 대부분을 쓰고 있었다. 동시에 그 일들이 어찌나 무겁게 느껴졌는지 모른다. 내 마음이 이미 백기를 들었는데도 도무지 이 난제를 마주할 수가 없었다.

비행기 안에 앉아 있는 동안, 다른 데로 주의를 돌려 이 좌절감으로부터 도망치고 싶은 욕구도 들었다. 분주함 속에 빠져서 생산적인 기분을 느끼고 싶었던 것이다. 그저 노트북을 닫고 머리 위 짐칸에서 소설 한 권을 꺼내 읽으면 될 일이었다. 하지만 나는 똑같이 무의미한 일들 몇 개를 계속해서 처리했다. 메일이 도착하기를 기다리고, 들어온 메일을 신속히 삭제해 가며 생산성의 신기루에 다시 연결되려고 했다. 노트북 화면에 열어둔 소셜미디어 게시물 페이지를 새로고침하면서 뭔가 유용한 일을 하고 있다고 재차 확신했다. 이런 주의 분산 요소가 만성 스트레스의 순환을 부추긴 결과, 나는 소진되고, 비생산적이며, 냉소적인 기분에 빠졌다.

마감 기한이 있어 확실하게 일을 완료해야 할 때는 꽤 능숙하게 산만함을 이길 수 있었다. 무언가를 실행하겠다고 마음먹고 산만함을 다스리며 일에 매진했다. 하지만 업무 외 시간에 내가 끊임없이 걸려든 덫은, 불필요한 순간에 만성 스트레스에 엮이는 것이었다. 특히 이메일 확인처럼 마치 의미 있다는 정당성을 안겨주는 듯한 일들을 하곤 했다.

가능한 한 모든 만성 스트레스를 다스리려고 최선을 다했지만, 여전히 노력할 부분이 남아 있다는 사실을 나는 알고 있었다.

크리스티나 매슬랙Christina Maslach과 대화를 나눈 것은 그때쯤이었다.

○ 번아웃과 카나리아

사회심리학자인 크리스티나 매슬랙은 캘리포니아대학교 버클리캠퍼스의 명예교수다. 또한, 매슬랙은 수전 잭슨Susan Jackson과 함께 매슬랙 번아웃 측정 도구를 만들어 낸 사람이기도 하다. 이 도구는 번아웃을 측정하는 데 가장 일반적으로 활용되고, 학술 문헌에 숱하게 인용되며, 제작 당시 거의 50개 국어로 번역되기도 했다. 나는 매슬랙의 방대한 연구 자료를 깊이 들여다보는 과정에서 번아웃에 관한 여러 추가적인 내용을 우연히 마주쳤고, 덕분에 마음이 좀 편해졌다.

첫 번째 내용은 개인주의와 스트레스의 개념에 관한 것이다. 매슬랙과 대화하면서, 번아웃을 둘러싼 대중적 내러티브 중에 매슬랙이 가장 안타깝게 여기는 점 하나를 분명히 알게 되었다. 매슬랙은 우리가 만성 스트레스를 대할 때처럼 번아웃도 전적인 자기 잘못으로 치부한다는 점을 몹시 안타까워했다.

매슬랙의 말을 빌리면, '우리는 번아웃을 이야기할 때 "정말 견디기 힘들어하는" 사람을 제외하고, 그 외 모든 사람에게는 대개 더 많이 운동하고, 명상하고, 건강한 식생활을 유지하고, 수면제를 복용하라고 권한다. 하지만 사람들은 번아웃 문제를 혼자 해결할 수 없다는 것을 깨닫지 못한다. 번아웃은 사회적인 문제다.'[11]

매슬랙이 기술했듯이, '직장 일이 점점 더 하기 힘들다고 느껴질 때 고민해야 할 부분은, 일을 바로잡지 않고 나 자신을 책망하는 이유이다.'[12]

유감스럽게도, 번아웃이 일어나는 현대의 직장에서는 종종 이 현상을 덮어두는 문화도 존재한다. 생각해 보면 충분히 수긍이 된다. 직원들이 주어진 시간에 얼마나 많은 것을 성취하느냐에 높은 기대치를 부여하는 직장에서는 종종 번아웃이 유약함의 표시로 인식된다. 이런 곳에서는 거의 모든 사람이 자기 역량을 전부 쏟아부어 일하기도 한다. 다른 모든 사람이 감당할 수 있는 일이라면 나 역시 감당할 수 있어야 한다.

우리에게 (그리고 우리의 정신 건강에) 다행스럽게도, 매슬랙은 이런 개념에 결코 동의할 수 없었다. "번아웃은 개인적인 질환, 의학적 질환이나 결함, 혹은 약점으로 인식됩니다. 번아웃을 명예로운 훈장처럼 여기는 이들도 있긴 하지만, 사실 번아웃은 나와 잘 맞지 않는 해로운 일터에서 일하고 있다는 신호일 때가 많습니다."[13] 또한, 내가 번아웃을 겪고 있다면 다른 사람들도 그럴 가능성이 크다.

매슬랙은 한 걸음 더 나가 번아웃의 발현을 '탄광 속의 카나리아'라고 간주한다.

이 표현의 이면에는 흥미로운 이야기가 있다. 다량의 산소를 흡입하는 카나리아는 다른 새들보다 높은 고도에서 날 수 있다. 이 새는 생물학적 특성으로 숨을 들이마시고 내쉬는 모든 경우에 일정량의 산소를 들이마신다. 다시 말하면, 일산화탄소 같은 유해 가스가 가득한 지하 탄광에 있을 경우, 카나리아는 공기 중의 유독 성분을 두 배로 들이마신다는 것이다.[14] 카나리아를 탄광 속으로 들여보내면 광부들이 들어가기 전에 잠재적 위험 요소를 경계할 수 있다. 광부 대신 카나리아가 중독되기 때문이다(불쌍한 카나리아들).

매슬랙은 탄광 속의 카나리아가 번아웃에 대한 적절한 비유라고 본다. 매슬랙은 번아웃 설문 조사를 진행했던 기업의 팀원들이 자기뿐만 아니라 다른 팀원들도 소진되고, 냉소적이고, 비생산적이라는 기분을 느낀다는 것을 알았을 때 매우 놀라워했다고 했다. 그런 기업 중 한 곳을 조사한 후 매슬랙은 직원들에게 이렇게 결과를 전했다.[15] "여러분은 업무를 완료할 때까지 자리를 지키며 밤늦도록 일하는 데 거의 자부심을 느낄 정도였습니다." 매슬랙은 그중에서도 한 팀의 조사 결과를 무대 위에서 말해주었다. 자신이 번아웃에 빠졌다고 인정한 팀원이 몇 명인지 설명하자마자 청중은 걷잡을 수 없이 동요했다. 사람들은 더 이상 매슬랙의 말을 듣지 않았다. "다들 주위를 둘러보며 서로 이야기를 나누고 있더군요."라고 매슬랙은 말했다. 한 걸음 물러서서 생각할 기회를 선사하자 '그들은 그 문제가 얼마나 심각한지 깨달았다'. 번아웃의 첫 사례를 더 공공연히 논의하고 해결하려 했다면, 그 직장은 과중한 업무와 생산성 쇠퇴라는 해로운 수준까지 상황이 악화되는 것을 막았을지도 모른다.

매슬랙은 우회적인 방식으로 통제 불능 상태에 빠진 기묘한 사회적 환경을 매우 능숙하게 알아차린다. 그중에는 다른 사람들이 정상이라고 여기고 넘어가는 상황도 있다. 번아웃 역시 그런 현상에 속한다. 한편, 매슬랙이 경력 초반이었던 1971년에 우연히 깨달았던 사실이 있다.[16] 1971년은 심리학자 허버트 프루덴버거 Herbert Freudenberger가 '번아웃'이라는 용어를 처음 고안하기 3년도 전이었다. 당시 매슬랙은 필립 짐바르도 Philip Zimbardo라는 남성(훗날 결혼한 사람)과 연애 중이었다. 그는 스탠퍼드대학교에서 '인식된 권력과 집단 정체성의 효과'를 알아보는 실험을 수행하고 있었다. 연구자들은 이 실험에서 참가자들에게 '죄수' 혹은 '교도관'이라는 역할을 주고, 이들이 2주간 모형 감옥에서 자신의 역할을 수행하게 했다.

이 악명 높은 스탠퍼드 감옥 실험에 익숙한 사람이라면, 실험이 얼마나 빨리 통제 불능 상황에 빠졌는지 잘 알 것이다. 교도관은 죄수 역할을 맡은 사람들을 가혹하게 대했다. 죄수 역할을 맡은 사람은 자신이 단지 연구에 참여한 사람이 아니라 실제로 죄수라고 생각하기 시작했다. 참가자들은 자기 역할에 관한 이야기를 재빨리 내면화했고, 이것이 그들의 정체성으로 자리 잡았다. 비록 실험은 참담했지만,[17] 실험에 관여한 모두에게 다행스럽게도 한 사람, 바로 크리스티나 매슬랙이 실험의 도덕적인 측면에 의문을 제기했다. 실제로, 실험을 진행했던 짐바르도는 훗날 그의 저서《루시퍼 이펙트》에서, 참관자 50명 가운데 실험에 이의를 제기하고 실험을 멈춰야 한다고 제안한 사람은 매슬랙이 유일했다고 말했다. 매슬랙이 탄광 속의 카나리아였던 셈이다.

훗날 매슬랙이 설명했듯이, 이 실험의 참가자들은 '그들을 자신의 인도적 가치로부터 멀어지게 하는 일련의 파괴적인 감옥의 가치들을 내면화'했다.[18] 이 사례를 한쪽에 두고, 이보다 훨씬 덜 극단적인 형태로서 지나치게 성취에 집중할 때 일이 심신 건강에 미치는 온갖 해로움을 우리가 놓치게 되는 상황을 함께 비교해 보자. 우리는 자신에게 만성 스트레스를 안겨주는 일에 죄수처럼 종속되는 것을 정상이라고 느낀다. 이와 유사하지만 다른 측면을 생각해 볼 수도 있다. 일에 관한 새로운 이야기들을 우리가 얼마나 빨리 받아들이는지도 한번 생각해 보라. 지금 당장 번아웃 시기를 헤쳐나가야 하는 사람의 역할을 받아들이라며 일이 우리를 밀어붙인다. 마치 이것이 모두가 겪어야 하는 현상이라는 듯 말이다.

그러나 매슬랙은 내게 다음과 같이 분명히 말했다. 번아웃 현상이 흔하다고 해서 이를 정상으로 간주해서는 안 된다. 매슬랙의 표현대로, 번아웃을 둘러싼 '다수의 무지'는 단연코 우리가 견디거나 인내할 대상이 아니다.

지금 번아웃을 겪고 있다면, 혹은 이대로 가다가는 번아웃에 빠지겠다는 느낌이 든다면 자신에게 무슨 문제가 있는지 고민하는 대신 주변에 존재할지 모를 위험한 근무 환경을 살펴보길 바란다. 그런 환경에 있는 것 자체가 몸과 마음에 해를 끼칠 수 있다. 앞서 언급했듯이, 정신적 차원에서 번아웃은 불안과 우울을 동시에 일으킬 수 있다.

한편, 번아웃의 신체적 여파도 금세 축적된다. 한 메타 분석meta-analysis(한 주제에 관한 우세한 연구를 모두 조사해 이에 관한 지식을 종합하는 연구)이 이를 밝혀냈다.[19] 번아웃에 관한 1,000여 편의 연구를 자세히 조사한 이 메타 분석에 따르면, 번아웃은 한 장으로 논하기에는 너무 많은 건강 질환의 중요한 전조 상태다. 그러한 질환에는 '고콜레스테롤혈증, 제2형 당뇨병, 관상 동맥성 심장질환, 심혈관 장애로 인한 입원, 근골격계 통증, 통증 경험의 변화, 장기적인 피로, 두통, 위장 문제, 호흡기 질환, 45세 이전에 겪는 심각한 부상과 사망' 등이 포함된다. 정신 건강은 둘째 치고 신체적 여파만 따져봐도 번아웃은 미리 다스릴 가치가 있다.

○ 번아웃 역치

그렇다면 번아웃 현상은 어떻게 극복할 수 있을까?

첫째, 자신이 마주하는 만성 스트레스의 양을 줄이면 된다. 전통적으로 번아웃은 직장에서 일어나는 현상이라고 정의되지만, 개인적 스트레스도 번아웃에 영향을 미친다는 것을 기억해 두자. 더 많은 만성 스트레스를 길들일수록 더 과감하게 번아웃을 물리칠 수 있다.

만성 스트레스의 총합

번아웃
역치

번아웃을 극복하는 두 번째 방법은 자신의 '번아웃 역치'—번아웃에 이르기까지 삶에서 축적되어야 하는 만성 스트레스의 양—수준을 높이는 것이다. (이 역치를 높이는 전략은 뒤에서 다룰 것이다.)

번아웃은 더는 대처할 수 없을 만큼 생활 속 만성 스트레스가 축적되었을 때여야 겪는다는 사실을 기억하자. 이에 따르면 우리가 거치는 일정한 번아웃의 역치가 존재한다. 그 지점에 다다르면 자

만성 스트레스의 총합

만성 스트레스의 원천

기 삶에 축적된 만성 스트레스가 지나치게 많다고 생각하게 된다.

새로운 도전 과제, 책임, 그 외 반복적으로 접하는 스트레스의 원천—많은 출장—이 하나 생길 때마다, 번아웃 역치에 조금씩 가까워진다. (물론 이 과정에서는 급성 스트레스도 많이 겪지만, 번아웃에 빠지는 데는 만성 스트레스가 훨씬 크게 작용한다.) 삶의 각 영역에서 얼마나 많은 스트레스를 겪느냐에 따라, 아래 그래프에 제시한 것처럼 만성 스트레스 층의 두께가 달라진다. 번아웃에 빠지지 않았

만성 스트레스의 총합

만성 스트레스의 원천

을 때는 내가 겪는 만성 스트레스의 양과 번아웃 역치 사이에 건강한 틈이 존재한다. 이 틈이 새로운 스트레스에 대처할 역량을 만들어 내고, 스트레스를 끼치는 뜻밖의 사건을 처리할 힘을 주기도 한다.

그러나 스트레스 요인이 너무 많아지면 결국 자기 역량을 넘어서는 지점까지 몰릴 수 있다. 예를 들어 전 세계적으로 나타나는 유행병 때문에 만성 스트레스를 겪는다고 해보자. 번아웃 역치를 금방 초과할 것이다.

애초에 겪고 있던 만성 스트레스가 상당히 많다면, 새로운 만성 스트레스 요인 하나조차 더는 견딜 수 없는 한계로 작용할 수 있다. 이는 만성 스트레스를 다스려야 할 또 다른 이유다. 다행히도, 노력을 기울이면 미래에 스트레스를 더 탄력적으로 대처할 수 있다.

○ **6대 번아웃 요인**

번아웃을 더 자세히 이해할 방법이 있다. 나는 이 두 번째 교훈을 매슬랙에게서 배웠다. 번아웃을 일으키는 여섯 가지 요인을 분해해 보면 현 상황이 파악될 뿐 아니라 이를 극복해야겠다는 인식도 생긴다.

매슬랙의 연구에 따르면, 우리가 하는 일에는 만성 스트레스가 배양되는 샬레 역할을 하는 여섯 가지 영역이 있다.[20] 이러한 '일의 6대 영역'에서 생겨난 스트레스는 장기적으로 번아웃의 역치에 다다르게 한다. 번아웃 요인의 몇 가지만 충족되어도 사태가 나빠지기 시작한다. 또는 복합적인 여러 요인이 문제 영역으로 인식될지도 모른다. 이 단락을 읽어나가면서 여러분의 일이 이 6대 영역에서 얼마나 순조롭게 진행되고 있는지 특별히 유의하길 바란다. 그리고 원한다면 자신의 문제 영역이 무엇인지도 머릿속에 잘 기억해 두자.

여섯 가지 중 첫째 요인[21]은 업무량, 즉 '내가 맡은 업무의 양은 얼마나 지속 가능한가'이다. 나의 업무량과 내가 느끼는 소진감(번아웃의 3대 특성 중 하나) 사이에는 강한 연관성이 있다. 업무상 요구사항이 지나치게 많을 때, 우리는 저녁, 주말, 휴가도 아랑곳하지 않고 연장 근무에 매여 있는 자신을 발견하곤 한다. 일순간 몰아닥칠 듯이 위협적인 마감 기한 때문에 허덕일 때처럼 이따금 업무량이 급증하는 것은 정상적이다. 하지만 일상적인 한계를 넘어설 정도로 나를 몰아붙이는 업무량을 날마다 대할 경우, 결코 회복할 기회가 생기지 않는다. 이상적으로는 내가 처리할 만한 업무 역량에 대체로 상응하는 업무량을 맡아야 한다.[22] 그러면 내가 하는 일에 집중해 마치 시간이 존재하지 않는 것처럼 훌쩍 시간이 지나가는 듯한 '몰입' 상태에 들어갈 가능성이 크다.

번아웃의 두 번째 원인은 통제력 상실이다.[23] 이 요인은 내가 가진 자율성이 얼마만큼인지, 뿌듯한 결과물을 내는 데 필요한 자원이 있는지, 현재 작업 중인 프로젝트의 틀을 좌우할 재량권이 있는지 등 여러 문제에 기인한다. 연구에 따르면, 자기 일에 대해 통제력이 클수록 일에 대한 만족도와 성과가 높고, 정신 건강상 회복력도 높다.[24] 통제력 상실을 빚는 흔한 요인은 역할 갈등이다.[25] 예를 들면 상사가 둘일 때, 두 명 이상에게 답변해야 할 때, 다수의 요구가 서로 부딪힐 때 역할 갈등이 생겨난다. 다수의 연구자가 통제력 상실과 번아웃 사이의 분명하고 강한 연관성을 보여주었다.

세 번째 요인인 **불충분한 보상**은 번아웃 발생의 가능성을 극도로 높인다.[26] 일에 대한 보상이라면 돈을 떠올리게 되는데, 사실 보상은 일을 통해 획득하는 화폐보다 훨씬 넓은 의미를 지닌다. 일에 대한 보상은 금전적(돈, 특별 수당, 스톡옵션)일 수도 있지만, 이 밖에 사회적(나의 기여도에 대한 인정), 본질적(일 자체를 보상으로 여기는 경우)일 수도 있다. 보상이 공정하지 않을수록 자신이 무능하다고 느껴질 수 있다. 그리고 이는 번아웃의 핵심 요소인 무효능감을 일으킨다.•

번아웃의 네 번째 요인은 **공동체**, 즉 직장에서 맺는 인간관계와

- 여러분이 상사일 경우, 건강한 팀을 일구는 최선의 노력 중 하나는 정말 훌륭한 일을 수행하는 팀원들을 더 진정성 있게 칭찬하는 것이다. 이 간단한 조언은 다음의 이유에서 언급할 가치가 있다. 우리는 타인을 칭찬하는 데 참 인색하다. 한 연구에서 살펴본 결과, 관리자가 분기별로 단 4회만 칭찬을 하더라도 신입 직원의 유지율을 평균 80퍼센트에서 약 96퍼센트까지 높일 수 있었다.[27] 대체 직원을 구하는 데 드는 비용을 고려할 때, 진정성 있는 칭찬을 네 번 할 때마다 자그마치 비용 지출을 1만 달러나 줄일 수 있다. 여러분도 짐작하겠지만, 칭찬이 효과를 내려면 반드시 진정성을 담아야 한다. 그렇지 않으면 역효과가 날 수도 있다.

상호작용의 질적 측면이다.[28] 우리는 인간관계에서 막대한 정도의 참여와 동기를 끌어낸다.[29] 또한, 풀리지 않은 갈등을 겪고 있거나 동료의 지지가 부족할 때, 혹은 불신을 조장하는 근무 환경에서 일할 때 엄청난 스트레스를 겪는다. 지지가 없는 업무 공동체는 생산성 측면을 넘어 번아웃을 겪는 데서도 파괴적인 영향을 끼친다. 소속감은 이렇게나 중요하다.

다섯 번째 요인은 **공정성**이다.[30] 매슬랙이 정의하는 공정성은 '직장 내 의사결정이 공정하게 이루어지고 존중 어린 태도로 사람들을 대우한다고 여겨지는 정도'를 말한다.[31] 공정한 직장에서는 공정하고 수긍할 만한 방법으로 직원들을 승진시키며, 지지와 존중 어린 태도로 직원들을 대우한다. 공정한 직장은 번아웃 대신 참여를 촉진한다. 공정의 부재는 번아웃의 냉소주의적 특성을 유발하는 중대한 요인이다.

번아웃의 마지막 여섯 번째 요인은 **가치** 갈등에서 비롯된다.[32] 본질적으로 가치는 더 깊은 차원에서 우리를 일과 연결 짓는다. 내가 하는 일이 나의 가치관과 일치되면, 내 행동을 통해 나의 가치를 실천하고 있다는 생각에 일을 더욱 의미 있다고 여기게 된다. 애초에 돈이 아닌 다른 이유에서 여러분의 일이나 직종에 끌렸다면, 아마 그 일이 여러분이 실제로 소중히 여기는 것과 일치되는 지점을 포착했을 가능성이 크다. 나의 가치관이 내가 속한 팀이나 고용주의 뜻과 어긋날수록, 내 일이 의미 있다고 여길 가능성은 줄어들고 번아웃에 빠질 가능성은 커진다. 한 연구는 가치관이야말로 나와 직장 사이의 핵심적인 '동기적 연결고리'라고 논한다.³³ 이는 단순히 내가 몸담은 회사가 내세우는 듣기 좋은 사명을 믿는 것을 훨씬 뛰어넘는다. 관건은 내 일이 실제로 중요하다고 느끼는가 하는 것이다.

위의 6대 요인은 우리의 일 속에 깊숙이 내재해 있다. 살면서 번아웃에 빠지는 여러 상황을 생각해 보자. 더 이상 번아웃에 빠지고 싶지 않다면, 하던 일(또는 소속된 팀)을 완전히 바꿔야 할 때도 있다. 6대 요인 중 대다수 측면에서 스트레스를 안겨주는 환경에 놓여 있을 때, 번아웃을 극복할 해법은 굉장히 커다랗고, 어쩌면 불가능해 보일 수도 있다. 그것은 바로 그 직장에서 벗어나 실질적으로 나를 존중하고 내 재능을 인정하는 새로운 일자리를 찾는 것이다.*

번아웃의 대다수 요인은 보편적이다. 내가 겪는 힘듦은 동료들도 겪고 있을 가능성이 크다. 바로 턱밑까지 할 일이 차 있고(업무량), 내 업무에 대한 발언권이 거의 없으며(통제력), 함께 일하는 사

---

* 한 명 이상의 직원이 번아웃에 빠졌던 경험이 있는 관리자라면 다음의 불편한 진실을 마주해야 할지도 모른다. 여러분이 팀을 위해 조성한 근무 환경이 해로워서 팀원들이 위험한 만성 스트레스 상황에 놓여 있다는 사실이다. 앞서 제시한 번아웃의 6대 요인을 하나하나 살펴보면서 현재 업무의 어떤 측면이 팀원들에게 부족한지 깊이 생각해 보길 바란다. 이 요인들에 더욱 주의를 기울인다면 여러분이 맡은 직원들이 더 행복하고 건강한 직장 생활을 영위하는 데 유용할 것이다. 이로써 팀의 생산성도 높아질 것이다. 하지만 직원들의 정신 건강이 훨씬 중요하다는 것은 말할 것도 없다. (특히 업무량, 통제력, 가치관에 주의를 기울이자.³⁴ 연구에 따르면 이것들이야말로 출발점으로 삼을 최고의 요소다.)

불안한 마음을 줄여드립니다

람과는 거리감이 느껴진다면(공동체), 아마 동료들도 같은 기분일 것이다.

그런가 하면 가치관을 비롯한 몇몇 요인은 더 개인적이다. 내가 중시하는 것과 동료들이 중시하는 것은 다를 수 있다. 예를 들어 나는 공동체와 친절함을 중요시하는데 치열한 경쟁이 벌어지는 환경에서 일하고 있다면, 언젠가는 소진되고 일과도 거리감을 느끼게 될 가능성이 크다. 이때 번아웃은 나의 근무 환경이 내 정신 건강과 안녕에 위험하다는 신호일 수 있다. 또는, 지금 하는 일이 성격 및 가치관에 잘 맞지 않는다는 것을 깨닫게 될 수도 있다. (나의 근무 환경이 정말 해로운 것인지, 내게 안 맞을 뿐인지 더 자세히 알아보고 싶다면, 믿고 터놓을 만한 멘토나 동료를 찾아서 다수가 번아웃을 겪고 있는지 정확히 확인해 보자. 상의할 만한 사람이 없을 경우, 나보다 이 일에 더 잘 맞아 보이는 누군가가 있다면, 과연 그는 나의 스트레스 요인 중 몇 개의 영향을 받을지 상상해 보자.) 어떤 수준에서는 일이 잘 맞지 않는 이유가 그리 중요치 않다. 현재 번아웃에 빠져 있거나 곧 번아웃을 겪을 것 같다면 일 때문에 내가 닳아 없어지지 않을 방법을 찾아야 한다. 번아웃의 6대 요인 중 어느 영역에서 어긋났는지 판단해 보면 해법을 찾을 수 있다. 이렇게 내가 힘들어하는 영역을 확인한 뒤, 상황을 개선하기 위한 계획을 세우는 것이다. 또는 현 상황을 유지하되 다른 곳에서 더 나은 기회를 잡기 위해 적극적으로 시도할 수도 있다.

우선 다음과 같이 시작해 보자.

- 업무량, 통제력, 보상, 공동체, 공정성, 가치관의 각 차원에서 현재 자신이 느끼는 스트레스 정도를 1~10점으로 표시한다.
- 6대 영역에서 겪고 있는 구조적 문제 중 고칠 수 있는 것을 확인한다. 더불어, 당장 벗어나야 할 해로운 근무 환경은 무엇인지도 파악한다.
- 그런데도 전반적으로 상당한 만성 스트레스를 겪고 있다면, 지금 하는 일이 자신에게 얼마나 잘 맞는지 진지하게 고민해 본다.

지금 일하는 곳에 머물 수밖에 없는 경우도 있다. 당장 공과금도 내야 하고, 동종 업계의 다른 회사 역시 직원을 형편없이 대우할 수도 있다. 하지만 다른 회사들이 그 정도로 나쁘지 않다고 가정한다면, 끔찍한 지금의 상황을 탈출할 적기를 찾아야 할지도 모른다.

한편, 현 직장에서 나뿐만 아니라 다른 팀원들을 위해 상황을 개선하고자 노력하는 것도 가치 있는 일이다. 어차피 퇴사할 생각을 품고 있다면 그런 시도도 한번 해볼 수 있다. 매슬랙의 연구가 보여주었듯이 다른 사람들도 나와 똑같이 느끼고 있을지 모르니 말이다.

생산성이 평온함과 직결된다는 점을 고려하면, 끊임없이 나를 번아웃에 빠지게 만드는 일은 막다른 길이나 마찬가지다.

○ 6대 요인 바로잡기

개인적인 여정에서 일찍이 깨달은 것이 있다면, 내가 하는 일 속에 번아웃의 요인들이 뒤섞여 있었다는 사실이다. 나는 몇몇 차원에서는 건강했지만, 다른 영역에서는 그렇지 못했다. 아마 여러분도 나와 같은 상황일 것이다.

내게는 분명한 문제가 하나 있었다. 너무 많은 일을 쥐고 있었다는 것이다. 대개는 컨설팅 형태의 업무를 이리저리 많이도 맡았다. 이러다가는 번아웃에 빠질 듯한데 업무량이 문제라고 생각된다면 일을 줄이는 조치에 나서야 한다. 이는 전문 의료진이 번아웃 극복 요령으로 제안하는 가장 흔한 임상적 처방이기도 하다. 잊지 말자. 만성 업무 스트레스를 줄이는 최선책은 애초에 그것을 경험하지 않는 것이다.

이를 위한 유용한 전략 하나는 한 달간 업무와 관련해 실행하는 모든 활동을 목록으로 정리하고, 내가 팀에 가장 많이 기여하는 항목 세 개를 고르는 것이다. (딱 세 개만 선택해야 한다.) 이 과업들은 (바라건대) 두둑한 보수를 안겨주는 일이거나, 최소한 일의 핵심을 이루는 것들이다. 그 외 활동은 내 일을 보조하는 것들이므로 다수는 재량에 따라 제거, 삭제, 축소해서 투여 시간을 줄일 수 있다. 지금 번아웃을 겪고 있다면, 상사와 함께 이 활동을 논의하면서 무엇이 가장 중요한 일인지 명확히 하자. 나머지 과업은 스트레스 유발 정도에 따라 순위를 매겨본다. 그리고 가능하다면 가장 문제가 되는 일을 축소, 삭제 혹은 제거하자.

할 수 있다면 임시방편으로, 하루 중 자투리 시간을 이용해 조금이나마 여유 시간이 있다는 사실을 스스로 일깨울 수도 있다. 나만의 생산성 시간 내에 약간의 자유 시간을 두듯이 말이다. 이는 업무량 수준과 관계없이 일하는 동안 약간의 숨 쉴 틈을 만들어 준다. 필요하다면 이메일 자동 회신 기능을 걸어둔다. 꼭 필요한 일이라면 상대가 전화를 걸어올 것이다. 앞 장에서 다뤘듯이, 하루 중 생산성을 고려하지 않는 시간을 떼어두면 장기적으로 더 큰 생산성을 발휘할 수 있다.

업무량 문제를 제외하면, 대체로 혼자 일하는 사람들이 그렇듯 나도 동료들과의 직접적인 공동체를 방해할 만한 요소가 별로 없었다. 하지만 컨설팅 업무에 관한 한 내가 어떤 프로젝트를 맡을지 거의 통제할 수 없는 것처럼 느껴졌다. (번아웃의 6대 요인에서 중요한 것은 자신의 상황을 얼마나 잘 인식하는가에 달려 있다. 예를 들어, 나는 내 일에 대해 스스로 인정하는 것보다 더 많은 통제권을 가지고 있었는데도 그렇지 않다고 느꼈다. 번아웃 현상에서는 실제 상황보다 상황에 대한 인식이 더 중요하다.)

다행히 나는 프리랜서였던 터라 상황을 개선하기 위해 계획을 세울 수 있었다. 내 일이 어떻게 번아웃을 초래했는지 분해해 본 후, 가장 흥미로운 기회—내가 가장 흥미롭다고 생각한 일들—를 제외한 모든 컨설팅 업무를 중단했다. 이에 따라 죄책감 없이 제안을 거절했다. 그랬더니 소득은 줄었지만 중요하게도 출장에서 오는 만성 스트레스를 줄일 수 있었다. 이같은 변화를 시도하는 것과 더불어, 코칭을 제공하던 임원급 클라이언트 몇몇을 제외한 모든 사람과의 협력 업무도 중단했다. 그랬더니 저술, 연구, 훈련 업무를 두 배로 늘릴 수 있었고, 덕분에 훨씬 보람차게 일하게 되었다. 더 많은 사람을 도울 수 있었기 때문이다(적어도 이것이 내 목적이었다). 이 모든 노력의 결과, 업무량을 줄여 더 의미 있는 작업에 매진할 수 있었다.

더 높은 공동체 의식을 느끼기 위해 나처럼 혼자 일하는 다른 기업가 그룹과 팀을 이뤄 매주 소통하고, 각자의 목적을 달성하는지 서로 지켜봐 주었다. 더 많은 사람이 집에서 일하는 요즘에는 동료와의 공동체 의식을 형성하는 것이 더욱 중요하다.

업무량 감소 외에 이런 변화들이 내가 인식하는 통제감을 높여 주었고, 일을 더 보람 있게 만들었으며, 공동체 속에서 소통하도록 이끌었다. 그러자 여러 도전 과제를 감당할 더 많은 역량과 에너지가 생겨났다. 물론 여전히 남아 있던 일부 만성 스트레스는 다스려야 했지만, 적어도 평온함을 누리기 위해 한 발짝 더 내디딜 수 있었다. 동시에 나와 번아웃 역치 사이의 공간도 만들 수 있었다.

대다수 사람은 6대 영역에서 복잡한 수행 정도를 보인다. 소진감, 냉소주의, 비생산성 등을 약간씩 느끼고 있다면, 번아웃의 모든 요소로 괴로운 상황은 아닐 것이다. 한부모이자 비영리단체의 임원으로 일하는 사람은 업무량, 통제권 측면에서 유난히 고군분투하겠지만, 자신의 가치관, 공동체 의식, 공정성, 보상 측면에서는 뿌듯한 나날을 보낼 것이다. 눈코 뜰 새 없는 미혼의 증권거래인으로서 순전히 돈을 목적으로 일하는 사람이라면 보상과 통제력 측면에서는 모자람이 없겠지만, 산더미 같은 업무량에 짓눌리고, 목적의식이 부재하며, 다른 사람들과 공동체 의식을 형성하기가 어려울 것이다.

기억하자. 만성 스트레스와 불안처럼 번아웃도 버는 돈의 액수, 내 일의 영향력을 근거로 차별해서 찾아오지 않는다. 중요한 것은 지금까지 말한 여섯 가지 요인이다.

우리는 절대로 완벽할 수 없다. 만성 스트레스는 해롭지만, 직장에 몸담고 일하면서 이를 겪는 것은 정상이다. 스트레스 완화 전략(7장에서 다룰 주제)으로 해소될 정도의 스트레스만 겪었으면 좋겠지만 말이다. 한편, 만성 스트레스가 급증하는 시기를 경험하는 것도 정상이다. 회사에 변화가 생긴다거나, 새 프로젝트에 착수했거나, 세계적인 유행병이 확산해 끝없이 영상 통화를 해야 할 때는 그럴 수밖에 없다.

그래도 괜찮다. 우리는 모두 스트레스가 넘쳐나는 분주한 시기를 거친다. 단, 다음 사실도 기억해야 한다. 만성적인 업무 스트레스 대부분을 예방할 수 없거나 과연 이 스트레스가 언제 사라질지 아득할 때는, 최대한 노력을 기울여 그 상황에서 벗어나거나 변화를 주어야 한다는 것이다. 무슨 일이 있더라도 자신의 스트레스 반응이 그냥 소멸하도록 두어서는 안 된다.

번아웃을 겪고 난 뒤에는 번아웃 요인별로 자신의 수행 정도를 주기적으로 점검하는 날을 정해 달력에 표시하는 것도 좋다. 나는 6개월마다 한 번씩 나 자신과 정기 회의를 열기로 했다. 부정적인 기분, 소진감, 비생산성 등이 느껴진다면 조만간 자신을 점검할 계기로 삼아보자.

긴 시간에 걸쳐 요인별 변화를 추적함으로써 자신의 상태 추세가 올바른 방향으로 나아가도록 하는 것도 좋다.

6대 영역 하나하나가 만성 스트레스를 유발하는 기반이 된다는 점을 고려할 때, 이 방법은 평온함을 누리기 위해 꼭 지켜야 할 최소한의 선을 보여줄 것이다.

4장

'더 많이'의 사고방식

> 체스 경기가 끝나면 킹도 폰도 같은 상자에 담긴다.
> _작자 미상

　지금까지 나는 이 책에서 성취 지향적 사고방식에 경계를 두지 않을 때 얼마나 많은 덫에 걸리는지 보여주고자 최선을 다했다. 이 사고방식을 무한정 따르다 보면 기쁨은 줄고, 분주함은 심해지며, 더 많은 만성 스트레스에 짓눌려 번아웃에 빠질 확률이 높아진다. 그 결과 평온함에서 더욱더 멀어지고 만다. 물론 성취 지향적 사고방식이 이 모든 현상의 유일한 원인은 아니지만, 이런 태도가 상황을 악화시키는 것만은 분명하다.
　만성 스트레스, 번아웃, 불안이 얼마나 흔한 현상인지 관찰하면서 다음의 물음을 더 깊게 파고들기 시작했다. 성취 지향적 사고방식이 내가 하는 무수히 많은 일을 좌우한다면, 애초에 이런 사고방식을 갖게끔 유도하는 것은 무엇일까?

성취 지향적 사고방식의 깊은 원천에는 더 많은 것을 갈망하는 쉼 없는 욕구가 깔려 있다. '더 많이'의 사고방식mindset of more이란 맥락과 관계없이, 어떤 대가를 치러서라도 더 많은 것을 추구하도록 부추기는 일련의 태도라고 정의할 수 있다. 성취 지향적 사고방식은 '더 많이'의 사고방식이 발현되는 하나의 방식일 뿐이다.

이 사고방식을 지나치게 따를 때, '더 많이'는 매일을 평가하는 기본 잣대가 되고 만다. 돈을 더 많이 벌었나? 팔로워가 더 많아졌나? 더 생산적인 사람이 되었나? 더 많은 것을 끊임없이 추구한 덕분에 우리가 아는 현대 사회가 구축되었지만, 우리는 잠시 멈추어 다음 질문을 생각하는 법이 없다. 과연 더 많이가 우리 삶을 최적화하는 올바른 변수일까?

이 사고방식이 만연한 정도를 확인하려면, 우리가 추구하는 더 많은 것들이 얼마나 빈번히 상충하는지 생각해 보면 된다. 조금은 독특한 방식으로 생각의 유연함을 발휘해 이중사고를 해보자.

- 좀 더 몸을 가꿔 초콜릿 복근을 만들고 싶지만, 좋아하는 배달 앱으로 더 많은 중국 음식을 주문하고 싶기도 하다.
- 더 넓어진 집에 걸맞게 소장 가치가 있는 물건들을 구비하고 싶지만, 호화로운 은퇴 생활을 위해 더 많은 돈을 저축하고 싶기도 하다.
- 더 많은 자유 시간을 갖고 싶지만, 생산성을 높여 직장에서 성공하고 싶기도 하다.
- 더 많은 행복과 의미 있는 삶을 누리고 싶지만, 매 순간 되도록

많은 것을 누리고 싶기도 하다.

위의 예들을 보자마자 분명해지는 문제가 있다. '더 많이'는 망상일 때가 많다는 사실이다. 더 많은 것을 끝없이 추구할 때, 머릿속으로는 언제든 내가 더 부유하고, 더 유명하고, 몸도 더 건강해질 수 있다고 상상한다. (누가 이 점을 '더 락The Rock'이라 불리는 드웨인 존슨에게 알려줬으면 한다.) 우리는 언제든지 더 큰 집을 찾아보고, 흠집이 덜한 신형 기기를 소유하고, 진기한 기념품 상점에서 메이플 시럽을 한 병 더 팔 수 있다. 하지만 현실에서 유용한 목표란 끝을 가지고 있다. 삶의 진정한 변화가 일어나는 시점 말이다. 종결점이 없는 목표는 판타지에 불과하다.

다시 말하지만, 나는 여러분이 세속적 소유를 다 내려놓거나 성취 추구를 저버려야 한다고는 생각지 않는다. 그것을 정말 중시한다면 그렇게 해야 한다. 때로는 더 많은 것을 추구하는 것이 가치 있는 태도다. 현실에 안주해서는 안 된다.

하지만 현대 사회가 기본값으로 간주하는 우선 사항들이 과연 자신에게 맞는지는 심사숙고해야 한다. 나에게도 맞는다고 생각된다면 적어도 이 결정만큼은 내가 주도적으로 내린 것이 된다. 이와 달리 사랑, 금전적 자유, 여가 시간 등 몇 가지만 추구할 가치가 있다고 판단할 수도 있다. (나의 경우 다른 무엇보다도 이 요소들이 나를 생산성으로 이끈다. 나는 게으른 사람이며 내가 즐기는 일에 더 많은 시간을 쓰고 싶다.)

이렇게 기본값으로 주어진 목표들에 의문을 던져, 나의 가치관과 일치하는 것들은 추구하고 그 외의 것은 내려놓아야 한다. 여러분 삶의 일부 요소가 더 많이 추구할 가치가 있다고 여겨진다면, 계획을 세우되 반드시 종결점이 있는 계획을 세우길 바란다.

어느 쪽이 됐든 자신의 행동을 좌우하는 요소들을 곰곰이 생각해 보는 것은 가치 있는 일이다. 특히 나를 좌우하는 힘이 주변 세상에 깊이 묻혀 있어 보이지 않을수록 이 지점을 더더욱 생각해 봐야 한다.

○ '더 많이'의 대가

'더 많이'의 사고방식을 피하려고 고통을 감수하는 것은 왠지 평온함을 추구하는 길과 어긋나 보인다. 하지만 이는 덜 불안한 상태로 옮겨가는 데 꼭 필요한 일이다. 여기에는 두 가지 이유가 있다. 먼저, 더 많은 것을 추구할수록 더 많은 만성 스트레스를 받게 된다. 또한, 이런 태도는 신경전달물질인 도파민을 중심으로 삶을 조직하게 되는데(곧 살펴볼 것이다), 이로써 뇌 속의 평온함 네트워크가 비활성화된다.

더 많은 것을 한정 없이 추구하는 노력이 공허하다는 점은 대다수 사람이 충분히 이해할 수 있다. 하지만 **더 많은 것에 늘 대가가 따른다**는 사실은 그리 분명히 드러나지 않는다. 때로 그 대가는 내가 내린 인생의 의사결정 장부 아래 깨알 같은 글씨로 적힌 불리한 조항과 같다. 직장에서 중차대한 역할을 맡으면 번아웃에 빠질 수 있다. 과식하면 몸이 굼뜨고 건강이 나빠진다. 더 큰 집을 사면 빚이 늘고 금전적 자유가 줄어들며, 집안일도 많아진다. 제멋대로 길이 뻗어 있는 시골에 집을 지으면 1시간에 달하는 통근 때문에 매일 지루하고 따분한 스트레스에 짓눌릴 수 있다. 그뿐만 아니라 집에서는 유지 보수 일이 늘어나 시간이 모자랄 지경에 이른다. 멋진 몸을 만들려면 어마어마한 시간과 에너지를 들여야 하는데, 사실 이 시간은 식구들과 함께하거나 책을 쓰는 등 다른 일에 할애할 수도 있다. (게다가 몸을 만들고 나면 좋아하는 음식을 마음껏 즐기지 못할 것이다.)

이러한 요소 대부분은 개인의 구체적인 목표와 가치관에 따라 만족도가 제각각 다르다. 하지만 몇 가지 일관된 점은 있다. 한 연구에서는 연간 가구소득이 7만 5,000달러를 넘어서면 행복감이 더는 증가하지 않는 것으로 나타났다.[1] 그렇다고 여러분과 배우자가 이 소득 수준에 도달했을 때 노력을 멈춰야 한다고 제안하는 것은 아니다. 다만 이 지점을 지나 더 많이 달성할 때 생기는 비용에는 유의해야 한다. 이 부분을 고려하되, 만약 여러분이 평균 생계비를 초과 혹은 미달하는 도시에 산다면 어떨지 생각해 보라. 그리고 뭔가를 더 많이 축적하는 것이 더는 효과적이지 않은 시점이 있다는 사실을 깨닫길 바란다.

더 많은 것이 가치관과 일치할 때 치르는 대가는 무난히 감당할 수 있고, 이를 위한 노력도 가치 있다고 여겨진다.

하지만 우리가 인식하는 것보다 훨씬 많은 경우에 현실은 정반대다.

'더 많이'의 사고방식이 만성 스트레스를 유발하는 또 다른 이유는, 이런 태도로 인해 우리는 절대로 만족하지 못한다는 이야기에 수긍하게 되기 때문이다. 바로 이것이 '더 많이'의 사고방식이 지닌 골치 아픈 부분이다. 아무리 많이 성취하고 축적해도 늘 뭔가 모자란다는 느낌을 받는다. 끊임없는 추구는 영속적인 불만족을 낳는다. 얼마나 가졌는가와 관계없이 우리는 늘 더 많은 것을 원한다.

이를 잘 보여주는 연구가 있다.[2] 연구자들은 실험 참여자들에게 돈이 얼마나 있어야 행복할지 물어보았다. 평균적으로 설문 응답자들은 이미 가진 것보다 돈이 50퍼센트 더 많으면 좋을 것 같다고 답했다. 그런데 여기서 중요한 점은, 각자 버는 정도와 관계없이 같은 결과가 나왔다는 것이다. 억만장자조차 50퍼센트를 더 원했다! 한 일화를 말하자면, 내가 아는 사람 중에는 저소득층보다 훨씬 부유하면서도 불행한 사람이 있다. 흥미롭게도 이 사실은 음미savoring를 조사한 연구에서도 나타난다.

음미란 긍정적인 경험에 주의를 기울이고 이를 감사히 여기는 정신적 능력을 가리킨다.[3] 대체로 부유한 사람들은 자기 삶의 긍정적인 경험을 음미하는 능력이 감소했다고 알려졌다. 한 연구에서는 부를 상기시키는 요소에 노출되기만 해도 자기 삶에 일어난 일들을 훨씬 덜 즐기는 것으로 나타났다.[4] 우리는 현재를 인식하기보다 자신에게 없는 것에 초점을 맞추고, 더군다나 그런 것들을 더 많이 열망한다.

더 많은 돈의 소유가 행복을 앗아간다는 사실을 잘 보여주는 재미있는 시나리오가 있다. 내가 여러분에게 무려 75만 달러의 연봉(그것도 세후 수령액!)을 안겨주는 일자리를 제공한다고 해보자. 단, 이 일자리는 영원히 여러분의 행복을 떨어뜨린다고 보장되어 있다. 이 일자리를 수락하겠는가?

이런 제안은 선택지로 여기지도 말아야 한다. 하지만 '더 많이'의 사고방식은 어쨌거나 이 질문을 고려하도록 유도한다.

'더 많이'의 사고방식은 지금 얼마나 많은 돈이 있는지, 얼마나 많은 성취를 이뤘는지 상관하지 않는다. 모든 면에서 더 많은 것을 추구하는 데만 신경 쓸 뿐이다. 그렇게 함으로써 불안을 겪고 정신 건강을 해치는데도 말이다.

이번에는 다른 질문에 답해 보자. 남들에게 좋은 인상을 주려는 노력을 하루아침에 멈춘다면, 전보다 돈을 얼마나 덜 쓰게 될까?

지위는 소비를 좌우한다. 이는 내가 얼마나 더 많은 것을 추구하는지 반성하면서 직접 깨달은 것이다. 나 자신과 타인 앞에서 이를 인정하기란 쉽지 않았다. 하지만 필요해서 혹은 삶을 실질적으로 향상하려는 목적이 아니라, 남들에게 과시하려고 물건을 구매하기 시작했던 때가 있었다. 더 많은 것은 늘 내게 우월감을 안겨주었다. 하지만 여기에는 금전적 대가가 따랐고, 결국 수년에 걸쳐 재정적으로 더 많은 만성 스트레스를 받게 되었다. 지위를 좇다 보면 내가 가진 것을 절대로 즐길 수 없다.

대표적인 예가 스마트폰이다. 나는 한결같은 기기 광으로서 업계를 예의 주시하며 기술 회사들이 가능성의 한계에 도전하는 것을 지켜봤다. 하지만 어느 시점부터는 최신 기기를 손에 넣는 것을 지위와 동일시하고, 최고 성능 및 최신 기기의 소유 여부를 놓고 사람들을 판단하기 시작했다. 내가 가진 기기들은 매년 신기종이 나오는 순간 가치가 떨어져 보였다. 주머니 속의 기기는 전혀 달라진 것이 없는데도 말이다. 내가 얼마나 말도 안 되는 것을 근거로 사람들을 판단했는지 생각하니 역겹게 느껴졌다. 하지만 좋든 싫든 이 사례를 통해 더 폭넓은 사실을 알 수 있다. 우리는 모두 중요치 않은 기준을 놓고 서로를 판단한다. 이를테면 물질적 소유를 보고 상대의 지위를 가늠한다. 다른 사람들이 무슨 옷을 입었는지 금세 알아보고, 새로운 사람을 만날 때면 상대와 나의 지위를 견주려는 태도만 봐도 그렇다. ("근데 무슨 일을 하시죠?")

이런 우월감은 뇌 속에 세로토닌—문득 행복감이 들게 하는 신경화학물질—분비를 일순간 높여준다. 하지만 끊임없이 자신을 남과 비교하다 보면 더 많은 만성 스트레스가 생겨나고, 결국 자신이 기대에 못 미친다고 느끼게 된다.

더 많은 소유가 실질적인 변화를 낳지 않을 때도 많다. 스마트폰의 카메라가 두 개가 아닌 세 개인 것, 집에 벽난로가 하나가 아니라 두 개인 것, 소파에 냉장고가 내장되어 있다는 것은 사실 그리 중요하지 않다. 스스로는 질 좋은 물건을 향유한다고 생각하지만, 실상 원하는 것은 더 근사한 물건을 사들여 더 많이 얻는 것뿐이다. (최대한 단호하게 일러두건대, 나는 냉장고가 내장된 소파를 가져본 적도 없고, 앞으로도 그럴 일은 없을 것이다.)

자신을 남과 비교하는 욕구 일부는 선천적이다. 사회비교 이론을 창시한 사회심리학자 레온 페스팅거Leon Festinger가 가정했듯이, 우리에게는 자신이 남들의 기대에 얼마나 부응하는지 파악하고픈 타고난 욕구가 있다.**5** 이를 가속화하는 것이 '더 많이'의 사고방식이다. 이 사고방식은 비교하는 마음을 활성화해 본질적인 (내면에 있는) 것보다 비본질적인 (외부에 있는) 것에 무게를 두게 한다. 현대 문화는 돈, 지위, 인정과 같은 것들을 친절, 유용함, 소통 등의 특성보다 중시하는 경향이 있다. 후자의 특성 역시 성공의 비결임에도 말이다.

비본질적인 요소—소유, 성취, 더 거창한 삶—를 쌓아가면 성공한 사람처럼 보이지만, 우리가 성공했다고 느끼는 것은 본질적인 요소—지금 나는 얼마나 평온한가, 나는 인생을 얼마나 진정으로 즐기는가 등—를 계발했을 때다. 하루의 끝에서 자신이 큰 집에 산다는 것 혹은 유명 회사의 파트너라는 사실을 신경 쓰는 사람은 없다. 본질적인 것에 집중하면 만성 스트레스가 크게 줄어 번아웃에 대한 취약성도 낮아진다. 저술가 세스 고딘Seth Godin이 논했듯이, "자신의 통제력 밖에 있는 결과물을 일에 연료로 사용한다면 번아웃에 빠질 수밖에 없다. 연료를 보충할 수도 없거니와 그 연료는 반드시 찌꺼기를 남기기 때문이다."**6**

미국의 작가 마야 안젤루Maya Angelou의 말을 달리 표현하면, 사람들은 내가 얼마나 성취했는지 혹은 내가 얼마나 더 많이 가졌는지에 정말 별 관심이 없다. 그들은 단지 내가 준 느낌만 기억할 뿐이다.**7**

○ 불만족을 일으키는 화학물질

'더 많이'의 사고방식 때문에 치르는 비용도 상당하지만, 이 사고방식이 양산하는 성취 지향적 사고방식의 비용도 만만치 않다. 하지만 더 많이 얻고자 끊임없이 애쓰는 태도는 그 마음가짐보다 훨씬 더 깊은 인간의 생물학적 특성을 보여주는 것이기도 하다. 바로 우리의 나날이 도파민이라는 신경전달물질을 중심으로 돌아간다는 사실이다. 도파민 분비가 지나치면 평온함을 해치고 불안을 높이며, 장기적으로는 역설적이게도 생산성을 떨어뜨릴 수도 있다.

신경화학물질의 일종인 도파민은 나쁜 평판을 듣는데, 실은 이 물질을 둘러싼 오해도 꽤 많다.[8] 도파민은 '쾌락의 화학물질'이라고 불릴 때가 많지만 이는 전적으로 옳은 말이 아니다. 도파민이 유쾌한 대상과 연관되는 까닭은, 진화적으로 보상을 안겨주는 대상에 관여할 때마다 우리 뇌가 이 화학물질 ― 스릴과 같은 감각을 유도하는 물질 ― 로 뒤덮이기 때문이다. 이 현상은 이를테면 짝을 찾았다거나, 단 음식을 먹었다거나, 더 많은 소유를 축적했을 때 일어난다. 하지만 연구에 따르면 도파민은 쾌락의 화학물질이기보다 예상anticipation의 화학물질에 훨씬 더 가깝다.[9] 이에 따라 우리는 자신을 행복하게 만들어 준다고 생각되는 대로 행동한다. 도파민 자체가 행복을 유도하는 것은 아니다.

연구 결과, 뇌가 도파민 보상을 주는 순간은 무언가 유쾌한 대상에 관여하기 직전이다.[10] 이번 장을 쓰는 과정에서 대화를 나눴던 《도파민형 인간》의 공동 저자 대니얼 리버먼이 논했듯이, '도파민은 매우 구체적인 일을 한다. 미래에 내가 가용할 자원을 극대화하는 것이다'. 더불어 이 화학물질은 '끝없는 불만족을 배양한다'.[11] 50퍼센트 더 부유해지기를 끝없이 원했던 백만장자를 떠올려 보라. 도파민이라는 연료를 공급받을 때, 성취하면 할수록 더 많이 가지려고 애쓰게 된다.

이처럼 '더 많이'의 사고방식을 부추기는 도파민은 또 다른 순환, 즉 불만족의 순환을 일으킨다.

연구에 따르면 도파민은 평온을 깨뜨리는 두 가지, 즉 더 많은 성취와 더 많은 자극을 갈망하게 만든다.

앞의 여러 장은 논의 대부분을 성취에 집중했다. 더 큰 성취를 위해 빈번히 노력할수록 우리 행동은 도파민에 좌우된다. 특히 생산성 시간이나 자극 금식 등의 전략(6장 참조)을 발휘해 도파민 중심의 행동을 분리하지 않을 때는 더더욱 그렇다. 모든 성취에는 비용이 따르기 마련이지만, 일반적으로 포부를 품는 것 자체가 잘못된 것은 아니라는 점을 말해둬야겠다. 목표는 좋은 것이다. 내가 가장 중시하는 목표에 맞춰 추진력을 발휘할 때, 나의 정체성과 가치관에 가까운 더 나은 삶을 살 수 있다. 하지만 야망이 일반화되는 순간이 온다. 맥락과 관계없이 무조건 더 많은 것을 얻고자 노력하고, 끝없이 외부적 성공을 얻으려고 휘둘리는 것이다. 멈출 줄 모르는 야망은 평온함을 훼손한다.

야망 또한 이상하게도 오해를 받는 흥미로운 주제다.[12] 연구자

티모시 저지Timothy Judge와 존 카미어-뮐러John Kammeyer-Mueller는 야망ambition을 '성공, 획득, 성취를 지향하는 끈질기고 일반화된 노력'이라고 정의한다. 이런 태도가 꼭 나쁜 것만은 아니다. 가족과 공동체를 비롯해 주변 사람을 돕는 데 활용하는 성공은 더없이 좋은 것이다. 또한, 더 많은 성공을 위해 노력한다고 삶의 전 영역에서 더 많은 것을 추구하는 것도 아니다. 목표를 수립하고 이를 달성하기 위해 노력하면서도 그 목표들이 삶을 장악하지 않게 할 수 있다. (흥미롭게도 더 양심적이고, 외향적이며, 정서적으로 안정된 사람일수록 더 큰 야망을 품는 경향이 있다. 그 외 야망에 관한 성향을 가늠할 또 다른 배경 변수는 부모의 직업적 위신이다.)

그러나 여러분도 짐작하겠지만, 정말 중요한 것은 개인이 지닌 야망의 출처다. 한편, '더 많이'의 사고방식과 관련된 또 다른 요소인 탐욕greed은 '더 많이'의 사고방식을 대표하는 성향적 특성이다. 또 다른 연구팀은 탐욕을 가리켜 '항상 더 많은 것을 원하고 현재 가진 것에 결코 만족할 줄 모르는 경향'이라고 정의했다.**13** 이 성향은 우리의 안녕에 부정적인 영향을 끼친다. 자신의 소유나 성취를 진지하게 음미할 가능성이 전혀 없기 때문이다. 이때 우리는 만족을 느끼는 평온한 상태를 추구하기보다 서둘러 다음 성취 목표로 초점을 옮긴다.

만약 여러분이 야심 있는 사람이라면, 끝없는 노력 때문에 평온함에서 더 멀어진다는 사실을 꼭 기억하길 바란다. 끝없는 야망은 도파민에 지나치게 의존한 결과이기도 하다. 정신이 도파민에 흠뻑 젖어 있을 때는 더 많은 것을 얻으려는 이유, 성취의 열매를 음미하지 않는 이유를 묻지 않는다. 더 많은 것의 매력에 눈이 멀어, 의사결정을 내릴 때나 시간을 보내는 방법을 고민할 때 자기 가치관을 고려하는 것을 까맣게 잊어버릴 수도 있다. 새로운 일을 성취하거나 확보해 진척을 이룰 때마다 또 한 번 신경화학물질이 분비되는데, 그 순간 기가 막힌 기분을 느낀다. 그 결과 또다시 더 많은 것을 목표로 삼고, 정신적으로 평온한 순간을 즐기거나 성공의 열매를 음미하는 기회는 뒤로 미룬다.

끝없이 더 많은 성취를 갈망하도록 이끄는 것과 더불어, 도파민은 우리가 더 많은 자극을 추구하도록 유도한다. 우리 뇌는 뭔가 새로운 것—소셜미디어, 이메일, 뉴스 등—에 집중할 때마다 화학물질이 분출하는 만족스러운 순간을 제공한다. 2장에서 밝혔듯이 만성 스트레스의 원천을 다스리는 일이 그토록 힘든 것도 이 때문이다. 산만해지지 않겠다고, 몇 시간을 잡아먹는 인터넷 토끼굴에 빠지지 않겠다고 선택하지 못하는 데는 이유가 있다. 몇몇 만성 스트레스 요인은 점차 익숙해지는 정도지만, 도파민이 작용하는 스트레스는 중독을 일으킨다.

내 평생의 업적이 세상에 변화를 가져오기를 바라지만, 당장은 그저 소셜미디어를 확인하고 싶다. 해마다 신년이 되면 한 해 동안 달성할 운동 목표를 세우지만, 당장은 충동에 따라 배달 음식을 주문하고 와인을 몇 잔 마시고 싶다. 매주 달성할 업무 목표를 세우지만, 화요일 오후에는 마냥 이메일을 확인하면서 줄곧 자극거리를 마주하고 싶다.

이렇게 도파민이 우리 삶을 장악하고 있다.

도파민의 계속된 분비를 위해 매 순간 우리가 얼마나 많은 자극을 마주하는지 생각하면 좀 우습기도 하다. 더는 집 청소만으로 충분치 않다. 일을 하나하나 처리하는 동시에 팟캐스트도 들어야 한다. 좋아하는 음악 한 곡을 듣는 것만으로는 부족하다. 그러는 동안 스마트폰에 이것저것 번잡하게 틀어놓고 들여다봐야 한다. 산책 삼아 식료품점에 가는 것만으로는 부족하다. 가는 길에 오디오북을 듣거나 친구와 대화를 나눠야 한다. 이러한 결합 자체는 잘못된 것이 아니다. 하지만 더 많이 하고 싶다는 욕구 때문에 부주의하게 여러 활동을 결합하는 것은 유익하기보다 해로운 일이다. 분주함은 자칫 생산적이라는 느낌을 줄 수 있다. 정신이 분주하게 움직일 때도 도파민이 분출되므로, 뇌는 내가 생산적이라는 메시지를 받는다. 하지만 이렇게 자극에 굴복하다 보면 평온함을 빼앗기게 된다.

머릿속으로는 주어진 시간을 최대한 쓸모 있게 사용한다고 생각하지만, 실제로는 그저 신경전달물질에 굴복하고 있는 것뿐이다. 기분이 좋아지는 것을 찾고, 자신과 남들에게 필요한 것을 제공하려는 것은 자연스러운 욕구다. 진화에 따라 갖춰진 기제이니 말이다.

만성 스트레스 및 번아웃과 매우 유사하게도, 자극을 좇는 이 불안한 상태 역시 전적으로 우리 잘못만은 아니다. 세상이 우리를 이런 방향으로 밀어붙이고 있고, 생물학적으로도 우리는 어느 정도 그런 기제를 타고났다. 이를 깨끗이 정돈하는 것이 우리의 책임이다.

○ 더 나은 균형

여기서 생각해 볼 또 다른 질문이 있다. 나로서는 처음에 답하기가 불편했다. 도파민이 유도하는 모든 습관, 의례, 행동—강박적으로 확인하는 온갖 웹사이트와 앱, 더 많이 얻으려고 노력하는 모든 일들—을 삶에서 제거한다면, 과연 우리의 하루 중 얼마나 많은 부분이 남게 될까?

이 간단한 사고 실험을 해보니 내 삶에는 남는 부분이 별로 없었다. 분명 추구하는 대다수의 일은 내가 소중히 여기는 것과 일치했다. 하지만 나는 생각 없이 정신을 자극하는 일들, 지위, 결국 무용지물이 된 물질적 소유 등 내가 가치를 두지 않는 것을 더 많이 추구하는 데에도 큰 노력을 기울였다.

평온함에서 멀어지게 된 건 스마트폰을 삶에 처음 받아들이면서다. 그때는 이 물건이 어찌나 좋았는지 모른다. 앞면은 전부 액정이었고, 뒷면은 쉽게 긁히는 검은색 광택으로 되어 있는 아이폰 3GS는 정말이지 경이로운 물건이었다. 속도도 어마어마하게 빨랐고, 월별 데이터도 무려 6GB나 되었으며(북미 기준에서 이는 여전히 합리적인 용량이다), 이 기기를 활용하면 언제 어디서든 누구와도 소통할 수 있었다.

당시에는 이 물건을 사용하는 것이 마법처럼 느껴졌다. 하지만 시간이 지나자 이 기기—이후 줄줄이 출시된 신형 스마트폰은 말할 것도 없다—는 내 정신 건강과 평온함을 해치는 역할을 했을 뿐이다. 이 기기는 나와 세상을 연결하는 도구에서, 이미 소진된 정신으로부터 도파민을 쥐어 짜내는 수단으로 바뀌어 버렸다. 스마트폰 사용 시간이 길어질수록 정신을 멍하게 만드는 자극에 소중한 주의력을 쏟는 일이 잦아졌다. 그러면서도 속으로는 내가 생산성 있게 움직이고 있다고 말하곤 했다. 바로 이것이 내가 맨 처음 도파민에 빠지게 된 계기다.

아마 여러분도 그랬겠지만, 나는 위에서 했던 질문의 답을 곰곰이 생각하면서 도파민을 분비시키는 행동에 빠져 있을 때 스스로 합리화했던 말도 많이 발견했다. 일어나자마자 비몽사몽인 상태로 스마트폰부터 손에 집을 때, 실은 새로 들어온 이메일을 확인할 거였으면서 속으로는 중요한 일이 있다고 말했다. 몸속에서 신경화학물질의 분출이 필요하다고는 생각하지 않았다. 아침 식사를 하면서 소셜미디어 게시물을 훑어볼 때, 정신없는 하루를 앞두고 잠시 휴식한다고 생각했지, 또다시 더 많은 자극을 찾고 있다고 생각하지 않았다. 일 사이의 휴식 시간이나 줌 회의 동안 지루해지면, 다른 인터넷 창을 띄워 뉴스를 확인하며 또 한 번 자극을 받으려 했다. 그때도 속으로는 세상 돌아가는 모든 일을 알아둬야 한다고 생각했다. 어차피 지금은 딱히 하는 일이 전혀 없으니까. 이렇게 열렬히 혼잣말을 하곤 했다.

현대 사회를 살아가는 우리로서는 안타깝게도, 도파민을 분비시키는 습관은 물처럼 자투리 시간을 가득 채워 진지한 반성이나 쉼, 평온함을 누릴 기회를 모조리 앗아간다.

다시 한번 말하지만, 그렇다고 자책하지는 말라! 여러분의 습관 중 다수는 이 신경화학물질이 추동하지만, 많은 경우 잘못된 일이 아니다. 다행히, 도파민을 분비시키는 불필요한 습관을 제거함으로써 균형을 회복할 길이 있다.

실제 생활에서 균형은 어떤 모습으로 나타날까? 더 좋게 표현해 균형은 어떤 느낌일까?

자신의 주의 지속 시간이 더는 예전만 못하다고 느껴진다면 옳게 판단한 것이다. 비단 여러분만의 일이 아니다. 현대 사회가 자극과 성취를 중심으로 삶을 일구도록 몰아붙이기 전, 사람들은 비교적 쉽게 평온함을 누리고 현재에 머물 수 있었다. 사무실에서 나와 집에 도착하면, 양서를 들고 소파에 앉아 1~2시간가량 독서에 심취했다. 여러 화면을 동시에 띄워놓고 주의력을 분산하지도 않았다. 벽에 달아둔 최신식 디지털 알람 시계의 스누즈 버튼을 여러 번 누른 뒤에야 느릿느릿 하루를 시작해, 차분히 그날 하루를 내다보거나 아침으로 뭘 먹을지 생각했다. 즉시 자극을 찾아 바깥을 두리번거리는 것이 아니라, 내면으로 들어가 하루를 계획했다. 옛날 영화를 보며 각종 전자 기기가 없는 분위기에서 평온함을 느꼈던 적이 있다면, 걱정할 필요 없다. 균형을 다시 회복하면서도 기술의 이점을 누릴 방법이 있다.

우리 뇌에는 자극 및 성취와 관련해 도파민이 추동하는 네트워크가 있지만, 다행히 이에 못지않게 평온함을 위해 활성화할 수 있는 네트워크도 존재한다. 흥미롭게도, 도파민 또는 평온함과 연관된 뇌의 네트워크들은 심지어 반비례 관계다. 도파민 네트워크가 활성화되면 평온함 네트워크는 비활성화되고, 반대 역시 마찬가지다.

리버먼과 같은 신경과학자들은 뇌 속의 평온함 네트워크를 가리켜 '지금-여기'의 네트워크라고 일컫는다.[14] 이 네트워크는 자신을 즐기고 현재 일에 만족스럽게 머물도록 이끌기 때문이다. 오두막집에서 모닝커피 한잔을 음미할 때도 이 모드에 들어가고, 깜깜한 밤에 피워놓은 모닥불에 매료될 때도 이 모드가 활성화된다. 도파민 네트워크가 미래를 극대화하는 데 온 주의를 쏟는 것과 달리, 지금-여기의 네트워크는 이제 할 일을 마쳤으니 느긋하게 쉬면서 현재 이 순간이 안겨주는 것을 음미할 때라고 상기시킨다. 지금-여기의 네트워크는 자기 삶에 존재감을 드러내고, 순간에 깊이 몰두하며, 지금 곁에 있는 사람 혹은 대상에 온전히 집중하도록 돕는다.

도파민 의존성을 낮추면 더 나은 균형을 찾게 된다. 도파민이 삶을 장악하기 전, 자유로운 정신으로 일 자체에 의미를 두고 움직이던 그때처럼 좀 더 수월하게 도파민 네트워크와 평온함 네트워크 사이를 오갈 수 있다.

도파민 분출은 일종의 스릴이다. 하지만 뇌 속의 지금-여기 네트워크와 연관된 신경화학물질들은 훌륭한 것은 물론이고 도파민만큼이나 강력하다. 평온함 네트워크와 연관된 주요 신경화학물질들은 세로토닌(행복감을 일으키는 물질), 옥시토신(소통을 느끼게 하는 물질), 엔도르핀(도취감을 느끼게 하는 물질)이다.●[15] 도파민도 비록 제한된 양이지만 뇌 속 평온함 네트워크와 연관되는데, 대개는 위의 다른 화학물질들과 함께 작용하며 균형을 이룬다. 자신의 하루가 도파민 중심으로 돌아간다고 생각된다면, 아마 이 화학물질들이 필요한 상태일 것이다.

이 신경전달물질들의 역할은 뒤에서 자세히 탐구할 예정이다. 지금으로서는, 수년 전—아마 첫 스마트폰을 가지기 전 또는 과잉 연결된 근무 환경에서 일하기 전—보다 지금 느끼는 만족감 및 타인과의 소통이 줄었다고 생각한다면, 여러분 혼자만의 일이 아니라는 것만 이야기해 두려고 한다. 도파민을 분비하는 습관에 집중하면 뇌 속의 평온함 네트워크 활동이 억제된다. 그 결과, 이제 그만 일을 멈추고 그동안 성취한 것을 즐겨야 한다는 신호가 억제된다.

생산성 스펙트럼과 마찬가지로, 여기서도 중요한 것은 균형이다. 어느 한쪽 네트워크에 지나치게 기울어서는 안 된다! 도파민 중심의 생활에 치우칠수록 리버먼의 말마따나 '생산적인 비참함'에 빠지고,[16] 반대로 지금-여기의 네트워크에 지나치게 투자하면 게으름이 넘쳐나는 상태가 될 수 있다.

노력과 음미 사이의 균형을 유지하는 것이 관건이다.

다행히 이를 실천할 방법이 있다. 그 첫 번째 방법부터 살펴보려고 한다. 알려진 바대로, 도파민에 과잉 의존하기를 멈추는 데

- 이는 일반적인 서술이라는 점을 짚어두는 것이 좋겠다. 이 신경전달물질들이 일으키는 효과는 복잡하므로 한 문장으로 압축하여 기술하기 어렵다. 하지만 전반적으로는 위에 기술한 효과를 일으킨다.

활용할 중요한 재료가 있다. 흥미롭게도 이 요소는 에너지를 채워주는 동시에 번아웃을 극복하도록 돕기도 한다.

○ 목적 중심으로 움직이기

아직 모를 수도 있겠지만, 나는 반성적인 질문을 아주 좋아한다. 이번에도 여러분에게 그런 질문을 하나 던져보려고 한다. 번아웃의 반대는 무엇일까? 답이 떠오르는가?

도파민 중심의 삶은 현재에 덜 머물게 유도할뿐더러 정말 얄궂게도 덜 생산적이게 만들기도 한다.

도파민에 휘둘리면 주의 분산 요소에 더 많은 시간을 낭비하고, 끝없는 자극에 젖어 주의 지속 시간도 짧아진다. 게다가 더 빈번히, 특히 온라인에서 자기 행동에 대한 통제력을 잃어버린다. 의도를 기울여 스스로 행동 경로를 세우기보다 눈앞에서 벌어지는 모든 자극에 자동조종 상태로 반응하기 때문이다. 이런 요인이 우리를 덜 생산적이게 한다. 하지만 생산성을 떨어뜨리는 요인은 또 있다. 도파민 중심의 삶은 자기 일에 덜 집중하도록 이끌기도 한다.

크리스티나 매슬랙이 번아웃 연구를 통해 발견한 또 다른 흥미로운 점은, 번아웃의 반대가 몰입이라는 사실이다.[17] 실제로, 번아웃의 세 가지 특성(앞 장에서 살펴본 내용)을 뒤집으면 번아웃을 몰입으로 전환하는 것과 같다. 번아웃에 빠지면 소진되고, 비생산적이고, 냉소적으로 변한다. 반대로 어딘가에 몰입할 때는 활력 있고, 생산적이고, 목적 중심으로 움직인다는 느낌이 든다.

심지어 지금 번아웃을 겪지 않더라도, 번아웃으로 유도하는 요인들을 뒤집는 것은 일을 비롯한 삶의 전 영역에 더 몰입하는 길이다.

지금까지 제시한 전략들을 실천하는 데 시간을 들였다면, 분명 그 노력이 곧 열매로 돌아올 것이다. 우리는 이미 몰입을 위한 토대를 어느 정도 다져두었다. 만성 스트레스는 우리를 번아웃으로 이끌므로, 삶에 존재하는 만성 스트레스의 원인을 다스리면 번아웃에 덜 빠지는 동시에 더 몰입하게 된다. 이는 선택적으로 주의를 기울이는 만성 스트레스에도 적용된다. 이렇게 주의 분산 요소를 다스리면 뇌의 도파민 순환이 덜 활성화되는 한편, 뇌 속의 지금-여기 네트워크의 활동이 증가한다. 만성 스트레스를 줄이면 평온함을 누리는 한편, 더 높은 몰입과 집중력을 발휘하며 현재에 머물게 된다. 그러면 더 높은 생산성도 덤으로 얻을 것이다. 몇몇 스트레스 요인은 다스리기가 꽤 까다롭다고 여겨지겠지만, 이 정도면 꽤 훌륭한 보상이다.

나만의 만성 스트레스 요인을 더 촘촘히 다스리고 여섯 가지 번아웃 요인을 관리했더니, 별다른 노력을 기울이지 않고도 눈앞의 일에 더욱 몰입할 수 있었다. 앞서 출간한 책들에서 주의 분산 요소를 다스리는 일, 다시 말해 방해가 되는 행동을 걷어내고 더 수월하게 집중하는 방법의 힘에 관해 논한 바 있다. 만성 스트레스,

그중 특히 가려진 요인들을 다스렸더니 집중력을 한층 더 높이 끌어올리게 되었다. 어떤 일을 대하든 무난히 일에 돌입할 수 있었다. 모두가 그렇듯 저항감에 직면하기도 했지만, 전에 비하면 훨씬 줄어든 정도의 저항감이었다. (여전히 도파민을 분비시키는 주의 분산 요소를 갈망하기는 했다. 그런 것들은 자극적인 특성이 있기 때문이다. 이에 관해서는 뒤이은 여러 장에서 다룰 예정이다.)

우선 지금은 한 가지만 기억해 두자. 만성 스트레스를 충분히 다스리면 몰입은 자연스럽게 따라온다. 그리고 몰입과 함께 평온함도 찾아든다.

물론 말보다 실천이 훨씬 어렵다. 하지만 몰입은 더 높은 생산성과 평온함을 모두 가져다주고, 동시에 내가 충분히 가졌는지 덜 걱정하게 만든다. 몰입과의 연결점을 회복하는 것은 분명 가치 있는 일이다.

○ **나는 얼마나 몰입하고 있나**

시간이 지나면서 나는 몰입이 얼마나 강력한 힘을 발휘하는지 발견하게 되었다. 몰입은 우리가 실제로 더 생산적으로 일하고 의도성 있게 살아가도록 이끄는 과정이다. 특히 가장 중요한 과업, 즉 내가 가장 큰 변화를 이룰 만한 일에 몰입할 때 더 큰 효력을 확인할 수 있다. 결국, 장기적으로 우리를 생산성 있게 만드는 것은 몰입이다. 몰입할 때야말로 실질적으로 목표 달성을 위해 노력하는 것이다. 몰입하는 동안에는 도파민을 분출시키는 주의 분산 요소를 피하게 된다. 그런 것들이 지금 하는 일에 유익하지 않아서다. 자극에 빠지기보다 현재에 머물러서 일과 삶을 전진시킨다.

눈앞의 일에 몰입할 때는 더 많이 성취하고 있다는 느낌도 든다. 손에서 약간 떨어진 곳에다 자꾸만 목표를 미뤄놓고 다른 것들을 더 많이 열망하는 대신, 몰입해 있을 때는 지금 하는 일에 초점을 맞춰 주의를 기울이면서 열중한다. 지금 하는 일의 과정을 훨씬 더 즐기게 된다. 이와 동시에 노력과 음미 사이의 더 합리적인 균형을 이루고, 평온함을 얻기 위해 마음의 균형을 회복하려고 점점 더 노력한다.

그렇다면 이를 어떻게 실천할 수 있을까?

첫 번째 단계는 지금까지 이 책에서 다룬 토대를 다지는 것이다. 불필요한 만성 스트레스, 특히 6대 번아웃 요인에 포함된 스트레스를 제거하는 것만큼 몰입을 높이는 방법은 없다. 여러분이 앞으로 깨닫길 바라는 것은, 시간과 노력을 들여 만성 스트레스의 원천을 다스리면 놀라운 장점이 따른다는 점이다. 이것이야말로 그러한 스트레스 요인을 완전히 다스리는 데 필요한 연료일지도 모른다.

토대를 닦았다면, 이제 몰입 회복에 유용한 아래의 몇 가지 아이디어를 참고하길 바란다. 평온함을 찾아가는 나의 여정에서 이 모든 방법이 쓸모 있게 작용했다.

- **하루 일을 마칠 때마다 오늘 내가 얼마나 몰입했는지 돌아보자.** 내가 보낸 하루와 삶을 평가하는 데는 옳고 그른 방법이 따로 없다. 나의 가치관과 내가 처한 상황을 기준으로 삼으면 된다. 나는 평온함에 관한 연구를 자세히 살펴본 후, 다른 어떤 요인보다 몰입이라는 변인을 중심으로 하루를 돌아보기 시작했다. 이는 시간이 지나면서 내가 개인적으로 하루하루를 평가하고, 생산성 시간 동안 나의 수행 정도를 돌아보는 기준이 되었다. 나는 몰입을 근무일을 최적화하는 데 사용할 지표로 인식하게 되었다. 하루를 정리하면서 이렇게 자문해 보자. 오늘 나는 일하면서 얼마나 깊이 몰두했나? 번잡한 것들로 내 마음을 자극하는 도파민에 얼마나 자주 굴복했나? 또한, 얼마나 자주 하던 일에 온전히 집중했나? 더불어, 내가 몰입한 일이 꼭 필요하고 의미 있는 것이었는지도 돌아보는 것이 좋다.

- **천천히 일하자.** 자극보다 몰입을 추구하는 노력의 최대 장점은 그렇게 열광적으로 빨리 일할 필요가 없다는 것이다. 전보다 줄어든 도파민 분출에 정신이 적응하고 나면 마음이 더 평온해지므로 자연히 지금 하는 일을 더 깊이 파고들 것이다. 더 많은 것을 얻고자 더 많이 추구하는 대신 몰입의 장점을 재발견하게 될 것이다. 중요한 일에 신중하게 생각을 기울이며 일하다 보면 큰 기쁨을 느낄 수 있다. 나처럼 생산성을 중시한다면 걱정하지 말라. 속도 면에서 생긴 손해는 중요한 일을 진척시켜서 쉽게 메울 것이다. 이는 심도 있는 지식 노동 측면에서 내가 반복해서 깨닫는 교훈이다. 느리게 일할수록 내 일의 영향력은 커진다. 그리고

시간이 지남에 따라 자부심이 느껴지는 결과물을 더 많이 산출하게 된다.

- **도파민이 부추긴 스트레스 요인들이 슬금슬금 삶에 다시 파고드는 것을 알아차리자.** (주의 분산 요소들은 물론이거니와) 만성 스트레스의 숨겨진 원인을 다스리는 일은 일회성 노력으로 끝나지 않는다. 이것은 내 정신 건강을 지키기 위해 쉬지 않고 해야 할 두더지 게임이다. 도파민을 분비시키는 습관과 분리되어 지금-여기에 더 몰입할수록 이 게임은 더 쉬워진다. 어렵게 시작하지만 쉽게 끝난다는 점에서 비디오 게임과는 반대라는 것을 알게 될 것이다. 슬금슬금 다시 파고드는 주의 분산 요소를 경계하고, 그런 것들을 들여다봐야 한다며 자신을 유혹하는 내면의 이야기들도 알아차리자.

- **성취 목록을 관리하자.** 전보다 덜 바쁘면 생산성이 떨어졌다고 느껴질 것이다. (더 많이는 아니어도) 전과 대등하게 성취를 이루고 있는데도 말이다. 이러한 정신적 편향을 바로잡을 훌륭한 균형추는 성취 목록을 관리하는 것이다. 성취 목록 관리는 문자 그대로 한 주를 보내는 동안 업무, 진행 중인 프로젝트, 진척시키는 일들과 관련해 달성할 목표를 간단히 적어두는 것을 말한다. 더 몰입하고 덜 분주할 때 얼마나 더 많은 일을 완수하는지 확인해 보면 정말 놀랍다.

- **시간이 지남에 따라 만성 스트레스 수치가 오르락내리락할 때는 자신의 몰입 정도에 유의하자.** 6대 번아웃 요인 및 기타 삶의 영역에서 생겨난 만성 스트레스에 대처할 때, 순간순간 내가 업무

에 더 몰입하고 집에서도 더 활력 있게 지내는지 잘 살펴봐야 한다. 습관에 변화를 주고 싶을 때는 자기 상황을 자각하는 것이 필수다. 개선 사항을 인식할 때마다 나의 시간, 주의력, 에너지를 쏟고 있는 습관이 강화된다.

- **성취 지향적 사고방식으로 목표를 세우되, 이를 달성하고자 노력할 때는 몰입의 자세로 전환하자.** 생산성 시간에 돌입할 때는 이 시간을 이용해 무엇을 달성할지를 먼저 고려한다. 그리고 나서는 위에 말한 여러 전략을 활용하면서 자신이 얼마나 몰입하고 있는지에 초점을 맞춰야 한다. 아마 여러분도 내가 깨달은 다음의 사실을 알게 될 것이다. 몰입, 즉 생산성이 높아지는 과정에 집중하면 그 시간 동안 더 많은 것을 성취한다는 사실 말이다.

만성 스트레스는 지나치게 분주하고 불안한 세상으로부터 우리를 지켜주는 보호막을 훼손한다. 이는 도파민 분출에 이끌려 다닐 때 자주 일어나는 결과다.

능동적인 자세로 이 힘에 맞서 싸울 때, 더 깊은 평온함을 발견하게 된다.

○ 음미하기의 과학

만성 스트레스를 다스리면서 자신이 얼마나 몰입하고 있는지 살피는 것과 더불어, '더 많이'의 사고방식을 극복하는 또 다른 요령은 음미할 대상을 찾는 것이다. 몰입처럼 이 전략도 뇌 속의 도파민 네트워크 활성을 지금-여기에 머무는 평온함 네트워크로 바꿔준다. 이를 실천하면 시간이 갈수록 더욱 현재에 집중하게 된다. 특히 다음 장의 주제가 될 가장 골치 아픈 도파민 중심의 '초자극'을 대할 때, 현재에 머물 수 있다.

처음 만나는 사람에게 내가 자주 건네는 질문이 있다. **당신은 무엇을 가장 음미합니까?** 수십 명에게 이 질문을 던져보니 놀랍게도 참 많은 사람이 답변 자체를 내놓지 못했다. 남성은 더욱 그렇다. 연구에 따르면 여성은 '더 나은 음미 능력'을 가졌으며, 이러한 차이는 '아동기 중기부터 성인기 후기까지, 그리고 여러 문화에 걸쳐' 나타난다.[18] 내가 아는 가장 성공한 사람들에게서도 이런 경향이 보인다. 그들은 이 질문을 받고 어안이 벙벙해져서 대개는 질문을 파악하고 생각을 가다듬느라 몇 초간 말을 잃는다. (부유한 사람일수록 인생 경험을 덜 음미했다는 사실을 밝힌 연구를 떠올려 보라. 이 연구를 수행했던 연구자들은 이렇게 요약했다.[19] '부는 음미하는 능력을 떨어뜨리는 탓에 개인이 기대하는 행복을 안겨주지 못할 수도 있다.')

모든 사람은 자기가 음미하는 대상에 관한 답을 내릴 필요가 있다. 더 바람직하게는 몇 가지 답을 내놓을 수 있어야 한다.

도파민을 분비시키는 활동 위주로 매일을 보내기 전만 해도, 이 질문은 지금처럼 대다수 사람을 괴롭게 하지 않았다. 한여름날이면 오두막을 빌려 느긋한 시간을 음미했다. 비행기에서 옆 좌석에 앉은 사람과 주고받는 대화, 대가족과 함께 보낸 왁자지껄한 저녁 시간도 음미했다. 부엌에서 보드게임을 했던 시간, 장기간

가족 도보 여행을 가면서 단어 게임을 했던 시간도 음미했고, 모닝커피 한잔의 진한 향을 즐기며 느긋하게 보내는 시간도 빼놓지 않았다.

도파민에 휘둘리는 우리는, 빌리 조엘의 노래 '비엔나'의 가사처럼 도무지 '전화기를 꺼버리고 잠시 사라질' 줄 모른다.[20] 생애 가장 아름다운 순간―그 순간에 조금이라도 주의를 기울였다면 깨달았을 사실―을 지나쳐 버리는 우리에게는 대상을 깊이 음미하는 일이 유난히 어렵게 느껴진다. 전진하라고 몰아대는 '더 많이'의 사고방식 및 이에 따른 자극에 맞서 우리는 능동적인 태도로 균형을 잡아야 한다.

음미하기는 성취 지향적 사고방식에서 의도적으로 물러나, 잠시 야망을 제쳐두고 진지하게 자신을 즐길 독특한 기회를 제공한다. 다시 한번 말하지만, 숱한 성취를 쌓아놓고 그 과정에서 성취의 열매를 즐기지 못한다면 그게 다 무슨 소용인가? 음미하기를 실천하면 자신의 목표에서 잠시 벗어나 현재 일어나는 즐거운 일들에 몰입할 수 있다. (음미하기는 과학적 사실일 뿐 아니라 실제로 효력을 발휘한다.)

달리 보면, 우리는 의도적으로 비효율을 실천하는 것이다. 자신의 성취 목표를 제쳐두고 의도적으로 즐거움을 추구하는 사고방식으로 전환하니 말이다. (하지만 걱정하지 말라. 무언가를 음미하고 반대편으로 넘어가면 그 목표들이 변함없이 나를 기다리고 있다.)

여러분에게 한 가지 도전 과제를 제안한다. 자기가 음미하는 모든 것을 목록으로 만들어 보라. 참고로 말하자면, 살면서 지금보다 훨씬 더 많이 즐겼던 조용한 순간들을 한번 돌아보라. 아마 스마트폰을 가지기 전, 골치 아픈 유행병이 발생하기 전이었을 것이다. 목록을 작성하기가 까다롭게 느껴진다면, 하루를 보내면서 할 일을 완수할 생각에 급히 지나쳐 버리는 만족스러운 순간을 떠올려 보자. 이 목록을 잘 두었다가 주기적으로 참고하길 권한다.

고백하건대, 평온함을 탐구하는 여정을 시작할 당시 음미하기는 내게 귀찮은 일처럼 여겨졌다. 그런데도 시험 삼아 목록을 작성하고 이를 음미하려고 노력해 보았다. 다음은 내가 목록에 적은 것들이며, 특별히 순서에 의미를 두지는 않았다.

- 엘리자베스 길버트Elizabeth Gilbert, 스티븐 킹Stephen King, 비벌리 클리어리Beverly Cleary, 닐 스티븐슨Neal Stephenson이 쓴 모든 책
- 집 근처 숲길 걷기
- 시내의 카페에서 파는 화려하고 꽤 비싼 마카다미아 너트 밀크 라떼
- 나만의 아침 말차(가루 녹차) 의식
- 스마트폰을 비행기 모드로 해놓고 시내를 걸어가며 피아노 연주곡 듣기 (이는 일할 때도 훌륭한 배경음악이다.)
- 신형 기계식 키보드의 느낌 (이러한 기기를 찾고 있다면 '체리 갈축 Cherry brown' 키 스위치를 적극 권한다.)
- 실내 자전거에 앉아 땀이 흠뻑 나도록 운동하기
- 위에서 언급한 말차 한잔을 즐기며 조간신문 읽기
- 저녁에 아내와 함께 와인을 마시며 즐기는 카드놀이

실제 목록은 이보다 길지만, 어떤 것을 적으면 될지 파악했을 것이다.

매일 목록에서 한 가지를 골라 깊이 음미하자. 그 항목에 원하는 만큼 충분한 시간을 들이되, 이를 날마다 실천하는 것이 좋다. 일 또는 다른 것을 생각하느라 마음이 달아났다는 것을 알아차렸다면, 부드럽게 다시 주의를 불러들여 지금 누리고 있는 유쾌한 경험에 다시 집중해 보자.

이 활동에 관해 자신에게 하는 이야기도 유의해야 한다. 지금 이 문장을 읽는 동안에도 여러분은 분통을 터뜨리는 혼잣말을 할지도 모른다. 여러분의 도파민 회로가 엉망이 된 탓에 이 활동을 저버리고 싶을지도 모른다. 걱정하지 말라. 투여할 시간은 충분하다. 어쩌면 분주하게 보내는 시간 일부를 훔쳐와야 할지도 모른다. 하지만 괜찮다. 단, 시간이 흐르면서 이 활동이 평온함과 몰입을 위해 여러분의 뇌 회로를 조정하는 데 유익하다는 점만 기억하길 바란다. 이 시간은 돌려받게 될 것이다.

평온함을 찾아가는 여정에 발을 들인 후 내가 누렸던 크나큰 즐거움 하나는 내가 탐구하던 (그리고 지금 여러분에게 공유하는) 전략들 기저에 놓인 과학적 토대를 찾아보는 일이었다. 이 과정에서 마주친 가장 즐거운 연구 분야 중 하나가 음미에 관한 부문이었다. 실제로 삶의 긍정적인 경험을 의도적으로 즐기는 일의 놀라운 장점을 밝혀낸 연구가 있었다.

평균적으로 우리는 나쁜 일 하나를 겪을 때마다 좋은 일 세 가지를 경험한다.[21] 이는 몇 번이고 연구에서 재현된 비율이다. 결과가 이런데도, 위협에 민감한 우리 정신은 긍정적인 정보보다 부정적인 정보를 더 철저히 처리한다. 이러한 부정적 반추는 불안과 직결된다. 사실 삶이 얼마나 놀라운지를 과소평가하는 것은 말할 것도 없다.

현실은 우리 생각과 반대다. 물론 살다 보면 어려운 상황들을 만난다. 개인이 겪는 좋은 일과 나쁜 일의 비율도 저마다 다르다. 하지만 전반적으로, 대다수 사람이 겪는 비율은 3대 1이다. 우리의 전반적인 정신 상태가 현실과 일치한다면, 전체 시간의 4분의 3 정도를 스트레스를 받거나 불안해하지 않고 평온하게 보낼 것이다. 다행히, 음미하기의 연구 분야를 개척한 심리학자 프레드 브라이언트Fred Bryant가 말한 대로라면, 우리는 '마음속에서 더 많은 경험을 이리저리 이동시킬' 수 있다. 음미하기를 탐구한 연구의 교훈들을 활용해 삶의 긍정적인 경험에 주의를 기울이고, 이를 연장하며, 그 경험을 더 의미 있게 만들 수 있다. 이런 점에서 의미란 찾아내는 대상이 아니라, 삶과 주변 세계에서 알아차리는 무언가다. 음미하기는 이 경우에 어울린다.

삶을 채우는 긍정적인 경험을 의도적으로 즐길 때, 우리는 더 행복하고, 평온하고, 몰입된 기분을 동시에 느끼게 된다.

브라이언트는 연구를 통해, 가장 행복한 사람들에게 한 가지 공통점이 있다고 주장했다.[22] 그들은 긍정적인 경험을 더 깊이 음미한다. 여러분도 예상하겠지만, 음미하는 수준이 높을수록 불안이 낮아질 뿐 아니라 몰입도 더 높아진다.[23] 긍정적인 경험을 음미하는 행위 자체가 그러한 경험을 연장하며, 긍정적인 사건을 음미하는 능력이 클수록 우울과 사회 불안이 낮아진다. 또한, 긍정적인 경험을 음미하는 데 능숙해질수록 가족 갈등을 덜 경험하고, 자신을 더 좋게 느끼며, 더 큰 회복력이 생긴다. 높은 음미 능력은 더 높은 수준의 마음챙김mindfulness, 낙관주의, 심지어 지혜와도 연관된다. 한 연구에서는 음미하는 행위가 우울 증상을 대폭 줄인다는 사실을 밝혀냈다.[24] 다른 연구에서는 고령의 성인들이 음미하기를 실천하면 '각자의 건강 상태와 관계없이 더 높은 삶의 만족도를 유지'하는 것으로 나타났다.

이러한 상관관계를 보면 잠시 멈추게 된다. 특히, 브라이언트가 말했듯이 음미하기가 '연습을 통해 성장하는 기술'임을 생각해 보면 더욱 그렇다. 나의 생산성이 거둔 열매를 매일 즐길 수 있으려면 주의를 기울여 음미하기를 우선시해야겠지만, 실제로 그렇게 했을 때 얻는 유익은 매우 크다.

음미하기는 인생의 좋은 것들을 즐길 줄 아는 기술로서,[25] 긍정적인 순간을 긍정적인 감정—이를테면 기쁨, 경이감, 자부심, 쾌락—으로 바꾸는 연습이라고 생각할 수 있다. 음미하기를 실천할 때, 우리는 긍정적인 경험 전체에 주의를 기울여 이를 즐긴다.•
브라이언트에 따르면, 음미하기는 단순히 자기 경험을 더 많이 즐

• 몰입과 마음챙김의 구성 요소와 음미하기는 일부 개념이 중첩된다. 이 둘은 별개지만 다소 연관되는 주제다. 브라이언트에 따르면, 몰입flow은 '지금의 경험에 의식적인 주의를 덜 기울이는 행위'라는 측면에서 차이가 있다.[26] 또한, 몰입은 우리의 기술 수준에 상응하는 어려운 작업을

기게 할 뿐 아니라, 노력과 즐거움 사이의 균형을 찾도록 돕는다. 그의 연구에 따르면, 우리는 주로 네 가지 방식으로 삶의 경험을 통제한다. 부정적인 경험을 만나면 이를 회피하거나 이에 대처한다. 반대로 긍정적인 경험을 만나면, 이를 더 많이 얻는 데 몰두하거나 (브라이언트의 표현을 빌리면 '획득의 사고방식') 이를 음미한다.

음미하는 행위 자체가 '더 많이'의 사고방식을 약하게 해서 자신이 해온 노력을 즐기게 만든다. 브라이언트의 말을 빌리면, '무언가를 얻었다고 반드시 그것을 즐기는 것은 아니다.[28] 사실, 새로운 것을 획득하고 싶은 마음에 휘둘릴 때가 많다.' 감사의 마음이 저절로 생기는 것은 아니다. 따라서 자칫 잘못하면 얻는 데 지나친 관심을 쏟는 한편, 음미하는 데는 마땅한 주의를 기울이지 않게 된다. "이것이 획득의 사고방식이 가진 문제다. 즐기지 않는다면 뭔가를 얻는다 한들 무슨 좋은 점이 있겠는가? 손안의 것에는 도통 시선을 주지 않는데 말이다. 갖고 있지 않아서 얻어야 할 것에만 시선을 두는 형국이다."

무언가를 음미하기 위해 택할 방법은 무궁무진하다. 브라이언트의 연구는 경험을 음미하는 다양한 방법이 존재한다고 지적한다.[29] 이를테면 심취(대상이 만들어 내는 쾌락을 온전히 즐기기), 경탄(대상에 관한 경외감과 놀라움 느끼기), 감사(내 삶의 좋은 것들을 감사히

수행할 때 발휘된다. 음미하기는 그 대상이 더 제한적이라는 점에서도 마음챙김의 구성 요소와 구별된다.[27] 음미하기를 실천할 때, 우리는 비판적 인식으로 자신의 경험을 관찰하기보다는 긍정적인 것에만 초점을 기울인다.

여기기)를 실천하는 것이다. 아내와 나는 매일 밤 잠들기 전에 서로에게 감사한 점 세 가지를 이야기한다. 이처럼 간단한 감사의 습관은 기분도 좋게 해주지만, 삶을 더욱 즐기고 내 주변에서 일어나는 더 긍정적인 일들을 알아차리게 한다. 감사를 표하는 것은 내가 가진 것을 음미하는 또 다른 방법이다.

과거 또는 미래 경험을 음미할 수도 있다. (이 또한 음미하기에 포함되는 것은 우리가 지금 순간의 '느낌'을 즐기기 때문이다.) 과거를 음미할 때는 회상을 연습하는데, 이로써 과거 경험에 감사하게 된다. (즐거웠던 순간을 머릿속에서 재생하는 방법을 쓸 수도 있다.) 미래를 음미하기란 조금 더 실행하기 어려울 수도 있지만, 이를 실천할 때 우리는 예측을 해서 앞으로 일어날 일에 대한 기대를 한껏 높인다 (예를 들어 휴가까지 남은 날 수 세어보기). 흥미롭게도, 예측 행위는 실제로 그 일이 벌어졌을 때 더 진하게 즐기고, 훗날 그 경험을 더 소중히 여기며 돌아보도록 유도하는 것으로 나타났다. 이 현상을 설명하는 한 이론은 예측이 '정서적인 기억의 자취를 만드는데, 이 흔적들은 실제로 소비 행동을 할 때 또는 훗날 이 경험을 돌아볼 때 재활성되고 통합된다'고 제안한다.[30]

현재, 과거, 미래 중 어느 시점을 음미하길 선호하는가와 관계없이, 심취, 경탄, 감사를 통한 음미하기의 장점은 매우 크다. 음미하기는 몰입의 상태뿐만 아니라 즐거움으로 가는 지름길이기도 하다.

처음으로 시험 삼아 음미하기를 실행할 때는 이 의식이 어렵게 느껴질 수도 있고, 뇌가 이 활동에 저항하려 들 수도 있다. 그 결과 부정적인 혼잣말이 분노를 발끈 일으킬 것이다. '더 많이'에 가치를 두는 세상에서 순간을 음미한다는 것은 반역 행위처럼 느껴진다. 어쩌면 이러한 저항에 한두 번은 무릎 꿇을지도 모른다. 인스타그램이나 이메일을 확인한다거나, 이다음에 해야 할 온갖 일을 떠올릴 수도 있다.

이는 지극히 정상적인 현상이지만, 한번 이 욕구를 이겨보라고 제안하고 싶다. 그런 욕구를 알아차리되, 내가 누리고 있는 좋은 경험에 다시 주의를 기울여 보자.

의식이 진행되는 동안 최대한 모든 것을 주목하자. 더 이상 마주하는 자극이 없는 탓에 느껴지는 지루함에 주목해 보라. 또한, 충동적으로 손을 뻗고 싶은 기기들, 적어두고 싶은 아이디어들, 저절로 머릿속에서 계획하고 있는 것들 등 몹시 하고 싶은 일들도 눈여겨보자. 혼잣말에도 주목하자. '더 많이'의 사고방식은 말할 것도 없고, 성취 지향적 사고방식을 제쳐뒀다는 이유로 자신을 너무 가혹하게 대하지는 않는가? 여전히 시간에 대한 기회비용을 생각하는가, 아니면 음미하기는 바보 같은 일이라고 자신에게 말하는가? 자신의 에너지에 투자하고, 현재에 머무르는 역량(지금 하는 일에 집중하는 기술)을 계발하는 것이 이기적이라고 느껴지는가? 일하지 않는 것 또는 목적 달성을 위해 전진하지 않는 것이 주는 죄책감은 얼마나 되는가?

이러한 저항은 초조하게 주의가 분산되는 대신 차분히 몰입하기 위해 뇌 회로를 재배치하는 과정에서 일어나는 정상적인, 심지어 예상되는 일이다.

이 전략 그리고 곧 제시할 다른 전략들을 알맞게 사용하다 보면, 나중에는 다시 균형 잡힌 정신의 긍정적인 효과들을 알아차리기 시작할 것이다. 일과 삶에 더 진지하게 임할 뿐 아니라, 머릿속의 먼지구름을 가라앉힘에 따라 집중력도 생길 것이다. 나아가 행복과 연결성을 발견하는 능력도 심화되고, 활기 넘치고 새로워진 기분을 느낄 것이다.

한편, 음미하기를 통해 사소한 것들을 포함해 내가 가진 모든 것에 더욱 감사하는 자신을 발견할 수도 있다. '더 많이'의 사고방식, 그리고 성취 지향적 사고방식이 지니는 큰 아이러니는, 이 두 가지 태도가 도파민이 주도하는 삶 위에 구성된다는 것이다. 따라서 둘 중 어느 것도 지속적인 만족감을 주지 않는다.

이 사고방식들과 달리, 음미하기는 만족감을 남긴다.

'더 많이'의 사고방식은 문득 자기 기대보다 더 많은 것 — 은행에 맡긴 더 많은 돈, 더 많은 팔로워, 더 많은 친구 — 을 가졌다고 생각될 때만 편안함을 허락한다. 하지만 이런 기분은 덧없이 금세 지나가고 만다. 음미하기를 실천한다면 이보다 훨씬 자주 풍족함을 느낄 수 있다.

우리 삶에는 이미 좋은 것들이 너무도 많다. 이를 알아차리기만 하면 된다.

날마다 간단한 것 한 가지를 음미하는 것도 쉬운 전략이다. 이 책에 제시하는 모든 방법처럼, 이 또한 평온함에 이르게 한다. 하지만 음미하기의 진정한 마법은 끊임없이 무언가를 더 원하는 부정적인 태도를 허물어뜨리는 데 있다. 열심히 노력하는 것을 잠시 내려놓고 지금 하는 일에 온전히 머무를 수 있다. 지금-여기를 충분히 인식하도록 유도해 사는 동안—평온한 삶이든 생산적인 삶이든—진지하게 임할 수 있다.

더 많이 성취하는 것은 훌륭한 일이다. 실제로 여러분은 살면서 더 많은 것을 얻고 싶어 할지도 모른다. 하지만 다음 사실을 깨달았으면 한다. 삶의 몇몇 영역에서는 성취 지향적 사고방식이 효과를 발휘하지만, 그러려면 이 사고방식을 잠시 내려놓고 균형을 찾을 수 있도록 음미하기를 통해 뇌를 훈련해야 한다. 분명 우리는 의도한 바를 성취하는 동시에 현실의 삶도 즐길 수 있다.

이 모든 놀라운 방법 중에서도 지금-여기를 음미하는 태도는 '더 많이' 얻기 위해 끊임없이 노력하는 데서 벗어나 더 깊은 평온함에 도달하도록 만든다.

5장
자극의 높이를 파악하라

○ **개인화된 고자극**

현대 사회가 평온함을 어떻게 훼손하는지 계속 탐구하는 의미로, 잠시 길을 돌아 디지털 공간에서의 주의 분산에 대해 논해보자. 이렇게 우회로를 타는 데는 중요한 이유가 있다. 현대 사회에서 우리 뇌에 엄청난 양의 도파민을 분비시키는 곳이 디지털 공간이기 때문이다.

유튜브Youtube를 예로 들어보자. 이 글을 쓰는 지금, 여러분이 유튜브에서 시청할 수 있는 영상은 수십억 개에 달한다. 이 웹사이트의 규모는 너무도 방대해서 그 크기를 논하기가 매우 까다롭다. 규모를 가늠하도록 유튜브와 나란히 놓고 비유할 만한 단위가 없을 정도다. 이 사이트에는 매분 총 500시간이 넘는 분량의 영상이 업로드된다.[1] 24시간마다 3만 일의 분량에 달하는 새 콘텐츠가 생겨나는 셈이다. 기술적으로 말해 유튜브는 구글에 이어 세계에서 두 번째로 큰 검색 엔진²이며, 유튜브 역시 구글의 소유●다. 또한, 유튜브는 티몰Tmall(중국의 전자상거래 플랫폼-옮긴이), 바이두Baidu(중국의 대표적인 포털사이트-옮긴이) 등 주로 세계에서 인구가 가장 많은 국가인 중국에서 접속하는 웹사이트를 모두 포함하고도 전 세계에서 두 번째로 큰 웹사이트다. 현재 100여 개국에서 총 80여 개 언어로 현지화된 유튜브 페이지에 접속할 수 있고,³ 이 웹사이트의 영상들이 창출하는 일일 조회 수도 수십억이 넘는다. 이렇게 생각하면 쉽다. 매달 20억 명 — 살아 있는 모든 사람의 약 4분의 1 — 의 사용자가 로그인해서 이 사이트에 방문한다. 약 27억 명의 사용자를 보유한 유튜브는 페이스북에 이어 세계에서 두 번째로 큰 소셜미디어라고도 할 수 있다.⁴

　이 모든 트래픽을 창출하는 것은 '아기상어'라든가 '강남스타일' 같은 영상만이 아니다. 사실상 유튜브는 인터넷상의 비디오 허브다. 이 사이트가 갖춘 영상 카테고리가 무궁무진하다는 것이다. 이를테면 상품 리뷰, 노하우 전수, 일상을 담은 브이로그, 토크쇼 클립, 비디오 게임 중인 사람을 찍은 영상 등이 있다. 어린 조카들이 내게 아무리 설명해 줘도 나로서는 절대 이해하지 못할 현상이다. 하지만 괜찮다. 이렇게 목록이 세분되어 있어도 모든 영상이 내게 맞지는 않다. 아마 나는 대다수 영상을 좋아하지도 않을

●　유튜브와 구글 모두 지주 회사인 '알파벳Alphabet'이 소유하고 있고, 구글은 알파벳의 인터넷 사업을 운영하는 일종의 대행 회사다. '메타Meta' 역시 비슷한 구조로, 페이스북을 소유하고 있는 지주 회사가 따로 있다.

것이다. 좋아해서는 안 된다.

곁눈질로 흘끗 보면, 유튜브는 텔레비전 방송을 가져다가 뒤집었을 때 나올 만한 결과다. 일반 대중을 사로잡으려는 텔레비전과 달리, 유튜브는 여러분이 가장 매력을 느낄 만한 콘텐츠를 전면에 배치한다. TV 채널은 한 번에 하나의 프로그램만 방송할 수 있는 까닭에 최대한 많은 사람의 흥미를 끌고자 콘텐츠를 거르고 거르지만, 유튜브에서는 사용자들이 저마다 다른 영상을 재생할 수 있다. 유튜브에 존재할 수 있는 콘텐츠 양에 물리적 제한이 있는 것도 아니다. 구글은 언제든지 서버 팜으로 사용할 더 값싼 저장 공간을 사들일 수 있으니 말이다. 매분 500시간 분량의 새 콘텐츠를 추가한다? 전혀 문제 될 게 없다.

콘텐츠의 적절성도 전혀 제한이 없다. 콘텐츠가 적절하다면 더 좋은 일이다. 우연히 보게 된 영상이 유독 나의 흥미를 끈다면, 그 영상들을 훨씬 더 즐기게 될 테니 말이다. 모두에게 좋은 일이다. 적어도 이것이 유튜브가 의도한 바다. 내가 이 사이트에서 보내는 시간이 많을수록 구글이 내게 광고를 보여줄 시간도 많아진다. 나는 더 많은 최신 콘텐츠를 소비하고, 구글은 더 많은 돈을 벌어들인다.

이 순간 유튜브 사이트가 내게 추천한 영상들을 훑어보니, 기계식 컴퓨터 키보드 키에 사용되는 스위치, 천문학에 관한 과학 영상, 오래전 스티브 잡스의 기조 발표가 담긴 1시간짜리 클립들이 있다.

여러분은 아마 이 영상들을 좋아하지 않을 것이다. 이 고유한 콘텐츠 피드는 오직 나의 흥미를 끌도록 설계되어 있다. 이런 까닭에 나는 계속 유튜브에 접속하게 된다.

유튜브를 이용하고 있다면, 여러분이 계속 재접속하는 이유도 나와 같을 것이다.

○ 곳곳에서 수집되는 수많은 데이터

이론적으로는 유튜브에 업로드된 거대한 영상의 바다에서 내게 딱 맞는 것이 존재한다. 웃긴 영상을 보며 자신을 주체하지 못하고 20분간 눈물이 쏙 빠지게 웃을 때도 있고, 어떤 주제에 관한 생각이 완전히 바뀔 때도 있으며, 앞으로 두 달간 10킬로그램을 감량하고 이를 평생 유지하겠다는 자극을 받을 때도 있다. 그런 영상이 이 웹사이트 어딘가에 존재할지도 모른다. 그걸 찾아주는 게 유튜브의 일이다.

구글이 가진 (최고의 핵심 역량은 아닐지언정) 주요 핵심 역량 하나는 알고리즘 설계다. 이 알고리즘은 웹 검색 결과, 유튜브 추천, 지메일Gmail 검색 결과, 구글 맵Google Maps 경로 등으로부터 온갖 것을 꺼내놓는다. 구글의 주요 알고리즘 하나는 당연히 웹 검색이다. 대다수 사람에게 구글이라는 이름은 웹 검색 활동과 같은 의미를 지닌다. 우리는 무언가를 '덕덕고DuckDuckGo'하거나 '빙Bing' 해서 웹사이트를 찾는다고 말하지 않는다. '구글링'하여 필요한 것을 알아본다. 내 컴퓨터의 철자 검색기는 앞 문장에서 구글이라는 회사명(고유명사)을 대문자로 바꾸려는 시도조차 안 한다. 그만큼 구글이라는 이름은 어느새 일반 용어로 자리 잡았다.

수십억 개에 달하는 영상의 바다에 내게 딱 맞는 영상이 실제로 존재한다고 하자. 대체 유튜브와 같은 사이트는 무슨 수로 이를 내게 보여주는 것일까?

기본적으로는 인간과 같은 방식으로 알아낸다. 즉 나에 관해 최대한 많은 것을 학습하는 것이다. 내가 무엇을 좋아하는지 더 많이 알게 될수록, 내게 더욱 맞춰진 영상을 추천하게 된다. 유튜브는 나의 관심사, 성격, 기분, 소득 수준 등의 정보를 확보해서 — 그리고 이 데이터를 정교한 알고리즘 속에 입력해서 — 바로 지금 내가 가장 혹할 만한 영상을 결정한다. 생각해 보면 놀라운 일이다. 이 모든 일이 단 1~2초 만에 이루어진다고 생각하면 더더욱 놀랍다. 다른 한편으로, 특히 도파민과의 손상된 관계를 생각하면 살짝 무섭기도 하다.

유튜브 알고리즘이 평가하고 고려하는 기준에 관해서는 공식적으로 발표된 정보가 거의 없다는 점을 말해야겠다. 추천 알고리즘은 일종의 독점적인 경쟁 우위를 제공한다. 하지만 적어도 구글이 우리에 관해 확보한 데이터가 어떤 종류인지는 상상해 볼 수 있다. 만약 내가 유튜브를 운영한다면, 완벽한 영상을 찾기 위해 어떤 정보를 수집할지 생각해 보면 된다. 가장 큰 도파민 분비를 일으켜 사용자들이 더 많은 콘텐츠를 보려고 계속 돌아오게 만들려면 어떤 정보가 필요할까?

내가 평균적인 사용자라면 유튜브는 나에 관해 이미 많은 것을 알고 있다. 우선, 나의 검색 및 조회 이력을 알 것이다. 주로 어떤 채널의 콘텐츠를 즐겨 보는지, 어디서 로그인을 하는지도 알고 있다(내 컴퓨터의 IP 주소). 심지어 로그인하지 않았더라도, 유튜브는 내가 가만히 커서를 올려 미리보기를 시청하는 영상, 하루 중 내가 사이트에 방문하는 시간 등을 알고 있다. 불면증 때문에 새벽에 깨어 있을 때와 점심 휴식 때 시청하는 영상이 다를 테니 말이다.

수시로 로그인하도록 유튜브가 은근슬쩍 나를 부추기는 것은 놀라운 일이 아니다. 이렇게 로그인을 하고 나면, 구글은 나의 유튜브 데이터를 이미 확보한 다른 모든 데이터와 연결한다. 먼저, 내가 구글 계정에 로그인한 상태로 구글을 활용해 온라인에서 정보를 검색한다면, 유튜브는 내가 인터넷에서 무엇을 검색했는지 알게 된다. 이것만으로도 나를 깊이 이해하고, 나의 관심사를 완벽히 파악하며, 요즘 내 기분이 어떤지 충분히 알게 된다.

크롬 웹 브라우저를 사용하고, 특히 크롬의 '동기화' 기능을 켜둔 상태―여러 기기에 걸쳐 나의 즐겨찾기와 이력을 동기화하고 구글 계정에 로그인한 상태를 유지시킨다―라면, 이론상 구글은 나에 관한 이 모든 정보도 수집할 수 있다.

내가 지메일 사용자라면, 의사소통하는 대상(소셜 그래프), 구독하는 뉴스레터, 온라인 구매 항목에 관한 정보가 구글에 넘어간다. (이제 아마존을 비롯한 여러 기업은 구매 정보를 숨긴 채 구매 확정 이메일을 보낸다. 구글과 같은 기업들이 잠재적으로 이 정보를 내 프로필에 추가하지 못하게 하려는 것이다.)

구글 맵을 사용하고 있다면 내가 어디로 이동하는지, 어느 식당에 자주 가는지, 어떤 대중교통 수단을 이용하는지 등을 구글이 알게 된다. 어쩌면 조만간 내가 어디로 움직일지도 이미 알고 있을지 모른다.

평균적인 인터넷 사용자로서 광고 차단 없이 웹사이트를 방문하고 있다면, 내가 방문하는 여러 웹사이트 정보도 구글로 넘어간다. 구글의 애널리틱스Analytics 제품—특정 사이트에서의 나의 행동을 모니터링해 사이트 소유주가 트래픽 정보를 수집하게 하는 서비스—은 내가 사이트에서 머무는 시간, 방문한 페이지, 애초에 그 웹사이트에 접속한 방법에 관한 정보를 추적한다.

이런 예는 끝이 없다. 어쩌면 여러분은 구글 드라이브 계정, 스마트 스피커, 구글 뉴스를 통해 훨씬 더 많은 정보를 구글에 제공하고 있을지도 모른다. 여러분에 관해 구글이 가진 데이터로 책 한 권을 빼곡히 채울 수도 있다. (이제 그만할 테니 염려하지 말라.)

하지만 이 모든 일 뒤에 숨은 기본 아이디어는 간단하다. 나의 특성을 더 세심히 고려해 추천한 영상일수록 더 많은 도파민 분비를 일으킨다는 것이다. 그 결과 여기에 푹 빠져 더 많은 영상을 보려고 사이트를 다시 찾게 된다.

○ **새로운 것들의 시대**

오래된 상투어가 뜻하는 그대로, 영리 기업의 동기를 이해하려면 언제나 '돈을 따라가면' 된다. 유튜브의 경우, 이 플랫폼이 최적화를 통해 달성하려는 일차 목표는 이미 언급했다. 나를 계속 사이트에 머무르게 하는 것이다! 이 사례를 벗어나 생각해 보면, 알고리즘을 토대로 한 대다수 다른 서비스 역시 목표가 같다는 것을 알 수 있다. 인스타그램, X(구 트위터), 유튜브 등의 플랫폼에 오래 머물수록 각 플랫폼이 벌어들이는 수익이 늘어난다. 이용자의 흥미를 끄는 콘텐츠 사이사이에 광고를 보여줄 시간이 많아지기 때문이다. 이 글을 쓰는 지금, 구글은 광고라는 단일 원천으로 전체 수익의 무려 80퍼센트를 벌어들인다. 이 비율로 수익을 올린 기간이 벌써 10년이 넘는다.5 실리콘 밸리 업계가 유독 변화가 많고 혼란스럽기로 유명한 것을 고려하면, 이는 놀랍도록 탄탄하고 믿음직한 소득 원천이다.

페이스북도 마찬가지다. 단, 실제 수치를 놓고 보면 완전히 같지는 않다. 페이스북의 광고 수익 비율은 구글보다 훨씬 높다. 이 글을 쓰는 지금 시점에 가장 가까운 시기를 살펴보면, 페이스북은 전체 수익 중 97퍼센트를 광고로 벌어들였다.6 두 기업을 합치면 인터넷 광고 전체 수익의 61퍼센트를 이들이 흡수하는 셈이다.7 뭔가 재미있는 것을 찾고 있다면, 인스타그램 설정 페이지에 들어가 자신의 '광고 관심사'를 알아보라.• 인스타그램이 더러 엉뚱하게 수집한 것도 있겠지만, 내가 누구인지를 파악하는 데 이 페이

• 자세한 방법도 기재할까 했지만, 인스타그램 내에서 이 기능을 찾아가는 경로는 이 책의 출간 전 혹은 이후라도 바뀔 수 있다. 이 기능을 찾는 방법이 궁금하다면 다른 검색 엔진인 덕덕고DuckDuckGo 페이지를 이용하라.

불안한 마음을 줄여드립니다

지가 이상하게도 적절하다는 생각이 들 것이다. 나의 관심사 목록을 만들기 위해 인스타그램은 내가 인스타그램 및 페이스북 계정에서 실행하는 활동을 모니터링한다.**8** 한편, 뉴스 웹사이트 매셔블Mashable에 따르면, 심지어 인스타그램은 '내가 페이스북을 통해 로그인한 제3의 앱과 웹사이트의 정보'도 모아들인다.

지금 논하는 이 부문을 조사하기 전, 나는 인스타그램 광고 추적 기능을 비활성화했다. 하지만 다행히 내 계정에서 광고 개인화 '기능'을 비활성화하기 전에 구글이 파악해 둔 내 관심사 페이지를 캡처해 둔 게 있었다. 알고 보니 구글은 내 관심사 중 구체적으로 177개를 파악했다. 그중 일부는 내 관심 영역에서 살짝 벗어났지만(이를테면 나이트클럽, 격투기 종목, 고급차, 축구 등은 내가 그리 관심 있는 분야가 아니다), 목록에 있는 거의 모든 항목은 정확했다. 심지어 소름이 끼칠 정도였다. 그런 예로는 꽤 난해한 관심사들도 있었다. 오디오 파일 포맷과 코덱, 시계, 개발 도구, 분산 컴퓨팅, 홈 오토메이션, 닌텐도, 프록시 및 필터링, 사운드 라이브러리, TV 코미디, 시각 예술 및 디자인, 요가 등이 그랬다.

목록을 본 후 서둘러 광고 개인화 기능을 비활성화했다.

현재 나의 유튜브 추천은 형편없다. 하지만 적어도 인스타그램에서는 같은 기능을 비활성화한 후 전보다 물건을 덜 사게 됐다.

데이터 기업의 알고리즘이 나를 위한 완벽한 콘텐츠 — 완벽한 유튜브 영상에 비견할 만한 것이면 무엇이든 — 를 표면에 노출할 가능성이 클수록, 내가 그 사이트에 머무르거나 나중에 더 많은 것을 보려고 돌아올 확률도 높아진다. 이런 점에서 볼 때, 최근 몇 년 사이에 인스타그램과 X 등의 일부 서비스가 시간순으로 콘텐츠를 보여주는 형식을 탈피해, 내가 가장 혹할 만한 콘텐츠부터 보여주는 개인화된 형식을 택한 것은 전혀 놀랍지 않다.

혹하게 만드는 콘텐츠는 꽤 많은 도파민을 분비시키기도 하는데, 이로 인해 평온함에서 더 멀어진다. 구글, 페이스북 등의 서비스는 유료 광고를 통해 돈을 벌어들이므로, 그들은 사용자의 시야에 불쾌한 광고를 보여주는 회사들에 벌금을 부과할 수도 있다. 우리는 충분히 콘텐츠에 매료되어 크게 신경 쓰지 않고, 그들은 우리가 앱에서 머무는 기간에 영향을 끼치지 않는 선에서 수많은 광고를 보여주고자 서비스를 최적화한다. 앱에서 보내는 시간이 길수록 뇌에서 분비되는 도파민은 많아지고, 결국 우리는 더더욱 평온함에서 멀어진다.

한번 생각해 보자. 구글의 경우, 구글 닥스Google Docs부터 유튜브 검색에 이르기까지 제공되는 거의 모든 서비스가 무료다. 그런데도 기업 가치는 1조 달러가 넘는다.

광고주들과 협력하는 구글은 이렇게 우리와 우리 데이터로부터 막대한 경제적 가치를 뽑아낼 수 있다.

이런 내용을 집필할 때면, 마치 외계인을 막겠다며 호일 모자를 쓰고 뒷마당에서 피라미드를 만드는 편집광처럼 보일 수도 있다—물론 호일 모자가 5G 무선 광은 막아준다고 생각한다(농담이다). 하지만 다음 사실만은 확실하다. 기술 회사의 다수가 우리 데이터를 활용해 돈을 번다는 점 말이다.

나는 평온함의 측면에서 콘텐츠 플랫폼, 특히 소셜미디어 플랫폼이 개인화 알고리즘으로 인해 더는 우리 삶에서 긍정적 또는 중립적 위치에 있지 않다고 굳게 확신한다. 지금의 디지털 세상은 적극적으로 우리를 평온함에서 멀리 떨어뜨려 놓는다. 콘텐츠로 혹하게 만드는 방식이 도파민을 분비시키기 때문이다.

특히, 이미 불안이 만연한 사회에서 개인화된 온라인 콘텐츠는 신경화학 체계에 혼란을 일으킬 수 있다. 알고리즘은 특정 영상, 이미지, 게시물이 우리에게 유익한가 아닌가를 판단해 차별하지 않는다. 소셜미디어상의 네트워크는 가부장적이지도 않다. 대다수는 악의적 의도가 없다. 그저 돈 버는 사업에 속할 뿐이다.

솔직히 그들을 비난할 수 있을까? 기업은 자선단체가 아니다. 특히 '더 많이'의 문화 속에 설립되어 성장에 치중하는 회사들이라면 더욱 그렇다. 회사가 더 크게 성장할수록 창업자와 직원들은 더 부유해진다. 데이터 회사가 성장을 이루는 가장 확실한 비결은 사용자의 데이터를 이용해 돈을 버는 것이다. 이를 실행하는 방법은 우리에게 더 많은 도파민 분출 기회를 제공하는 것이다.

디지털 세상이 더 많은 참여를 유도한다는 사실이 표면적으로는 좋게 들릴 수도 있다. 우리는 유리 화면 여기저기를 눌러대면서 인스타그램, 틱톡TikTok, 레딧Reddit, X 사이를 오가며 더 많은 시간을 허비한다. 이런 서비스를 이용하며 더 많은 시간을 보내는 동안 그만큼 더 즐거운 게 아닐까?

놀랍게도 별로 그렇지는 않다.

구글, 페이스북 등의 광고 회사들이 제공하는 서비스가 그 순간에는 재미있는 도피감을 주지만, 장기적으로는 플랫폼에 엮이는 것이 일종의 파우스트적 계약처럼 작용한다. 개인화 알고리즘을 통해 정신이 자극되는 동안 황홀경에 빠지지만, 이는 갈수록 우리를 도파민 중심의 삶으로 깊이 밀어 넣는다.

그 결과 우리는 훨씬 더 불안해진다. 평온함을 주는 화학물질이 덜 분비되고, 에너지와 만족감을 제공하며 자신의 가치관과 일치하는 활동에 시간을 덜 쓰기 때문이다.

○ **도파민 편향**

앞서 언급했듯이 뇌는 기본적으로 새로운 것을 갈망한다. 더 새로운 것을 경험할수록 그 보상으로 뇌는 더 많은 도파민을 분비한다.

인터넷이 얼마나 새로운지 알아보는 실험으로, 자신이 택한 소셜 네트워크에 방문해 눈에 보이는 게시물들이 얼마나 새로운지(스스로 생각하기에 얼마나 놀랍고 뜻밖인지) 한번 이야기해 보자. 소셜미디어를 끊기로 맹세했다면, 대신 뉴스 웹사이트를 확인해 보자. 단, 이 과정에서 해당 앱에 흠뻑 빠져들지 않도록 최선을 다하길 바란다.

예를 들어, 인스타그램에 방문해 나에게 맞도록 개인화된 탐색 탭을 누르고, 눈앞에 보이는 이미지들이 얼마나 새로운 것들인지 생각해 보라. 여러분이 나와 같다면, 어느새 그 안에 흠뻑 빠져 별 생각 없이 몇 분간 화면을 훑어내리지 않기가 힘들 것이다. 페이스북이나 X에 방문해 뉴스 업데이트, 우스꽝스러운 밈, 그리고 내 소셜 그래프에 속한 사람들에게 다시금 '인류에 대한 믿음'을 심어주는 기사들을 마주한 경우, 갱신된 게시물들이 얼마나 새로운지 곰곰이 생각해 보라.

나도 모르게 사이트에 흠뻑 빠져들었다면, 개인화된 앱을 사용하는 동안 실제로 자신의 주의력을 얼마나 통제할 수 있는지 살펴보자. 인터넷에서는 나의 의도가 순식간에 손아귀를 빠져나간다.●

여러분도 알아차렸겠지만, 인터넷에서 가장 새로운 정보는 우리 마음 기저에 깔린 공포, 욕망, 불안에 호소하는 것들이다. 이 정보들의 자극을 받을 때, 우리는 평온함으로부터 멀어지기도 한다. 평온함이 만족감, 즐거움, 이완을 가져다줄 수도 있지만, 이 순간만큼은 평온함이 제공하는 것에 거의 이끌리지 않는다.

대신, 우리는 도파민 쪽으로 이끌린다. 도파민을 분비시키는 습관들이 지속적인 의미라든가 진하게 느껴지는 참된 기쁨을 안겨주지 않는데도 말이다. 차 한잔을 마시며 조용히 사색에 잠기는

- 소셜미디어는 사람 간의 연결성을 훼손하기도 한다. 누구의 정보를 소비할지 결정함으로써 나만의 고유한 현실을 꾸미도록 만들기 때문이다. 사람들의 유튜브 홈페이지는 저마다 다르다. 그리고 각자의 관점에서 새롭다. 이렇게 맞춤화된 콘텐츠의 '필터 버블filter bubble'(인터넷 알고리즘에 따라 각자의 관심사를 고려한 정보만 접한 까닭에 저마다 자신만의 거품에 갇히는 현상-옮긴이)은 사람들이 더욱 대립된 관심사를 키워 서로 관계 맺기가 더 어려워지게 한다.

것과 자극적인 페이스북 화면을 훑어보는 것 사이를 결정하는 일은 거의 선택이라고 할 수 없다. 우리는 거의 매번 도파민을 택한다. 당장에는 그 선택이 만족스럽지만, 행동을 멈추고 나면 공허한 기분이 든다.

나는 이를 뇌의 도파민 편향이라고 생각한다. 우리는 지금 이 순간 도파민 분비를 극대화하려고 노력한다. 시간이 지나면 그로 인해 더 초조해지고, 자신의 장기 목표를 이루는 데 방해가 될지라도 말이다.

○ 도파민의 세 가지 요인

인터넷은 과학자들이 '초자극제'라 부르는 것들로 꽉 차 있다.[9] 성취 지향적 사고방식 및 '더 많이'의 사고방식과 더불어, 초자극제는 현대 사회에서 우리가 극심한 불안감에 빠지는 주원인이다.

내가 생각하는 초자극제superstimuli란 우리의 본성에 따라 자연스럽게 즐길 수 있는 대상을 고도로 가공해 과장해 놓은 것이다. 초자극제는 인공물로, 실재하는 것보다 훨씬 자극적인 형태다. 그 속에는 사람들이 가장 원하는 요소들이 압축되어 있어 더 많은 도파민을 만들어 내고, 그 결과 우리는 이를 더 많이 접하려고 나중에 또 돌아온다. 특히, 이 자극들이 알고리즘에 의해 선별되어 나에게 새롭다고 느껴질 때는 더더욱 그렇다. 대다수의 초자극제는 인터넷상에 존재한다.

현대 사회는 신경화학물질을 더 균형 있게 분비하는 활동과는 다른 선택지들을 우리에게 제공한다. 몇 가지 예를 들어보자.

- 소셜미디어를 확인하는 것은 아침 식사를 하며 친구와 대화하는 것보다 자극적이다.
- 포르노그래피는 성관계보다 더 많은 도파민을 분비시킨다.
- 앱으로 배달 음식을 주문하는 것은 배우자와 함께 저녁 식사를 요리하는 것보다 자극적이다.
- 유튜브 영상을 시청하는 것은 차 한 잔을 놓고 흥미로운 책을 읽는 것보다 자극적이다.
- 소파에 누워 온라인 뉴스를 읽는 것은 자전거를 타러 가거나 시내 주변을 걷는 것보다 자극적이다.
- 넷플릭스로 프로그램 하나를 정주행하는 것은 배우자와 함께 보드게임을 하거나 아이들과 함께 거실에 요새를 만드는 것보다 자극적이다.

기억해 두자. 선택권이 있을 때, 우리는 주로 도파민 분비를 극대화하는 쪽으로 기울 것이다. 초자극제는 시간을 보내며 주의를 쏟을 다른 모든 활동보다 많은 도파민을 분비시킨다. 설령 그 즐거움이 일시적일지라도 말이다.

뇌에 더 많은 도파민을 분비시키는 활동일수록 점점 더 중독

된다. 한 연구에서는 도파민 분출량에 영향을 주는 3대 요인을 제시했다.**10**

1. **새로움:** 어떤 대상이 얼마나 예기치 않은 일인가에 관한 정도.
2. **직접 효과:** 어떤 자극이 개인의 삶에 실질적, 직접적으로 영향을 미치는 정도 또는 그 자극이 지니는 의미. '중요도'라고도 일컬어진다.
3. **유전적 특징:** 일부 개인은 특별한 이유 없이 일부 뇌 영역에서 더 높은 또는 낮은 도파민 수치를 보이는 경향이 있다.

먼저 유전적 특징은 이 책에서 다루는 범위를 넘어서지만, 간략히 이야기해 둘 가치가 있다. 이 책은 평온함에 관한 광범위한 아이디어를 다룬다. 따라서 한 아이디어를 온전히 탐구하기란 불가능하다. 그러려면 족히 2만 쪽은 써야 하는데 이를 원할 사람은 아무도 없다.

게다가, 뇌에 관한 글이라면 대체로 약간의 간소화가 필요하다. 예를 들어, 나는 주로 도파민이 우리 정신을 과하게 자극하는 양상에 초점을 두고 있지만, 도파민의 긍정적인 측면도 존재한다. 도파민은 생각하는 데 도움을 주고, 변화를 꾀하도록 동기를 부여하며, 더 의도성 있게 삶을 살아가도록 이끈다. 이뿐만 아니라 평온함을 유도하는 신경화학물질을 분비시키는 많은 습관은 도파민도 일부 분비시킨다. 도파민이라고 나쁜 점만 있는 것은 아니며, 특히 만족감을 주는 화학물질과 쌍을 이룰 때는 더욱 그렇다.

노력과 음미의 경우에서처럼 여기서도 관건은 균형이다.

한편, 유전학은 도파민의 어두운 측면을 비춰주기도 한다. 뇌의 도파민 수치 변화와 연관된 많은 질환 및 장애가 있다.**11** 파킨슨병, 주의력결핍 과잉행동장애ADHD, 신경성 식욕부진증 등은 모두 부분적으로 도파민 수치 저하와 연관된다. 반대로 투레트증후군, 정신 질환, 그 외 몇몇 중독 질환은 일부 뇌 영역에 도파민 수치가 높아진 것과 연관된다. 중독의 경우, 주기적으로 도파민 폭발이 일어나는 것과도 연관된다. 조현병과 양극성 장애 역시 도파민 불균형과 연관될 때가 많다.

이렇게 유전적 특징이 맡는 역할도 있지만, 한 가지 염두에 둘 점이 있다. 도파민 발화의 원천이 매우 중요하다는 것이다. 평온함을 불러오는 습관들은 도파민을 포함한 여러 화학물질을 균형 있게 유도한다. 문제는 습관이 일차적으로 먼저 도파민을 분비시킬 때 생겨난다.

새로운 초자극제를 접할 때가 특히 그렇다.

도파민 발화의 첫째 요인인 새로움에 관해서는 이미 논했다. 오늘날 우리는 인류 진화 역사상 그 어느 때보다 새로운 자극이 많은 시대를 살고 있다. 새로운 초자극제는 우리를 둔감하게 하는 동시에 불안감도 안겨준다. 더 많은 도파민 분비에 익숙해질수록 그 수준의 자극을 유지하길 더 갈망하게 된다. 그리고 지금-여기에서 누리는 평온함은 줄어든다. 이는 전통적인 TV 방송과 유튜브의 대비에서도 나타난다. 지금의 오락물들은 전반적으로 참신한 것을 넘어, 유독 개인에게 새롭게 느껴지는 것들이다. 이런 이유에서 오늘날 초자극제는 그 어느 때보다 더 유혹적이고 저항하기 어렵다.

이러한 새로움이 극명히 드러나는 곳은 웹사이트 중에서도 가장 금기시되는 인터넷 포르노그래피다. 포르노는 분명 거북한 대상이지만, 집필하기에는 이상하게도 흥미로운 주제다. 인터넷을 살펴보면 매우 널리 이용됨에도 입에 담기조차 금기시되는 서비스들이 있다. 남성의 70퍼센트가 포르노 사이트를 정기적으로 이용하지만, 이런 사이트에 관해 공개적으로 이야기할 수 있는 사람은 거의 없다.[12]

인터넷 포르노는 여러 면에서 궁극의 초자극제다. 《포르노가 뇌에 미치는 영향Your Brain on Porn》의 저자 게리 윌슨Gary Wilson은 포르노 웹사이트가 '새로운 것을 추구하도록 레이아웃을 잡는다'고 지적했다.[13] "수많은 탭을 열어보며 몇 시간 동안 이곳저곳을 클릭하는 사용자는 수렵 채집민이었던 선조들이 평생 경험한 것보다 많은 새로운 성관계 파트너를 매 10분 '경험'할 수 있다." 성적 흥분은 다른 어떤 것보다 도파민 수치를 높인다. 이런 점에서 인터넷 포르노—매우 인공적이지만, 결정적으로 실제 성관계보다 더 새로운 자극제—가 그토록 중독적이라는 것은 전혀 놀랍지 않다.

대다수 초자극제와 같이 포르노에도 심각한 단점이 따른다. 한 연구는 다음 사실을 밝혀냈다. "포르노그래피를 소비한 뒤, 실험 참여자들은 친밀한 파트너에 대한 만족감이 떨어졌다고 보고했다.

구체적으로 배우자의 애정, 신체적 외모, 성적 호기심, 성기능 측면이 덜 만족스러웠다고 했다."[14] 이 연구 결과를 풀어 말하면 이렇다. 포르노는 개인의 삶에 존재하는 성적 친밀감을 파괴하고, 파트너가 덜 매력적으로 느껴지게 한다. 사람은 그대로인데 내 눈에 덜 매력적으로 보이는 것이다. 사실 이 연구는 인터넷 포르노그래피가 등장하기 전인 1988년에 진행되었다. 말할 것도 없이 요즘은 새로움 요인이 훨씬 더 높아졌다. 당연히 이로 인한 부정적인 효과도 늘어났다. 파트너와의 친밀한 시간은 포르노를 시청할 때보다 도파민을 덜 분비시킨다. 그 결과, 나의 원시적인 뇌는 이 시간이 인터넷에서 몇몇 영상을 보고 있을 때보다 덜 가치 있다고 인식한다. (파트너와의 친밀한 시간은 지금-여기와 관계되는 화학물질을 훨씬 더 많이 분비시킨다.)

많은 경우, 포르노 사용은 불안과 우울증을 일으킬 수 있다.[15] 포르노가 초자극제로서 우리 마음을 더 불안하게 하고 도파민 의존도를 높이기 때문일지도 모른다. 소셜미디어가 사람 사이의 연결성을 자극하면서도 친구들과의 친밀감을 떨어뜨리듯이, 포르노 역시 친밀한 연결성을 흉내 내지만 파트너와의 친밀감은 떨어뜨린다. 미혼자라면 잠재적인 연인 상대와 친밀감이 떨어진다.

자칫 잘못하면 새로운 것에 대한 끝없는 갈망 때문에 가장 깊은 사적 관계들마저 안타깝게 희생될 수 있다.

새로움과 유전적 특징에 이은 도파민 분비의 마지막 요인은 현저성salience(직접 효과)이다. 어떤 자극이 내 삶에 직접적인 변화를 더 많이 일으킬수록 더 많은 도파민이 분비된다. 이 요인은 꽤 분명하다. 길에서 20달러 지폐를 주운 일과 연봉이 5,000달러 인상된 일이 같은 날 벌어졌을 때, 실제로 두 사건에서 느껴지는 새로움은 같을지 모른다. 그러나 연봉 인상은 분명 인생에 훨씬 큰 변화를 불러오므로 더 큰 도파민 분비를 일으킬 것이다. 마찬가지로, 파트너가 나의 결혼 프러포즈를 승낙한 순간은 네 번째 데이트에 응해줬을 때보다 훨씬 더 큰 도파민 분출을 일으킨다.

여기서도 새로움 요인이 색다른 방식으로 작용한다. 기대치를 낮추는 것이 행복의 비결이라는 말이 있다. 이유는 도파민에 있다. 5,000달러 연봉 인상을 기대하고 실제로 이를 얻었을 경우, 그 금액을 예상하지 않았을 때보다 훨씬 적은 도파민이 분비된다.

마찬가지로 5,000달러 연봉 인상을 기대했는데 1,000달러라는 일회성 상여금만 받았다면 실망할지도 모른다. 어쨌든 전보다 1,000달러가 더 생겼는데도 말이다.

기대보다 나은 결과를 얻었을 때 도파민 분비가 늘어나고, 기대가 충족되지 않으면 도파민 분비가 떨어진다. 이 기능은 진화 과정에서 한 가지 목적을 수행했다. 한 연구에서는 이를 가리켜, '예상치 않게 보상을 얻거나 잃는 상황은 새로운 학습이 이루어질 기회를 제공한다'는 틀로 설명했다.[16] 현실이 나의 기대와 맞아떨어지지 않을 때, 우리는 신경과학자들이 말하는 '보상예측오류 reward prediction error'를 경험한다. 이는 곧 가치 있는 뭔가를 배울 것임을 알려준다. 일어난 일을 분석해서—그리고 도파민 분출(또는 도파민 분출의 부재)로부터 교훈을 얻음으로써—다음번에는 기대치를 더 적절하게 조절할 수 있다. 이는 세상의 작동 방식을 이해하는 데 유익하게 작용해 우리의 생존 기회를 높여준다.

유감스럽게도 초자극제는 이런 학습 회로를 착취할 목적으로 만들어진다.

○ 데이터 기업들의 영리한 수법

인터넷상의 개인화 알고리즘은 새로움과 직접 효과라는 도파민의 두 요인을 동시에 이용한다. 앞서 언급했듯이 데이터 기업이 나에 관해 수집한 정보가 많을수록, 내 피드는 (나에게) 더 새로운 내용으로 채워진다. 게다가 소셜 네트워크는 나에게 더 친숙하다는 점에서 다른 앱이나 웹사이트보다 더 중독적이다. 내게 보이는 콘텐츠가 전부 아는 사람들 얘기이니 말이다! 이보다 더 친숙한 콘텐츠를 구성하긴 어렵다.

친숙함은 대체로 인터넷 초자극제를 그토록 중독적으로 만드는 장본인이다. 친숙한 주제에 관한 콘텐츠는 더 매력적으로 다가온다. 더 친근한 내용이므로 반복적으로 노출되어 소비하는 데 저항감을 덜 느낀다. 그 결과 갈수록 더 재밌다고 느껴진다. 심리학에서는 이를 '단순노출효과mere exposure effect'라고 부른다.[17] 어떤 자극이든 반복적으로 접하면 이를 선호하게 되는데, 그 이유는 자신에게 친숙하다는 것뿐이다. 자극이 긍정적인지 중립적인지 부정적인지는 아무 상관이 없다.[18] 유튜브와 같은 웹사이트가 우리를 틈새로 밀어 넣어, 흥미로울 뿐 아니라 우리 정체성 일부를 이룰 만큼 지극히 개인적인 주제로 유도하는 이유도 여기에 있다. 기계식 키보드에 관한 67번째 영상에 다다랐을 때, 이 주제는 나의 정체성 및 나 자신에게 말하는 이야기의 일부가 된다. 더 이상 나는 키보드에 약간 관심 있는 사람이 아니라 기계식 키보드 애호가다. 주제 친숙성은 새로운 정보를 소비하게 만드는 촉진제다.

동시에, 디지털 도파민은 '더 많이'의 사고방식을 통해 미래 자원을 극대화하도록 유도한다. 소셜 네트워크는 우리의 원시적인 뇌가 돈보다 더 중시하는 매트릭스를 제공한다. 내 인기가 얼마나 될까, 지인들에게 내가 얼마나 중요한 사람일까를 보여주는 매트릭스 말이다. 이런 점에서 볼 때, 데이터 기업들이 운영하는 수많은 앱이 이와 관련된 지표를 가지고 있다는 것은 전혀 놀랍지 않다. 팔로워 수, 좋아요 수, 친구 또는 연결 수 등은 모두 이 같은 지표의 예들이다. 도파민에 휘둘릴 때, 우리는 자신이 접촉하는 대다수 지표를 극대화해야 한다는 필요를 느낀다.

데이터 기업들이 도파민 편향을 이용하는 또 다른 미묘한 방식이 있다. 충동을 자극하는 나만의 앱을 열었을 때, 내가 눈앞의 콘텐츠에 절반 정도만 집중한다는 사실을 깨달을 때가 있다. 때로는 흠뻑 빠져들 만큼 눈앞의 콘텐츠가 흥미진진하기도 하지만, 그 외의 시간에는 가볍게 앱을 열어보고는 이내 빠져나오곤 한다. 이는 우연이 아닐 수도 있다.[19] 연구들에 따르면, 보상 획득 확률이 100퍼센트일 때보다 50퍼센트일 때 뇌에서 분비되는 도파민이 세 배로 높다고 한다. 우리가 이메일을 그렇게 빈번히 확인하는 것도,

소셜미디어 앱에 계속 돌아오는 것도 전혀 놀라운 일이 아니다.

제임스 클리어James Clear는 그의 저서 《아주 작은 습관의 힘》에서 이렇게 논했다.[20] "일반적으로 어떤 행위로부터 얻는 쾌락이 더 즉각적일수록, 그것이 나의 장기 목표와 일치하는가를 더 진지하게 고민해야 한다." 클리어에 말에 따르면, 우리는 '선조들이 진화해 온 세상보다 훨씬 매력적인' 초자극제의 희생양이 되어 '과장된 버전의 현실'에 무릎을 꿇고 만다.

뇌는 평온함을 바랄 수도 있지만, 도파민에 저항할 수가 없다.

계속 이어가기 전에, 초자극제와 평온함의 연관성에 관해 재차 언급해 두는 것이 좋겠다. 우리의 온라인 활동 대다수는 초자극제가 좌우하며, 뇌 속의 도파민 네트워크는 평온함 네트워크와 상반된다. 따라서 초자극제는 우리가 평온함에서 멀어져 불안 쪽으로 가까워지게 한다. 그 결과, 뇌 속에서 평온함을 주는 네트워크가 비활성화되고 자극을 느끼게 하는 네트워크에 불이 켜지면서 뇌의 화학물질 사이의 균형이 깨진다.

나는 평온함을 찾아가는 여정에서, 스마트폰 앱들이 내 두뇌 회로를 이용하고 있다는 것을 깨달았을 때 중대한 전환점을 맞았다. 다른 사람들의 경우처럼 나의 정신도 도파민을 사랑한다(그리고 갈망한다). 나는 특히 집중력, 에너지, 생산성 등 상충하는 욕망들을 가지고 있었으므로 도파민을 향한 욕구를 다스려야 했다.

약물이 중독적인 이유는 우리 뇌 속에 도파민 폭발을 일으키기 때문이다. 이런 점에서 페이스북, X, 유튜브 모두 화학적 측면에서는 중독성 물질의 라이트 버전이라고 할 수 있다. 차이가 있다면, 이들은 알약을 통해 뇌 속에 도파민 분비를 일으키는 대신 우리의 기저 감정 및 충동을 자극하는 시청각 이미지를 통해 같은 화학물질을 분비시킨다는 점이다. 우리가 이 서비스들을 이처럼 논리적으로 생각하지는 않지만, 뇌는 그것들을 원시적 차원에서 그렇게 인식한다.

앞 장에서 내가 아이폰을 처음 손에 넣고 무척이나 신기해했던 이야기를 간단히 소개했다. 기기 사용 시간이 길어지자 아이폰은 유용한 도구이기보다 도파민 분출을 일으키는 용도로 더 쓰였다. 유용함이라는 영역을 넘어서서 나의 일상에 부정적인 존재로 자리 잡은 것이다. 게다가 이 기기는 매년 업그레이드되어 전보다 더 효율적으로 도파민 분출을 일으켰다. 더 커진 화면이 더 많은 정보를 담아냈고, 처리 속도가 빨라지며 도파민을 분비시키는 앱을 사용할 때 기다리는 시간도 단축됐다. 또한, 카메라 성능도 개선되어 내 삶의 단면을 세상에 보여주고 더 많은 좋아요를 받게 되었다.

스마트폰을 활용해 순간순간 느껴지는 불안감에 대처할 수 있다는 것은 도움이 되지 않았다. 유대감을 느끼고 싶을 때 X나 인스타그램에 올린 최근 게시물을 얼마나 많은 사람이 좋아했는지 확인하면 되었다. 자존감을 확인받고 싶은 순간에는 출판사 저자 포털에 들어가 그 주에 내 책이 얼마나 많이 팔렸는지 확인할 수 있었다. 인정받는 기분을 느끼고 싶을 땐 몇몇 친구에게 문자를 보내 가장 먼저 회신하는 사람이 누군지 보면 되었다.

하지만 기대는 현실을 비껴가기 마련이다. 각종 수치를 확인하면서 절반의 순간은 행복했지만, 다른 절반의 순간에는 실망했다. 그런데도 나는 계속 접속했다. 이 수치들은 일종의 도피처였다. 그 실상은 만성 스트레스의 숨은 형태일 뿐이었는데도 말이다.

○ **자극의 높이**

얼마나 많은 초자극제가 내 삶에 잠입했는지 알고 난 후, 나는 한발 물러나 주의를 빼앗는 최대 요인을 제거하기 위한 계획을 세웠다.

내가 불안한 이유를 분석하는 과정에서 조금 혼란스러운 그림을 발견했다. 예방 가능한 만성 스트레스의 원인을 목록으로 정리하고 이것들을 다스리고자 노력해 봤다면, 여러분도 나와 같은 현상을 발견했을 것이다. 만성 스트레스의 원인을 다스리려고 최대한 노력했음에도 초자극제들이 계속 튀어나온다는 사실이다.

물론, 평온함을 일으키는 뇌 속 화학물질 간의 균형을 바로잡기까지는 시간이 걸린다. 하지만 초자극제는 이를 유난히 어렵게 만든다.

돌이켜보니 나의 경우 디지털 초자극제에 빠져드는 과정에서 아날로그 초자극제에 집중하는 시간도 같이 늘어났다. 도파민이 도파민을 낳는 셈이다. 즉, 더 많은 도파민이 분비될수록 그렇게 높은 도파민 수치를 유지하고자 더 많은 도파민을 갈망하게 되었다. 그리고 디지털 세계에서 도파민을 추구하면 할수록 아날로그 세계에서도 이를 더욱 갈망하게 되었다. 음주량도 늘고, 외식도 늘고, 온·오프라인 가릴 것 없이 쇼핑도 늘었다.

나도 모르는 사이에 나의 일상은 도파민이라는 신경전달물질 중심으로 돌아가기 시작했다. 호텔 숙소에 도착하면 긴장을 풀어주는 목욕을 즐겼지만, 그 시간에도 팟캐스트를 꼭 챙겨 들었다. 아마 목욕 전에는 버터 치킨으로 맛있는 한 끼를 즐겼을 것이다. 비행기로 이동 중이라 인터넷을 꼭 연결하지 않아도 될 때는 이를 차단해 놓고도, 도파민 분출을 더 일으키고 싶은 유혹에 굴복할 때도 많았다.

여러분에게 요점을 전달할 생각에 나 자신을 좀 심하게 대하고 있는 것은 맞다. 나는 심각한 번아웃을 겪는 시기를 제외하고는 일에서 훌륭한 성과를 보였지만, 안타깝게도 초자극제에 점령당한 내 개인적인 삶은 그렇지 못했다. 집요하게 갖가지 앱을 확인하기도 하고, 매주 다량의 가공 음식을 포장해 오는 등 각종 초자극제가 내 삶에 가득했다.

이는 나를 평온함에서 더욱더 멀어지게 할 뿐이었다.

자기 삶에서 도파민이 주도하는 습관이 얼마나 되는지 조사하는 것은 꼭 필요한 일이다. 각 활동은 이를 실행할 때마다 분비되는 도파민 양에 따라 '자극의 높이'가 모두 다르다. 자신이 관여하는 활동들을 간단한 도표로 시각화해 도파민 분비가 가장 작은 활동을 맨 아래에, 도파민 분비가 가장 많은 활동을 맨 위에 나타낼 수 있다.

하루 동안 실행하는 모든 활동을 조사해 이를 도표로 작성해 보라. 그러면 가장 새롭고 개인화된 초자극제가 맨 위에 위치하고, 가장 지루한 활동이 바닥 근처에 위치한다는 것을 알게 된다. 181쪽에는 내가 한 주간 찾곤 했던 자극들을 예로 삼아 만든 도표가 실려 있다.

물론 여러분의 도표는 다른 형태를 띨 것이다. 우리가 정확히 같은 활동을 하며 시간을 보냈을지라도 말이다. 각 개인은 저마다 성향이 다르고, 일상 활동에서 각기 다른 수준의 현저성과 새로움을 발견하기 때문이다.

일상 활동에서 분비되는 도파민의 총량이 곧 전반적인 자극의 높이를 결정한다. 이처럼 정신이 받는 자극의 수준은 대체로 내가 익숙해져 있는 도파민 분출량을 보여주는 함수다.

근무일 대부분을 이메일, 소셜미디어, 뉴스에 쏟으면서 집에 돌아와 맥주를 마시며 TV를 시청한다면, 아마 이 도표 꼭대기에 위치할 것이다. 그리고 그 결과 꽤 불안한 기분을 느낄 것이다. 주의를 빼앗는 요소들이 만성 스트레스의 원천으로 작용한다면 번아웃에 빠질 확률도 더 높다.

반대로, 도파민 분비를 일으키는 활동 대부분을 의도적으로 멀리하고 음미할 거리를 찾는 한편, 자신이 현재에 몰입하는 정도를 눈여겨보는 사람이라면 이 도표의 바닥 근처에 위치할 것이다. 이에 따라 현재에 더 집중하면서 평온함을 누린다.

준비됐다면, 다음의 빈 표에 작성해 보자. 혹시 어떻게 써야 할

자극의 높이

지 감이 안 온다면 다음 쪽의 내 예시를 참고해도 좋다.

물론, 항목의 개수와 자극의 높이는 내가 임의로 정한 종점을 훨씬 넘어서도 계속 이어진다. 그래프의 상한선 위쪽에는 중독성 환각제 사용 등 엄청난 양의 도파민을 분비시키는 것으로, 극소수 사람이 의존하는 활동들이 놓여 있다. 이는 '자극의 높이'라는 비유를 잘 나타낸다. 즉, 분출되는 도파민 양이 많을수록 그 이후에

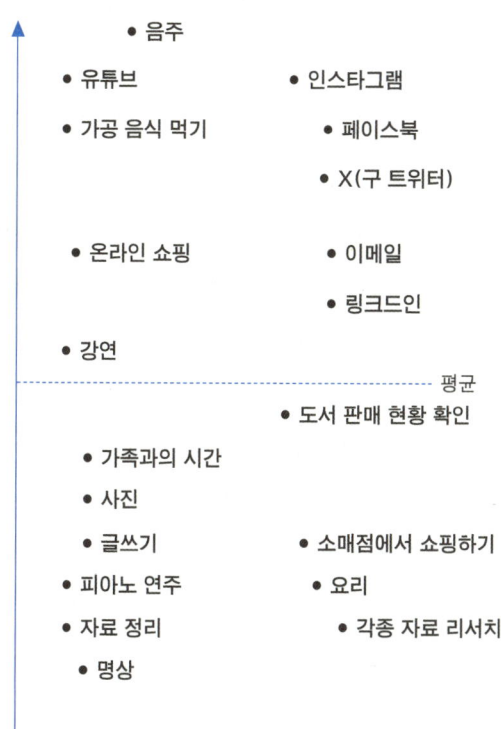

더 심하게 추락한다. 역시 적혀 있지 않지만 도표의 바닥 아래쪽에는 도파민 분비가 거의 없는 활동들이 놓여 있다. 이를테면 몇 시간 동안 눈을 감고 누운 채 깨어 있기 등 언급할 가치가 거의 없는 활동들이다.

여러분이 날마다 관여하는 대다수 활동은 이 두 극단 사이에 포진해 있다.

이 표는 나의 습관, 과제, 활동을 시각화하고, 내 정신이 얼마나 많은 자극을 받는지 관찰하는 훌륭한 방법이라고 생각되었다. 여러분도 이 방법을 사용해 자신의 습관들을 도표로 나타내길 권한다. 자신이 관심을 두는 가장 새로운 것들을 맨 위에 두고, 주의를 쏟기에 가장 덜 새로운 것을 바닥에 두면 된다. 원치 않는다면 화려한 그림은 생략해도 좋다. 그저 자신의 일상 활동과 주의 분산 요소들을 목록으로 만들고, 각 항목이 얼마나 새롭고 현저한지에 유의하면서 서로 간의 상대적 우위가 드러나도록 목록에 적으면 된다. 나는 개인적으로 이 시각화가 매우 유익하다고 본다. 완벽한 목록을 만들어야 한다는 염려는 버리자. 자신의 활동들을 확인하고, 각 활동이 얼마나 새롭게 느껴지는가를 기준 삼아 다양한 활동들이 상대적으로 얼마나 많은 도파민을 만들어 내는지 대략 판단해 보면 된다.

대체로 도표 바닥 근처에 있는 활동이 많을수록 더 많은 평온함을 누린다. 하루 동안 어떤 초자극제에 무릎 꿇는지 알아보고, 종일 높은 수치를 유지하려는 마음의 충동을 주시하길 바란다. 예를 들어 지루한 스프레드시트를 띄워놓고 작업할 때, (자극의) 높은 고도를 유지하고자 배경화면에 이메일 창을 계속 열어놓는가? 회의를 앞두고 몇 분간 짬이 났을 때, 그 시간을 이용해 스마트폰 이곳저곳을 두드리고 있는가? 인터넷을 차단한 채 비행기를 타고 이제 막 착륙했을 때, 인터넷 없이 몇 시간을 보낸 끝에 마침내 스마트폰을 열어 수차례 도파민이 분출할 일을 갈망하는가?

도파민 분출 높이에 따라 일상 활동을 분류하고 이를 몇 차례 실험해 보면, 여러분도 내가 발견한 몇 가지를 발견할지도 모른다. 다음 사실들이 그 예다.

- **모든 자극의 높이가 동등한 가치를 지니지는 않는다.** 도표 꼭대기 부근에 있는 활동들은 대체로 시간 낭비다. 이 활동들은 주의를 빼앗는 것들로, 정신을 자극하려는 욕구에서 찾곤 하는 시간 낭비거리다. 이 활동들은 만성 스트레스의 원천일 때도 많다. 이 활동군 아래에는 생산성과 의미를 고려하며 시간을 보내게 하는 한편, 더 균형 있게 신경화학물질을 분비하게 하는 활동들이 놓여 있다. 이처럼 도표 아래쪽에 있는 관심 대상들은 생산성과 의미를 가져다주고 동시에 행복감과 평온함을 느끼도록 도와주기도 한다. 나아가 더 적극적이며 덜 수동적인 활동이기도 하다.

- **더 높이 오를수록 내려오고 싶은 마음이 줄어든다.** 도파민은 중독적이다.[21] 우리는 이를 갈망하도록 진화했으며, 이 화학물질을 분비시키는 모든 행동은 목표를 진척시키는 활동이라고 인식한다. 우리 마음은 더 높은 자극 수준에 오르길 좋아한다. 지금 하는 일보다 더 새로운 무언가에 주의를 쏟는 데 거의 저항감을 느끼지 않는다. 스프레드시트 작업을 하는 동안 도착한 이메일을 알아차릴 때처럼 말이다. (자극의) 더 낮은 위치로 내려가기란 훨씬 더 어렵다. 그렇게 한다는 건 도파민을 포기하는 것과 같다. 이에 따라 자연히 도표에는 상승 기류가 나타난다. 이것이야말로 현대 사회를 사는 우리가 적극적으로 저항해야 할 문제다.

- **여러분의 자극 높이는 시간이 흐르면서 상승했을 것이다.** 평균적

으로 여러분의 생활 속 자극 수치는 시간과 함께 상승했을 것이다. 그만큼 인터넷이 하루의 틈새 곳곳에 조금씩 파고들었다.

- **도표 속 항목들은 고정된 것이 아니다.** 도표 위 일부 항목은 시간이 갈수록 고도가 올라간다. 일반적으로 우리를 둘러싼 환경은 새로움이 줄어들기보다 늘어나고 있다. 몇몇 항목, 이를테면 개인화 알고리즘이 좌우하는 소셜미디어와 웹사이트 등은 최근 몇 년간 고도가 상당히 높아졌을 수도 있다. 시간이 갈수록 디지털 초자극제와 아날로그 자극 사이의 거리는 더 벌어진다.

- **아날로그 활동은 바닥 근처에 있고, 디지털 활동은 꼭대기 근처에 있다.** 물론 늘 그런 것은 아니다. 디지털 자료 정리는 브로드웨이 뮤지컬을 보러 가는 것보다 낮은 곳에 있을지도 모른다. 하지만 일반적으로 아날로그 활동군은 도표 바닥 쪽에 있고, 디지털 활동군은 꼭대기 근처에 있다. 아날로그 활동은 대개 평온한 몰입을 일으키지만, 디지털 생활은 대체로 도파민 분비를 극대화하도록 짜여 있다. 따라서 이런 활동은 자칫 잘못하면 아날로그 생활을 훼손할 수도 있다. 이 주제는 너무 중요한 까닭에 별도의 장을 할애해 두었다. 아날로그 세계와 더 적절히 관계 맺는 방법에 관해서는 7장에서 자세히 알아보도록 하자.

- **나를 자극하는 것이 반드시 행복을 안겨주지는 않는다.** 활동별 자극 수치를 살펴보면, 도표 꼭대기와 바닥 근처에 있는 활동들이 전혀 다른 기분을 유발한다는 것을 발견했을 것이다. 내 도표의 꼭대기 근처에 있는 활동에서 얻는 일반적인 기분을 묘사한다면 '스트레스에 짓눌린', '공허한', '도피' 등의 단어가 어울릴 것이

다. 바닥 근처에 있는 활동들은 '즐거움', '만족', '평온함' 등의 단어로 표현될 것이다. 다시 말하지만, 이는 다양한 활동이 분비하는 서로 다른 신경화학물질에 기인한다.

다음 장으로 넘어가기에 앞서, 지금부터 마음의 '열린 회로'에서 자신을 초자극제로부터 분리하는 방법을 살펴보자. 내가 알아본 결과, 나의 하루 곳곳에서 잡초처럼 자라온 초자극제를 다스리는 데는 꽤 많은 실험과 연구가 필요했다.

우선 여러분만의 자극의 높이를 도표로 작성하기로 마음먹었다면, 자신을 너무 가혹하게 대하려는 욕구는 줄이길 바란다. 도파민 분비를 일으키는 활동을 갈망하는 것은 우리를 인간답게 만드는 것이기도 하다는 점에 유념하자. 그런 활동이 무엇을 제공하는지 인식하는 것이야말로 행동을 개선하는 첫걸음이다.

○   **이완의 열쇠**

> 삶의 원동력이 있는 사람만이 100년을 살고 싶을 것이다.[22]
> _일본 속담

이 책은 말할 것도 없고, 이번 장의 대부분은 우리를 새로운 자극 및 불안의 높이로 올려다 놓는 세력—이를테면 만성 스트레스, 성취 지향적 사고방식, '더 많이'의 사고방식, 초자극제—

을 논하는 데 할애했다. 이를 통해 무엇보다도 여러분이 분명한 신경학적 진실을 알게 되길 바란다. 우리가 평온함을 위한다면서 잘못된 신경화학물질을 중심으로 우리의 일상을 최적화해 왔다는 사실이다.

디지털 세상이 점점 더 새로움을 키워오는 내내, 우리는 느긋하게 쉬고픈 때를 포함해 더 많은 시간을 그 세상에서 보냈다. 그 결과 우리는 과거처럼 (여러분의 성장기에 소셜미디어가 없었다는 가정하에) 휴식 시간을 충분히 유익하게 쓰지 못하고 있다. 초자극제로 인해 우리는 더 불안하고 덜 평온하며, 스트레스에 더욱 짓눌리고 현재에 덜 머물고, 무엇보다도 도파민을 뒤쫓는 탓에 정신적 균형이 깨져버렸다. 게다가 이 초자극제는 능동적이기보다 수동적으로 휴식 시간을 보내게 한다.

대개 우리는 쉬고 있으면 죄책감을 느낀다. 하지만 이 죄책감은 한층 낮아진 새로운 자극 수준에 적응할 때 겪는 불편함에 붙은 꼬리표일 때가 많다. 우리는 정신적으로 평온해지면서 마음이 꾸물거리는 것을 표현할 때 다양한 꼬리표—지루함, 조바심, 안절부절못함, 죄책감—를 붙인다.

이 모두가 평온함을 찾아가는 과정의 일부다.

초자극제가 나를 불안하게 만든 숱한 방식들을 깨달은 뒤 나는 한 걸음 물러나 상황을 살펴보게 되었고, 휴식 시간 사용에 의도적인 노력을 기울여 마음을 잔잔하게 할 방법을 찾게 되었다.

휴식 시간을 활용해 자신의 자극 높이를 낮추고자 노력할 때 우리는 평온함을 되찾는다. 심지어 나는 **자신의 평균적인 자극의 높이를 낮추는 것이야말로 휴식 시간의 목적**이라고 말하고 싶다. 이로써 우리는 불안의 숨은 원천에 지나지 않는 습관들에 빠지는 대신, 진정으로 우리 마음을 가라앉히는 방식으로 휴식 시간을 보낼 수 있다. 어쩌면 우리는 자극의 높은 지점에서 아래로 내려와 평온함이 살아 숨 쉬는 그곳에서 계속 머물 수도 있다. 탄광 속의 카나리아 사례에서처럼, 우리에게 필요한 산소는 이 낮은 고도에 훨씬 많다.

자신의 '자극의 높이' 도표 바닥 쪽을 한번 살펴보자. 만족감과 평온함은 거기서 찾을 수 있다.

즉각적인 만족을 제공하는 대상은 더 많은 도파민을 만들어 낼 수 있다. 하지만 즉각적이지 않은 자극일수록 더 만족스럽고, 더 균형 잡힌 신경화학물질들을 분비시킨다. 그 결과, 시간이 지날수록 더 수월하게 삶을 깊이 경험하게 된다. 우리 마음은 노력에 비해 높은 자극을 안겨주는 활동에 이끌리지만, 이러한 경향성은 대개 높은 불안을 낳는다. 이 충동에 저항하면 더 높은 수준의 평온함을 누리게 된다.

평온함은 캠핑을 하며 모닥불에 매료될 때, 일상의 소소한 장면에 눈길을 줄 때, 사시사철 아침 출근길에 마주치는 나무 빛깔을 감상할 때, 수평선 너머로 살며시 비치는 태양의 모습을 응시할 때 느껴진다. 자극의 높이가 낮을수록 더 쉽게 일상을 음미할 수 있다.

이렇게 낮은 고도에서 더 많은 시간을 보내는 것은 평온함을 찾아가는 여정에서 가장 힘들면서도 보람 있는 일일 것이다. 긴 하루 끝에 느긋하게 긴장을 풀고자 할 때, 대개 우리는 높은 자극 수준을 유지하게 할 초자극제에 기울이곤 한다. 비디오 게임, 소셜미디어, 음주, 온라인 쇼핑에 빠지거나 멍하게 인터넷을 서핑하는 것이다. 정말 느긋하게 긴장을 풀고 싶다면, (자극의) 하향 조정이 필요하다.

나의 여정에서는 상당한 노력이 필요했지만, 결국 자극의 높이를 낮추고 기존 습관의 대안을 찾아낼 수 있었다. (이 아이디어들은 뒤이은 여러 장에서 소개된다.) 또한, 이 여정은 몇몇 사람이 '도파민 금식'이라 부르는 것을 실행하도록 이끌었는데, 이제 그 이야기를 꺼내려 한다.

얼핏 들으면 허술한 아이디어 같지만, 이 방법은 평온함을 누리는 데 놀라운 효과를 발휘한다.

6장

자극 금식의 기술

평온함을 좇는 여정이 1년쯤 지났을 무렵, 초자극제를 내려놓는 일에는 어려움이 좀 남아 있었지만, 평온함을 찾겠다는 목표에는 무난히 다가가고 있었다. 우선, 내가 느끼는 불안의 기저에 깔린 여러 문제를 알아냈다. 성취 지향적 사고방식, '더 많이'의 사고방식, 초자극제 등이 모두 불필요한 만성 스트레스를 얹어주고, 도파민 분출을 중심으로 매일을 보내게 했다는 사실을 알게 된 것이다. 또한, 이제까지 공유한 다양한 요령을 활용해 불안을 낮추고, 번아웃을 다스려 현재에 더 집중하며, 만성 스트레스의 여러 원인을 처리하는 데도 진척을 이뤘다.*

평온함 찾기에 관한 연구를 계속 탐색해 보니 이내 새로운 깨

- '다양한 요령'이라고 포괄적으로 표현한 것은 내 경험을 겪은 순서와 상관없이 이야기하고 있어서다. 나는 더 유익한 책을 만들기 위해 갖가지 전략을 개인적으로 알게 된 순서보다는 어떤 전략이 평온함에 가까워지는 데 실질적으로 도움이 되었나를 중심으로 본문을 구성했다.

달음 두 가지가 분명히 드러났다.

첫째, 만성 스트레스의 예방 가능한 원인을 다스리는 연습이 평온함을 얻는 데 상당한 진척을 이루게 하지만, 예방할 수 없는 요인을 처리하는 것 또한 이에 못지않게 중요하다는 점이다. 만성 스트레스의 예방할 수 없는 원천들은 우리가 다스릴 만한 요인만큼 무수히 많을 때도 있다. 게다가, 궁극적으로 우리 마음은 어떤 스트레스 요인이 예방 가능하고 그렇지 않은지 알지 못한다(또는 상관하지 않는다). 따라서 둘 다 위험한 상태로 심화될 수 있다.

예방할 수 없는 스트레스 앞에서 덜 동요하도록 이끄는 습관을 기르는 것이 중요하다. 다행히, 적절한 스트레스 완화 전략을 삶에 적용하고 나면 어깨를 짓누르던 만성 스트레스의 예방할 수 없는 문제들이 해결된다. 스트레스는 여전히 존재하지만, 이를 대하는 새로운 능력을 갖추게 되는 것이다.

첫 번째 깨달음만큼 중요한 두 번째 깨달음은 가장 끈질긴 스트레스 요인—너무 매혹적이어서 저항할 수 없는 초자극제—을 상대하는 데 각별한 노력을 기울여야 한다는 것이다. 최악의 초자극제는 우리 마음에 갈고리를 걸어 뇌가 작동하는 바로 그 방식을 이용한다. 다이어트 중일 때 부엌 찬장에 맛있는 쿠키가 있다면 종일 안간힘을 다해 저항해야 하는데, 의지만으로는 이 초자극제에 저항하기가 여간 힘든 게 아니다. 뭔가 구조적인 변화가 필요하다.

다음 장에서는 예방할 수 없는 스트레스를 주제로 삼으려 한다. 그전에 이번 장에서는 위에서 말한 스트레스, 즉 저항하려고 안간힘을 써도 계속 튀어나오는 끈질긴 초자극제의 원천을 겨냥해 보자.

○ 스트레스의 흐름

스트레스에 관한 과학적 사실을 들여다보면 흥미로운 점을 알게 된다. 스트레스가 일정 시간에 걸쳐 내면에 쌓일 수 있다는 점이다. 스트레스가 만들어 내는 압력을 자주 해소하지 않으면 스트레스가 쌓여만 갈 뿐이다.

압력을 가득 채운 단단한 스틸 드럼에 파이프가 연결된 모습을 잠시 머릿속으로 그려보자. 이 파이프가 하는 일은 하나다. 매우 뜨거운 증기를 드럼에 주입하는 것이다. 드럼에 증기가 가득 차면 파이프 마개가 뒤집어진다. 그 결과, 드럼 내부의 압력은 더 높아진다.

짐작했겠지만 단단한 드럼은 여러분의 마음(그리고 몸), 증기는 스트레스를 의미한다.

이 비유는 스트레스의 효과—그리고 만성 스트레스와 급성 스트레스의 차이—를 시각화하는 데 꽤 유용하다. 급성 스트레스 역시 일시적으로 드럼 속에 증기를 주입한다. 짧은 기간이라도 압력이 높아졌다는 것을 느끼게 된다. 급성 스트레스만 존재할 때, 위의 비유에 맞게 (그리고 아마 진부하게) 이야기하자면 우리는 증기를 빼내려고 자연스럽고도 무의식적으로 스트레스 완화 전략을 실행한다. 일상을 보내면서 팟캐스트도 듣고, 책도 읽고, 몸을 움직여 활동하고, 휴가도 떠나는 등 긴장을 풀어주는 평범한 일들을 통해 스트레스를 해소한다.

이와 대조적으로, 만성 스트레스를 드럼 속에 주입하는 일은 도무지 멈추지 못한다. 더 많은 만성 스트레스 요인을 겪을수록 더 많은 증기가 주입되어 더 많은 압력이 축적된다. 보통 수준의 만성 스트레스—이를테면 직장에서 요구하는 것들, 가사를 꾸려 나가는 일, 골치 아픈 금전적 문제가 주는 압박—는 충분히 관리할 수 있다. 이때는 스트레스를 받긴 하되 현재에 머무를 수 있을 정도로 압박을 해소한다. 특히, 인생의 목표를 추구하며 내 가치관에 맞게 노력하고 있을 때 겪는 스트레스라면 더욱 그렇다.

문제는 불필요한 스트레스 요인—이를테면 온라인 뉴스, 소셜 미디어, 웹사이트, 각종 앱을 강박적으로 확인하는 것—을 과하게 추가할 때 벌어진다. 이 경우 스트레스는 내가 해소하는 것보다 더 빠른 속도로 축적되기 시작한다. 이렇게 시간이 흐르다 보면 번아웃 역치에 가까워진다.

번아웃 및 불안과 같이 이 책에서 언급한 스트레스의 부정적 효과를 일부 느끼고 있다면, 아마 나처럼 출구를 찾지 못한 압력이 계속 쌓인 탓일 것이다.

아무것도 하지 않는다면, 압력으로 가득 찬 드럼이 동요하기 시작한다—불안.

더 오래 아무것도 하지 않는다면, 압력이 축적된 결과로 이음새가 갈라져 드럼이 터질 것이다—번아웃.

이 지점까지 오면, 사태를 수습하고 처음부터 다시 시작하는 수밖에 없을지도 모른다.

다행히 이 드럼에는 배기 밸브가 달려 있다. 즉 마음의 균형을 잡아주는 스트레스 완화 전략을 쓰면 된다. 이 전략들은 증기를 배출하고 코르티솔 분비를 낮춰서, 스트레스가 역효과를 낼 지경까지 축적되지 않도록 해준다.

여기서 자신을 돌아볼 또 다른 질문을 제시한다. 여러분 삶에 유입되는 스트레스는 빠져나가는 스트레스보다 많은가?

당연히 그 양을 계산할 수도 없고, 답이 무엇인지도 알지 못할 것이다. 하지만 가능하다면 현재 얼마나 잘하고 있는지 대략 가늠해 보자.

뒷북치는● 이야기 같지만, 스트레스 관리는 '흐름 최적화 방정식 flow optimization equation'이라고 생각할 수도 있다. 삶에 유입되는 스트레스가 너무 많으면 드럼이 요동치기 시작하고, 해소되지 않은 스트레스가 충분히 쌓이면 드럼이 터져버린다.

삶에 유입되는 스트레스가 빠져나가는 것(해소된 스트레스)과 엇비슷할 때, 우리는 행복감, 활기, 몰입을 느낀다.

반대로 스트레스가 부족한 것도 문제가 될 수 있다. 생산성 스펙트럼에서 의욕이 전혀 없는 쪽에 서 있던 사람을 떠올려 보라. 유입되는 스트레스보다 빠져나가는 스트레스가 더 많다면, 가치

- 이 책에서 이 이야기를 너무 늦게 꺼낸 것 같다.

있는 스트레스의 원천이 무엇인지 고민해 봐야 한다. 이전처럼 마냥 무기력 속에 빠져 있지 않도록 새롭게 도전할 만한 거리를 궁리할 수도 있다. 기억해 두자. 유익 스트레스eustress(고충distress의 반대말)라고도 불리는 좋은 스트레스는 장기적으로 삶을 놀랍도록 즐겁고 유의미하게 만든다.

내 삶이 그랬듯 빠져나가는 스트레스보다 유입되는 스트레스가 더 많다면, 과도한 스트레스의 해소법을 반드시 찾아야 한다.

이를 위한 제반 환경을 구축하는 의미에서 내가 시도한 또 다른 실험에 관해 이야기하려 한다. 내가 실험한 것은 흔히 '도파민 금식'이라고 불리는 방법이었다. 아직도 여러분의 삶에 도파민을 분출시키는 일부 스트레스 요인, 다시 말해 어떤 이유에서든 지금도 저항하지 못하는 것들이 남아 있다면 이 전략이 놀라운 순간을 안겨줄지도 모른다.

이 실험을 설명하면서 우리를 평온함에 더 가까이 유도하는 몇몇 흥미로운 신경화학물질을 다시 소개할 것이다.

○　**자극 금식**

평온함 프로젝트를 둘러싼 내 연구가 중반쯤 다다랐을 때의 일이다. 평온함, 불안, 번아웃 등에 관한 온갖 정보를 발견하고도 나는 여전히 약간 불안하고 안절부절못했다. 무대 위 불안 발작 이후로 평온함을 찾기 위한 수많은 전략을 탐색했는데도 이렇게 불안이 남아 있는 이유는 분명했다. 나는 만성 스트레스를 안겨주는 초자극적인 요인들을 다스리지 못해 애를 먹고 있었다. X(구 트위터), 인스타그램, 뉴스 웹사이트 같은 초자극제들은 피곤하고, 냉소적이고, 비생산적인 상태에 머무르게 했다. 하지만 당시에는 그런 초자극제들이 사탕 같았다. 달콤했으나 먹고 난 뒤에는 몹시도 쓴맛이 났다.

아닌 게 아니라, 이전 저서에서도 논했듯이 주의 분산 요소를 차단하는 앱을 켜두지 않고 일할 때는 그런 앱들에 홀딱 넘어갔다. 시간이 지나도 다시 돌아올 줄 몰랐다. 이건 정말 인정하기 어렵지만, 어느 날은 저녁 내내 만성 자극 요인에 빠져 있느라 몇 시간을 허비하기도 했다.

대책이 필요했다.

앞서 언급했듯이, 신경화학을 논할 때는 사실을 일부 간소화해서 표현하는 것이 필요할 때도 있다. 도파민을 포함해 뇌에서 분비되는 신경전달물질을 논할 때도 마찬가지다.

도파민 때문에 초자극제에 중독되는 것은 사실이지만, 그렇다고 이 화학물질이 나쁜 것만은 아니다. 도파민은 우리에게 동기를 제공하고, 사태를 논리적이며 장기적으로 생각하도록 도와준다. 게다가 혈관, 신장, 췌장, 소화계, 면역계 등의 기능을 도와 신체의 여러 주기적 활동을 지원하기도 한다. 도파민에 지나치게 탐닉하면 불안해지고 생산성을 잃는 것도 맞지만, 도파민이 없다면 생존이 불가능하다.

너무도 많은 사람이 도파민의 손아귀를 벗어나지 못해 백기를 들자, 아예 도파민 금식('도파민 디톡스'라고도 불린다)이라는 아이디어에 눈을 돌리는 사람도 많다. 이는 마음의 균형을 잡기 위해 일정 기간 도파민이 주도하는 행동을 완전히 끊는 것을 말한다. 사실 '도파민 금식dopamine fast'이라는 이름은 좀 잘못된 호칭이다. 탄수화물 금식이 불가능하듯이 도파민 금식도 불가능하다.

하지만 한발 물러설 수 있는 방법이 있다. 간편하고 공허하게 도파민 분출을 일으키는 자극적인 의식 — 활동의 일차적 목표 자체가 도파민 분출일 때 — 에서는 멀어질 수 있다. 이런 종류의 디톡스야말로 도파민이 일으키는 충동적 행동을 벗어버리는 한편, 더는 내게 유익하지 않은 뇌 속 경로를 뿌리 뽑는 비결이다. (나는 이를 도파민 금식이라기보다는 자극 금식이라고 생각하게 되었다. 앞으로 이 실험은 '자극 금식'이라고 부르겠다.)

마음의 평온을 찾기 위한 여정을 이어가던 중, 나는 한 달간 최대한 많은 인공 자극과 멀어지겠다고 결심했다. 이로써 마음도 가라앉히고, 나 스스로 삶에 주입하는 만성 스트레스 양도 제한하려는 것이었다. 나의 목표는 자극의 높이를 떨어뜨려 이를 유지하는 것이었다.

그 시작으로 내 삶에 남아 있던 초자극제들을 목록으로 정리하는 한편, 내가 여전히 놓지 못하는 끈질긴 만성 스트레스 요인들(원치 않는 것들도 포함해서)도 생각해 보았다. 그런 다음, 주의 분산 요소들을 제거하거나 여기에 눈을 돌리는 빈도를 줄이기 위한 계획을 세웠다. 내가 제거한 주의 분산 요소 거의 전부가 분주함 층에서 나왔다.

어떤 자극은 일과 연관되었고, 어떤 자극은 개인적인 삶과 연관되었다. 디지털과 연관된 자극이 있는가 하면, 아날로그와 연관된 자극도 있었다. 하지만 이는 중요치 않았다. 나는 도파민을 분비시키는 자극적인 것들을 최대한 많이 식별하고, 반드시 지킬 기본 규칙을 세우고, 앞으로 만날 장애물을 최대한 예상해 보았다.

아날로그 측면에서는 음주(엄청난 도파민 분출을 일으키는 행동)를 완전히 끊었고, 배달 음식(내가 좋아하던 고가공 도피처)을 일절 주문하지 않았으며, 과식(특히 스트레스 상황에 대한 반응)하지 않도록 주의했다.

짐작했겠지만 내가 중단한 대다수 자극은 디지털 요소였다. 이것들을 길들였더니 묘하게도 기분이 상쾌해졌다. 우선 한 달간 〈뉴욕타임스〉, CNN, 〈더 버지The Verge〉, 〈더 글로브 앤드 메일〉 등 모든 디지털 뉴스를 제거했다. 컴퓨터와 스마트폰에는 주의 분산 요소 차단 앱인 프리덤Freedom을 설치해 내가 원하더라도 이런 뉴스 사이트에 방문하지 않도록 하고, 스마트폰에 깔린 문제의 앱들도 삭제했다. 온라인에서 활동할 때는 X, 인스타그램, 유튜브, 레딧 등의 소셜미디어를 전혀 보지 않았다. 스스로 예외를 허락한 것도 있었다. 유튜브에서 요가와 운동 관련 영상, 내가 좋아하는 기술 분야의 유튜버 2인이 게시한 영상만은 시청했는데, 이 영상들은 내가 진심으로 즐기기도 했거니와 충동적으로 시청하지도 않았다.

인스턴트 메시지도 관리했다. 문자 및 기타 인스턴트 메시지는 하루에 딱 세 번만 보는 걸로 제한했다. 이를 달성하기 위해 문자 앱에서 시각적 푸시 알림 기능을 차단했다. 단, 앱마다 수신 메시지의 수를 표시하는 기능은 남겨두었다. 새 수신 메시지가 있다면 확인 시점에 한눈에 확인할 수 있기 때문이다. (이는 메시지를 충분히 쌓아뒀다가 1일 3회 확인하는 데도 유익했다.)

이메일도 하루에 세 번만 확인하기로 제한했다. 이것은 본 실험에서 가장 지키기 어려운 부분이었다. 이를 고려해 자동 응답 기능을 사용해 사람들에게 즉시 회신할 수 없다는 사실을 알렸다. 이는 본 실험에서 주의 분산 요소를 차단해 주는 다른 장치들과 함께 놀라운 효과를 발휘했다.

인정이나 자존감 향상을 제공하는 디지털 자극들도 다스렸다. 한 달 동안은 매주 판매된 도서 부수, 내 웹사이트의 방문자 수, 내 팟캐스트의 다운로드 횟수, 내 뉴스레터의 구독자 수 등 허영의 척도를 살피지 않았다.

실험을 진행하는 동안 일과 삶에서 지킬 몇몇 다른 규칙을 세우는 것도 유익하다는 사실을 알게 되었다. 그 예는 다음과 같다.

- TV, 영화 또는 스트리밍 사이트의 콘텐츠를 보고 싶을 때는 24시간 전에 이를 계획해서 충동에 굴복하지 않도록 했다.
- 이메일로든 문자로든 누군가에게 메시지를 보내고 싶을 때는 해당 메시지를 컴퓨터 텍스트 파일에 저장해 두었다. 이렇게 저장해 둔 모든 텍스트, 이메일, 인스턴트 메시지는 내가 정해둔 다음 번 접속 시점에 한꺼번에 보냈다. 이로써 사람들과 관계 맺

기를 내가 선택하고, 하루 중 아무 때나 사람들로부터 방해받는 일을 피할 수 있었다.
- 온라인에서 무언가를 구매할 때는 웹사이트에 방문하기 전에 구매 물품을 알아두어 온라인에서 '아이쇼핑' 하는 일이 없도록 했다.

내 생활에서 이 요소들을 축소(또는 제거)하는 동시에, 이를 대신해 뇌 속의 화학물질을 더 균형 있게 분비시키는 활동들을 추구하기 시작했다. (자기만의 주의 분산 요소를 대체할 차분한 활동을 찾고 있다면, 여러분은 참 운이 좋다. 이에 해당하는 활동을 다음 7장에 가득 실어 놓았으니 말이다.) 그랬더니 일정에 빈 곳이 생기지 않았다. 사실 이 부분들은 과거에 스트레스가 유도하는 낡은 습관이 차지했던 곳이다.

○ 현재 지향적 화학물질

내 실험 결과를 알아보기 전에, 평온함을 찾아가는 여정에 함께할 등장인물, 즉 지금-여기와 관련된 화학물질인 옥시토닌, 세로토닌, 엔도르핀을 더 만나볼 차례다. 이 문장을 읽고 있는 현재, 이 화학물질들은 여러분의 뇌와 몸을 타고 다니면서 삶을 살아가며 경험한 내용을 이해하도록 돕고 있다. 도파민 분비와 마찬가지로, 뇌와 신체가 이 각각의 화학물질을 분비하는 정도는 유전적 특징 및 개인이 하루 동안 실행하는 활동의 종류에 따라 달라진다. 나는 도파민을 만드는 습관 대신 평온함과 연관된 화학물질들을 더 균형 있게 분비해 내는 활동에 시간을 쓰고 싶었다.

인기 있는 심리학 도서를 많이 읽어본 사람이라면 아마 이 신경전달물질의 이름을 들어봤을 것이다. 지금 우리의 목적을 고려할 때, 이 물질들의 이름 및 작용 기제(그 자체도 흥미롭지만)보다 더 중요한 것은 이들이 우리 감정에 일으키는 효과다. 간단히 말해 이 화학물질들은 우리가 현재에 머물러 행복과 소통을 느끼게 한다.

복습하자면, 세로토닌은 내가 중요하고 행복한 사람이라고 느끼게 한다(목표 체중에 도달했거나 그동안 노력해 온 무언가를 성취했을 때). 엔도르핀은 도취감을 안겨주며(운동 중 황홀감에 빠져들 때), 옥시토신은 다른 사람과 연결되어 있다는 느낌을 준다(메시지를 받았거나 파트너와 친밀한 시간을 보낼 때).[1] 이 화학물질들이 도파민, 코르티솔(주요 스트레스 호르몬) 등과 결합해 매 순간 우리의 기분을 결정한다.

다량의 도파민 분비를 일으키지 않는 활동은 이 화학물질을 각기 다른 정도로 분비하도록 자극하는 경향이 있다.

예를 들어, 메시지 수신은 옥시토신 분비를 자극하는 방법이다. 신체 접촉이 관여하는 모든 친근한 활동 역시 옥시토신을 만들어 낸다. 이때 다른 화학물질들도 보너스처럼 덩달아 분비된다. 메시지 수신은 세로토닌과 도파민 수치를 높이는 한편, 코르티솔 분비를 낮추는 것으로 밝혀졌다. 이로써 소통과 행복을 느끼고 스트레스를 덜 느끼게 된다. 마찬가지로 자원봉사 활동은 세로토닌 수치를 높이는 방법이다. 타인과의 소통 기회를 준다는 점에서 이 활동은 옥시토신도 분비시킨다. 물론, 사랑하는 사람들과 함께 시간을 보내는 것 역시 옥시토신 분비를 높이는 훌륭한 방법이다.

타인과 신체적, 정서적으로 연결되었다는 느낌을 안겨주는 활동으로 옥시토신이 분비된다면, **세로토닌**은 자부심을 안겨주는 활동으로 분비된다. 남들보다 우월하다는 느낌이 들 때도 세로토닌 분출을 경험한다. 겉으로 보면 나쁜 일처럼 여겨진다. 그리고 실제로 그럴 수도 있다. 우리는 마음 한편에서 끊임없이 남과 나를 비교하면서 내 위치를 가늠한다. 다른 사람들이 하는 일을 궁금해하는 것도 이런 마음 때문이다. 하지만 지위 추구를 제쳐놓고 본다면, 세로토닌은 우리에게 행복감과 편안함을 안겨준다. 이 화학물질의 분비를 자극하려면 성취 목록을 관리해 내가 기울인 노력의 나날이 어떤 결실을 거뒀는지 상기해 보면 된다(나는 자극 금식 내내 이를 실천했다).

또한, 내가 '이 소그룹에서 중요한 사람' 같다는 느낌이 들 때―자부심을 느낄 만한 나의 모든 장점을 상기시키는 느낌―도 이 화학물질이 분비된다. 자원봉사 활동이 세로토닌을 유도할 틀림없는 방법이라는 것도 이런 이유에서다. 자원봉사 활동에 참여할 때는 자신이 변화를 일궈내는 모습을 목격하므로 중요한 사람이라는 느낌이 든다. 세로토닌은 코르티솔의 해로운 영향으로부터 우리를 보호해 주기도 한다.[2] 흥미롭게도, 세로토닌은 종종 '기분을 좋게 하는' 화학물질이라고 불리지만, 우리 몸에서 대다수의 세로토닌은 장에서 발견된다. (음식과 평온함에 관해서는 다음 장에서 살펴보자.)

<u>엔도르핀</u>은 신체적 고통을 경험할 때 또는 울거나 웃을 때마다 분비된다. 기분 좋게 몸을 스트레칭할 때도 이 화학물질이 분비된다. 자극 금식을 진행하는 동안 영화 〈노트북〉을 다시 보거나 소설 《시간 여행자의 아내》를 다시 읽지는 못했지만, 운동에 상당한 시간을 할애하고 함께 웃을 수 있는 친구들과 더 많은 시간을 보내려고 노력했다. 자극 금식을 하고 있다면, 반드시 운동을 많이 하길 바란다. 이는 엔도르핀 분비를 유도할 뿐 아니라 도파민도 만들어 낸다. 또한, 자극 금식 초반에 도파민 수치가 떨어질 때 기분을 지키는 데 도움이 된다. 운동은 엔도카나비노이드의 분비를 도와 러너스 하이(달리기 운동을 계속하는 도중에 느끼는 신체적 쾌감-옮긴이)에 도달했을 때처럼 평온하고 차분한 느낌을 가져다준다. 지금-여기와 연관된 모든 화학물질을 분출해 내는 또 다른 방법은 사랑을 나누는 것이다. 연구에 따르면 연인과 보내는 친밀한 시간만큼 우리를 더 현재에 머무르게 하는 것은 거의 없다.[3]

평온함과 관련해서는 도파민 역시 눈여겨볼 대상이다. 다시 말하건대, 어떤 요인을 통해 도파민 분비가 일어나는지가 매우 중요하다. 주로 도파민에 좌우되는 삶은 덜 의미 있다고 느껴진다. 자극 금식을 진행하는 동안에도 나는 스스로가 도파민을 뿜어내는 행동에 여전히 젖어 있는 것을 확인했다. 하지만 최대한 덜 해로운 활동을 통해 도파민을 얻고자 노력하긴 했다. 나는 창의적인 일을 계획하고 실행하는 데 상당한 시간을 썼는데, 이는 모두 뇌의 도파민 기제가 지원하는 일들이다. 노력을 요하는 모든 까다로

운 활동은 도파민을 분비시킨다(물론 더 쉽게 도파민을 분출시키는 활동들보다는 분비량이 적다). 대다수 사람의 삶에는 이러한 활동이 충분히 존재하므로 굳이 다른 방법을 찾아 나서지 않아도 된다. 자극을 통해 얻는 도파민 분비를 끊는 대신, 몰입하는 활동에서 도파민을 추구하는 것이야말로 자신의 정신 건강을 위한 최고의 거래다.

여기서 염두에 둘 점이 있다. **현재 순간을 즐기게 하는 모든 활동은 더 큰 평온을 경험하도록 유도한다.** 그 결과 더 큰 몰입감과 생산성, 만족감을 얻게 된다.

> 현재에 머무르게 하는 활동을 위한 시간을 떼어놓았는데도 여전히 기분이 저조하다면, 약리학의 도움으로 평온함을 얻어야 할 수도 있다. 그래도 괜찮다. 의학적 조언은 이 책의 범위를 넘어서지만, 내가 제시한 요령들을 실천한 뒤에도 도움이 필요하다고 느껴진다면 정신건강의학과 의사와 상의하길 바란다. 또한, (약물 사용 등) 도파민을 분비시키는 더 극단적인 습관을 중단했을 때 심각한 금단 증상이 나타난다면, 도파민 금식에 들어가기 전에 의학적 지침을 구하길 바란다.

○ 흥미로운 교훈들

간단히 말해 자극 금식은 마음의 균형을 잡고, 심지어 마음을 새로 작동시키는 지름길이라고 할 수 있다.

이 실험에 돌입한 이후 처음 발견한 사실 하나는, 내가 참 많은 시간을 분주한 삶에 썼다는 것이다. 강박적으로 확인하고, 멍하니 화면을 훑어내리며, 무덤덤하게 앱 화면의 버튼을 두드리곤 했다. 이런 습관을 끊자마자 좀 더 균형을 잡는 데 유익한 활동에 할애할 시간이 늘어났다. 다음 장에서는 자연에서 더 많은 시간 보내기, 더 자주 운동하기, 재미있게 공들여 식사 준비하기(지금도 아내는 내가 만들었던 시폰 케이크를 이야기하곤 한다) 등 내가 시도했던 전략들을 소개한다. 또한, 나는 전보다 더 많이 명상했다.《도파민형 인간》의 공동 저자로 4장에서 소개했던 대니얼 리버먼에 따르면, 명상은 지금-여기의 네트워크를 활성화하는 최상의 방법에 손꼽힌다.[4] 나는 배움에 투자하고, 더 많은 책을 읽고, 디지털 세계에서는 오디오북과 팟캐스트를 듣는 한편 몇몇 온라인 강의를 수강했다. 타인과의 소통을 위해서는 자원봉사 및 친구 모임에 더 많은 시간을 썼고, 물론 아내도 더 많이 괴롭혔다. 창의성을 위한 시간도 마련했다. 즉흥 연기 수업을 수강하고, 그림을 그리고, 피아노 연주도 배웠다. 업무 면에서는 글을 쓰고, 연구 정보를 탐색하며, 평온함에 관해 더 알아보고자 사람들을 면담하는 데 더 많은 시간을 기울였다. 즉각적이고 자극적인 대상에는 덜 집중하고, 생산적이고 중요한 것들에 더 주의를 쏟았다.

나는 시간 관리 연구를 업으로 하는 사람임에도 내게 그렇게 자유 시간이 많다는 데 깜짝 놀랐다. 우리는 자유 시간이 너무 없다며 혼잣말하곤 한다. 하지만 우리에게는 생각보다 꽤 많은 시간이 있다. 하루 중 의미 있는 경험 사이사이에 주의를 분산하는 시간이 흩어져 있는데, 이를 전부 합하면 꽤 많은 시간을 이룬다.

우리에게는 평온함을 위한 활동에 투자할 시간이 있다. 실상 우리에게 없는 것은 더 낮은 자극의 높이에 적응할 인내심이다.

자극 금식은 더 낮은 고도에서 날기 위해 인내심을 기르도록 자신을 강요하는 방법이다. 나는 이 실험의 결과가 꽤 이른 시기(단 며칠 내)에 구체적으로 나타난다는 것을 알게 되었다. 여러분의 기대와 반대로 이 실험은 재미있을 수도 있다. 특히, 자신의 가장 자극적인 습관을 대체할 활동을 사전에 정해놓는다면 더욱 그렇다. 이 실험은 분명 하나의 도전 과제가 될 것이다. 하지만 의미 있는 평온함을 가져다주는 활동을 실천하다 보면 마음이 차분해지므로 생각만큼 어렵다고 느껴지지는 않을 것이다. (개인적으로 이런 종류의 금식을 실행할 적정 기간은 1개월이라고 본다. 길게 느껴질 수도 있지만, 우리가 원하는 것은 오래 지속되는 변화를 일구는 것이므로 그런 점에서는 비교적 긴 기간이 유익하다. 자신에게 맞도록 금식 기간을 조정하자. 하루 중 도파민을 중심으로 돌아가는 시간이 적다면, 재설정을 위한 실험 기간을 더 짧게 잡아도 좋다.)

늘어난 자유 시간과 더불어 깨달은 점은 내가 더 보람 있는 일에 초점을 맞추게 되었다는 것이다. 실험 이후로 거의 즉각적으로 일의 생산성도 높아지고, 개인적인 시간도 더 의미 있게 채워졌다. 금식 첫날, 업무 중간의 휴식 시간에는 뉴스를 새로고침하는 대신 한동안 책상 위에 쌓여가던 영수증을 정리했다. 일하고 나서는 아이패드로 뉴스 업데이트를 훑어볼 수 없었기에, 친구에게 전화를 건다거나 전에 기록해 둔 음미 목록 중 하나를 실행하는 등 뭔가 주의를 쏟을 더 나은 대안을 찾아야 했다. 끊임없이 시간에 대한 기회비용을 고려하던 내 마음은 이제 선택지가 줄었다. 하지만 남은 선택지들은 더 생산적이고 의미 있는 것들이었다. 이 또한 빨리 얻은 소득이었다.

단 며칠 만에 에너지 수준도 올라갔다. 이 결과에는 두 가지 이유가 있다고 본다. 첫째, 나는 더 균형 잡힌 마음을 만들어 주는 습관을 추구했다. 그러자 더 행복하고 현재에 더 집중했으며, 하루하루를 헤쳐갈 에너지도 더 많아졌다. 둘째, 더는 똑같은 웹사이트들을 몇 번이고 확인하며 내 마음에 만성 스트레스를 주입하지 않았다. 이 또한 거의 즉각적인 효과를 가져왔다. 실험 둘째 날, 일어나자마자 스마트폰을 열어 멍하게 이메일을 읽는 대신, 몇 분간 차분히 정신을 차린 뒤 침대 탁자에서 책을 집어 들고는 10~15분간 읽었다. 수신 메시지에 응답할 시간이 돌아오면, 회신하기 전에 같은 메일을 몇 번씩 다시 읽지 않았다. 내게는 딱 세 번 확인할 기회가 있었으므로 차분하게 메일에 답변했다.

실험 돌입 1주 후에는 도서 판매 부수와 강연 요청 횟수 등의 지표를 확인해 사업 성과를 매주 한 번씩 다시 확인하기로 했다. 그래야 모래 속에 얼굴을 묻은 채 중요한 정보를 외면하지 않고, 자극 수준을 낮추겠다는 실험의 정신을 충실히 지킬 수 있다고 생각한 것이다. 이는 분명 효과적이었지만 그 결과는 내 예상을 벗어나 더 강력했다. 이제 나는 매일 임의로 오르락내리락하는 통계치에서 벗어나 더 거시적인 관점에서 전반적인 사업 추세를 살펴볼 수 있다.

이는 여러분 삶에 갖춰둔 모든 지표에도 적용된다. 수치 확인 횟수를 줄일수록 한발 떨어져서 더 폭넓은 관점을 가지게 된다. 자신의 습관에서 한 걸음 물러섬으로써 그것에 대한 관점이 생기는 것이다. 예를 들어, 투자 계좌의 잔액을 매시간이 아닌 매달 확인한다면, 시간이 지나 없어져 버릴 일간 변동치에 과민 반응을 하기보다 더 광범위한 성과 추이를 볼 수 있다. 영업팀을 이끌고 있다면, 강박적으로 팀의 영업 포털을 새로고침하기보다 주간 매출 현황을 받음으로써 단기 변동치와 장기 추세를 분별하게 될 것이다. 회사의 소셜미디어 계정을 운영하고 있다면, 새로 유입되는 팔로워를 일일이 알아보기보다 한 발짝 떨어져서 트렌드를 살펴보더라도 효과를 볼 수 있다. 오랜 기간 지켜봤을 때 어쩌면 팔로워가 줄어들고 있을지도 모른다!

사태에서 더 멀리 떨어져서 생각할수록 정말 중요한 것에 관한 통찰을 얻게 된다.

내가 얻은 또 다른 깨달음은 흥미롭게도 온라인에서 얻는 정보와 관계가 있었다. 인터넷은 양극화된 장소다. 유튜브에 게시된 대다수 짧은 영상의 경우처럼, 강경한 견해들이 알고리즘을 타고 소셜미디어에서 호응을 얻기 때문이다. 결국, 이것들이야말로 가장 참신한 견해들인 까닭에 사람들이 자신의 소셜미디어 앱에서 가장 많은 시간을 보내고 이에 몰입하도록 유도한다. 뉴스와 소셜미디어 확인 빈도를 줄이자 내가 경험하는 만성 스트레스가 줄었다는 것을 알게 되었다. 위협적인 정보에 주기적으로 노출되는 빈도가 줄어서다. 디지털 세상이 만성 스트레스를 안겨주는 또 다른 이유는, 내가 생각하는 관심사의 표면 영역, 즉 내가 주기적으로 주목하는 사건들의 범위를 넓혀주기 때문이다.

라디오, TV, 인터넷이 등장하기 전에는 내 삶의 영역 밖에서 일어나는 일들(그리고 내가 아끼는 이들의 삶의 소식)을 접하려고 신문을 구독하거나 저녁 뉴스 시간을 기다렸다. 당시 내게 직접 영향을 주지 않는 사건들로 인한 만성 스트레스는 훨씬 적었다. 스트레스가 없었기 때문이 아니라, 나의 통제를 벗어나는 일에 관해서는 덜 걱정했기 때문이다.

관심사의 표면 영역을 확대하는 것 자체가 나쁜 것은 아니다. 부정적인 사건들을 알고 있으면 상황 개선을 위한 행동에 나설 수 있다. 또한, 타인에게 공감하는 능력은 우리를 인간답게 만드는 아름다운 부분이기도 하다. 하지만 이 모든 것은 불안과 관계된다는 점에서 우려를 안겨준다. 뉴스 소비 측면에서는 더더욱 그렇다. 뉴스에 부정적인 내용이 압도적으로 많은 것은 사람들이 부정적인 이야기에 더 관심을 기울여서다. 한 연구에서는 부정적인 뉴스가 우리를 정서적으로 더 각성되고 주의 깊게 만들며, 심리적 차원에서마저 반응을 보이도록 유도하는 것으로 드러났다.[5] (같은 연구에서 긍정적인 뉴스는 눈에 띄는 효과를 보이지 않았다.) 부정적인 이야기를 접할 때 해당 기사를 클릭하고, 관심을 보이며, 구독할 가능성이 더 크다. 또 다른 연구에서는 캐나다 잡지 〈맥클린스 Maclean's〉의 주간 가판대 매출 현황을 분석한 결과, 긍정적인 표지보다 부정적인 표지가 실렸을 때 판매 부수가 약 25퍼센트 높게 나타났다.6 달리 말해, 구매자들은 긍정적인 뉴스보다 부정적인 뉴스를 선택한 것이다. 정보를 소비할 때 이러한 부정성 편향이 압도하는 까닭에 더 많은 만성 스트레스를 받게 된다. 우리는 기분이 더 나빠지는 콘텐츠에 걸려든다. 이러한 경향은 눈여겨볼 가치가 있다. 특히, 인구 상당수가 번아웃에 빠지기 쉬운 긴장된 시기에는 더욱 주의해야 한다. 번아웃의 핵심 태도가 냉소주의라는 것을 고려할 때, 이런 상태에서 정보를 소비하다 보면 세상을 보는 관점이 더 왜곡될 수 있다. 여러분 마음의 부정성 편향을 기억하고, 부정적인 사건 한 개당 긍정적인 사건을 세 개 정도 경험한다는 사실을 기억해 두자.

내 삶과 관련 없는 일들, 내가 아끼는 사람들 또는 내가 속한 공동체에 영향을 주지 않는 사건들—특히 나의 통제력을 벗어난 사건들—은 대체로 주의를 기울이지 않아도 된다. 디지털 정보를 의도적으로 적게 소비하면 나의 관심사 표면 영역이 축소되어 만성 스트레스에 덜 노출된다. 이 모든 방법을 동원해 한 걸음 물러나면 마음을 가라앉히는 한편, 내 삶에 영향을 미치는 사안들과 연결되는 데 도움이 된다.

내가 발견한 또 다른 이점은 자극의 높이를 매우 신속히 낮출 수 있었다는 사실이다. 게다가 내 마음은 생각만큼 어마어마한 싸움을 벌이지도 않았다. 다른 활동들을 염두에 두고 실험에 돌입하면서, 나는 정신 자극을 위한 소재를 완전히 바꿨다. 연구에 따르면 초자극제는 반복해서 접할수록 덜 새롭게 느껴진다.[7] 나아가, 이렇게 둔감해짐에 따라 자극의 원천에 더 빈번히 주의를 기울이고, 갈수록 더 새로운 자극을 찾게 된다. 다행히, 가장 자극적인 주의 분산 요소를 한동안 차단하면 아주 작은 쾌락도 만족스럽게 느껴진다.

설탕을 끊었을 때, 처음에는 견디기 힘들지만 1~2주 후에는 미뢰의 성질이 재조정된다. 그 결과 잘 익은 복숭아 하나만 베어 물어도 사탕 한 줌을 맛본 듯한 달콤함을 느낀다. 자극도 마찬가지다. 소소한 것을 음미하기가 어렵다고 느껴진다면, 자극을 줄이는 것도 방법이다.

초자극제가 우리를 무감각하게 만드는 주된 이유는 뇌의 보상 경로가 풍요의 세계보다 희소의 세계에 맞게 설계되었기 때문이다. 인류의 진화 역사를 돌아볼 때, 지금처럼 끝없이 도파민을 공급받았던 적은 단연코 없었다. 이러한 풍요 자체가 나쁜 것은 아니다. 하지만 뇌는 이 모든 새로운 자극에 부정적인 방식으로 반응한다. 더 많은 도파민 분출을 일으키는 습관들에 반복적으로 주의를 쏟을수록, 이에 반응해 뇌가 공급하는 도파민 양은 줄어든다. 따라서 처음에는 재밌었던 자극에도 결국에는 무덤덤해진다. 포르노그래피에 중독된 사람이 처음과 같은 도파민 분출을 경험하려면 점점 더 새로운 콘텐츠를 접해야 하듯이 소셜미디어, 뉴스, 심지어 고가공 불량식품을 소비하는 사람도 마찬가지다.

뇌는 희소한 것을 가치 있다고 인지한다. 무언가가 풍부하게 존재할 때, 뇌는 이를 예상하고 이전의 행복 기저선으로 돌아간다. 이 현상을 가리켜 쾌락 적응hedonic adaptation이라 부른다.

음미하기에도 같은 논리가 적용된다. 무언가를 적게 가질수록 이를 더 많이 음미하게 된다. 희소성이 경험의 가치를 높이는 것이다. 맛있는 시나몬 번 하나를 먹는다고 생각해 보자. 한 입 두 입 먹을 때의 즐거움이 똑같지는 않을 것이다. 빵 맛이 가장 새롭게 느껴지는 첫입에는 엄청난 즐거움을 느끼고, 뒤로 갈수록 즐거움이 떨어지지만, 마지막 한 입에 가까워지면 다시 한번 즐거움이 솟구친다. 곧 빵이 없어질 테니 눈앞의 것을 충분히 즐겨야 한다고 뇌가 인식하는 것이다. 이 현상은 연구에서도 재현되었다. 한 연구에서는 기대했던 것보다 작은 조각의 초콜릿을 받은 실험 참여자들(첫 번째 그룹)이 '더 천천히 먹으면서 이 경험에 더 집중했다.'[8] 반면, 첫 번째 그룹보다 더 많은 양의 초콜릿을 받을 거라고 믿었는데 실제로는 같은 양을 받은 통제 집단의 만족도는 첫 번째 그룹보다 낮았다. 또 다른 연구에서는 초콜릿을 일주일간 절제한 실험 참여자들이 새로운 초콜릿 조각을 훨씬 더 음미했다.[9] 이것이 바로 희소성이 행동에 미치는 효과다. 지혜롭고 전설적인 투자자로서, 이 글을 쓰는 지금 보유자산 가치가 1,000억 달러에 육박하는 워런 버핏Warren Buffett이 쿠폰을 모으고, 1958년에 3만 1,500달러를 주고 산 집(현재 시세가 25만 달러)에 여전히 사는 이유도 여기에 있다.[10] 이 모든 사실을 깨우친 듯한 그는 이렇게 말한 바 있다. "다른 데서 더 행복할 것 같으면 이사를 하겠다."

우리는 자신이 즐기는 것에 익숙해지는데, 풍요가 즐거움을 보장해 주지는 않는다. 도파민을 분비시키는 초자극제의 경우에는 더더욱 그렇다.

실험 시작 후 얼마 되지 않아, 매일 내가 유일하게 접하는 뉴스 원천인 조간신문 읽기가 이상하게도 재밌어졌다. 때로 주변 사람이 전날 접한 뉴스에 관해 이야기할 때면, 다음 날 아침에 자리를 박차고 일어나 현관으로 걸어가 신문을 집어 들고 최신 소식을 확인하곤 했다. 체중을 감량하려면 매 끼니 전에 약간의 허기를 느끼는 것이 좋은 방법이듯 무언가를 음미하려면 그것을 즐기기 전에 약간의 기대감을 느껴야 한다. 현관에서 가져온 뉴스는 몇 시간 지난 내용이긴 했지만, 매일 아침 나는 이 시간적 틈 덕분에 덜 즉흥적인 태도로 나름의 관점을 가지고 중요한 사안을 바라보게 되었다.

즉각적인 보상을 주는 자극에 거의 시간을 쓰지 않고 한 달을 보내고 나니, 이 실험은 도파민 못지않게 깊이와도 연관된 것임을 알게 되었다. 디지털 세상에서 보내려고 남겨둔 일부 시간을 활용해 수년간 읽지 않았던 웹 만화 사이트를 재방문했는데, 전처럼 많이 웃었다. 시간이 지나 실험이 중반에 다다를 즈음 아내가 친구들과 외출한 어느 날, 소파에 누워 있던 나는 지루함—꽤 오래 못 느꼈던 기분—을 느꼈다. 바로 그때 아이패드의 사진 앱을 열어 수년 전 기억들을 살펴보기 시작했다. 집에서 처음 떠나와 스스로 살길을 모색하던 때였다. 지금의 아내는 아직 사진 속에 등장하지도 않았고, 나는 이탈리아계 주민들이 모여 사는 지역에서 거의 꾸미지 않은 작은 아파트에 살고 있었다. 그 사진들을 보며 과거를 음미하노라니 향수에 젖어 들었다. 한 번도 못 느껴본 기분이었다. 동시에 당시 내가 얼마나 헤맸는지, 세상을 바라보며 얼마나 많은 열망과 반성이 있었는지도 돌아볼 수 있었다. 이처럼 백미러로 보듯 삶을 뒤돌아볼 때, 우리는 지나온 삶의 전개 과정을 아는 상태이므로 과거의 그때보다 사태를 더 정확하게 바라보게 된다.

이 지점에서 간단한 아이디어 하나가 뇌리를 스쳤다. 이렇게 향수에 젖어 과거를 그리워할 때, 내가 그리워한 대상은 그때의 내 삶이 아니었다. 내가 그리워한 것은 전과 같은 방식으로 내 삶과 관계 맺는 것이었다. 그토록 거의 꾸미지 않은 자취생 아파트에 살고 싶진 않았다. 내가 원한 건 그때의 평온함이었다. 평온함 스펙트럼의 반대쪽 끝에서 불안을 느끼던 때보다 삶을 덜 복잡하게 여겼던 그 시절의 마음 말이다. 옛날 사진들을 훑어보다가 사진 속 친구 몇 명에게 연락했더니 하나같이 매우 반가워했다. 서로 간에 도파민을 주고받도록 우리를 속이는 앱을 통해서가 아니라 전화로 소식을 나누니 그렇게 좋을 수가 없었다. 집에 돌아온 아내도 한껏 안아주면서 내 삶에 아내가 있다는 사실에 감사했다 (아내가 벽을 잘 꾸밀 줄 안다는 사실에도 감사했다).

우리는 마음 한편으로 늘 과거를 그리워하고, 현재를 실제보다 더 복잡하게 생각하는 듯하다. 현재에 관한 한 아직 올바른 관점을 수립하지 못해서다. 이는 충분히 말이 된다. 현재로부터 한 발짝 물러서는 것처럼 어려운 일은 없다. 향수는 좋은 감정이다. 실험하는 동안 이 감정을 느낄 수 있었던 것은 하나의 선물이었다.

이렇게 하지 않고 X를 켜두었더라면 절대로 이 기억들을 다시 떠올리고, 우연한 순간들을 경험하며, 이런 방식으로 과거를 되돌아보지 못했을 것이다. 미래를 그려보며 내가 음미했던 것은 말할 것도 없다. 유의미한 순간들 사이에 더 많은 시간과 주의력이 남게 되자, 내 마음은 내가 손꼽아 기다리는 흥미로운 향후 일들을 더 빈번히 그려보게 되었다. 그 결과 그 일들을 더 많이 음미하기도 했다.

솔직히 말하면 실험이 이렇게까지 성공적이었다는 데 깜짝 놀랐다. 이른바 자극 금식이란 허울뿐인 아이디어처럼 들린다. 하지만 이 기법은 심대한 결과를 가져다준다. 한 달이 지나는 동안 내 삶에 존재하는 분주함의 영역은 계속 줄어들었다. 이에 따라 앞서 언급한 요소—시간, 끈기, 생산성, 의미, 관점, 평온함, 깊이—가 더 크고 많아졌다는 것을 인지하기 시작했다. 한편, 순간순간 내 앞에 일어나는 일들을 더욱 잘 처리하며 더 많은 것을 기억하게 되었다.

비단 내 삶에 벌어지는 일만 잘 처리하게 된 건 아니다. 마음을 가라앉히고 평온함을 찾아감에 따라 주변에서 벌어지는 일들에 대해서도 인내심을 발휘하게 되었다.

정말이지 크나큰 선물이었다.

그렇다고 실험이 마냥 즐겁지만은 않았음을 말해둬야겠다. 첫 2주간은 오래된 강박 행동들이 천천히 사라졌다. 나와 비슷한 실험을 해보겠다고 마음먹었다면(해봐야 한다), 여러분도 이를 경험할 것이다. 처음에는 마음이 안절부절못하고 주의 분산 요소를 갈망하는 자신을 발견할 것이다. 게다가 스트레스 상황, 어색한 순간들, 약간의 지루함 등 스마트폰을 집어 들게 하는 갖가지 신호에 주목할지도 모른다. 자기가 할 수 있는 모든 행동에 주목하고, 이런 조바심도 과정의 일부임을 꼭 기억하자. 조바심과 같은 기분은 실제로 여러분 마음이 차분해지고 있다는 증거다.

실험 과정에서 뜻밖의 방해물에 부딪힐 수도 있는데, 이는 충분히 예상되는 일이니 그때그때 조정하면 된다. 예를 들어 나는 스마트폰의 잠금장치를 풀 때마다 습관적으로 새로운 메시지 알림부터 본다는 것을 알아차린 뒤, 스마트폰을 다른 방에 두고 일하기 시작했다. 그러나 문제가 생겼다. 첫 자극 금식 실험이 끝날 즈음에 집을 장만했는데, 이를 위해 스마트폰을 통해 마치 교통경찰처럼 온갖 이해 관계자들을 질서 있고 원활하게 상대해야 했던 것이다. 조사관, 중개인, 변호사 등등 계약에 앞서 조율할 대상이 많았기 때문이다. (나는 목적의식을 지니고 의도적으로 타이머를 설정해 놓고 '협의 모드'에 들어갔다. 이를 통해 의사소통을 구획화하고, 줄기찬 협의 시간 외에 남는 시간에는 연결을 끊고 다른 일에 집중할 수 있었다.)

한편 배달 음식 주문하기, 각종 지표 확인하기, 유난히 긴 하루 끝에 아내와 술 한잔하기 등 하고 싶은 일들도 많았다. 하지만 알고 보니 이것들은 충분히 이겨낼 수 있는 문제들이었다. 집중할 대안을 준비해 둔 것이 큰 도움이 되었다. 한 달 동안 유혹에 넘어간 적이 한 번뿐이었다고 말할 수 있어 기쁘게 생각한다. 당시 출간 도서에 관한 몇몇 인터뷰가 잡힌 터라 도서 판매 부수를 확인했다.

실험의 열매를 생각해 보니 충분히 승리라고 부를 만했다.

○ 자극 금식 실천하기

대강 파악했겠지만 자극 금식에서 구조 수립 단계는 전혀 모호하지 않다. 더 어려운 부분은 이를 실천하는 것이다. 첫 금식 이후 슬금슬금 내 삶에 다시 파고드는 초자극제에 대응해 몇 번 더 같은 실험을 실행했다. 여러분도 이런 주기를 경험할지 모른다. 문제의 주의 분산 요소들은 우리의 신경학적 회로를 이용하므로, 다시 자라나는 그 요소들을 잘 관리해야 한다. 늘 그렇듯 중요한 것은 자각이다. 자극적인 주의 분산 요소들이 또다시 삶에 파고들지 않는지 자주 확인하자. 그것들이 다시 침투했다면, 한 달 또는 몇 주(그 정도 여유밖에 없다면)를 떼어놓고 다시 한번 그런 요소를 멀리하는 것이 좋다.

다음은 자극 금식을 실천할 여러분에게 권할 만한 유용한 방법들이다.

- **도파민 분비를 일으키는 활동, 주의 분산 요소 등 끊어낼 대상을 파악하자.** 자신의 아날로그 및 디지털 생활을 살펴보고, 가장 밀도 있는 시간, 주의력을 빼앗는 대상, 나를 가장 소진시키는 주의 분산 요소를 파악하자. 중단하거나 줄이고 싶은 항목들을 빠짐없이 목록으로 만들고, 스트레스 재고표에 적어둔 항목 중 도파

민을 분비시키는 습관들도 처리하자. 자기 생활에 맞게 실험을 구성하고, 주의 분산 요소 중 어떤 것을 예방할 수 있을지 현실적으로 생각한다. 주의 분산 요소의 유혹에 온종일 저항하기가 어렵다면 구체적인 경계를 정해놓고 금식을 실천한다. 또는 컴퓨터에 주의 분산 요소 차단 앱을 내려받거나, 스마트폰에 있는 문제의 앱들을 삭제하거나(또는 로그인 시 비밀번호를 재설정해야 할 정도로 비밀번호를 매우 긴 것으로 바꾼다), 실험하는 동안 자신을 잘 지켜봐 달라고(더 낫게는 실험에 동참해 달라고) 옆에 있는 사람에게 부탁해도 좋다.

- **더 균형 잡힌 활동을 하자.** 이것이야말로 만성 스트레스의 최대 원천을 단기간의 급성 스트레스 원천으로 대체하는 중요한 단계다. 평온함과 연관된 화학물질들을 분출하기 위해 소통, 성취, 도전 등을 통해 현재에 집중하게 하는 활동들을 알아보자. 이 활동들은 대개 아날로그 세계에서 찾을 수 있다. 자신을 현재에 머무르게 하는 재미있는 활동들을 적어본다. 그동안 '시간이 없어' 미뤄둔 활동도 여기에 포함된다. 독서와 운동은 사람들의 목록에 자주 등장한다. 여러분의 목록에는 옛 친구들에게 전화하기, 스포츠 종목에 도전해 보기, 그림 그리기, 오랫동안 손을 놓았던 악기 연주하기, 정원 가꾸기 등이 포함될 수도 있다. 뭔가 할 거리를 찾을 때마다 이 목록을 확인하자. 적어둔 대체 활동이 많을수록 실험이 더 쉬워진다.

- **기간을 선택하고 실험을 실천한 뒤, 달라진 점을 확인하자.** 가장 유익한 건강 관리 전략들은 모두 자기 강화적이다. 즉, 자신이

효과를 목격함에 따라 이를 유지할 확률이 높아진다는 것이다. 자극 금식 실험도 마찬가지다. 실험 기간을 택할 때 적어도 2주는 지속하길 권한다. 우리 마음은 약 8일이 지나야 낮아진 새 자극 수준에 적응하기 시작한다. 그 후 실험 결과를 확인해 보자. 더 평온해졌는가? 더 깊이 집중하고, 업무 성과도 높아졌는가? 더 현재에 머물며 개인적인 삶에 투자하는가? 번아웃, 스트레스, 불안을 덜 느끼기 시작했는가? 시간을 내어 자신에게 일어난 변화 및 실험이 만들어 낸 차이를 돌아보는 것이다.

○ 재연결

나의 첫 도파민 금식은 평온함을 찾아가는 여정 후반부에 이루어졌고, 공교롭게도 금식이 끝난 시점은 역사적인 코로나19 유행병이 시작되던 2020년 3월 중순이었다. 상황이 이렇다 보니 실험을 마친 뒤에 접한 주의 분산 요인들이 내 마음을 더 흩트려 놓고 불안감을 심어주었다. 무슨 일이 벌어지는지는 일간 신문에서 계속 확인했지만, 온라인에서 읽은 현황 정보는… 뭔가 다르게 느껴졌다. 같은 뉴스인데도 온라인 뉴스는 지면 뉴스보다 사건을 더 극단적이고 우려스럽게 제시했다. 일간 뉴스를 볼 때는 관점을 잡을 수 있었는데, 온라인 뉴스를 접할 때는 공포감만 들었다.

가장 강경한 견해들이 피드 상단을 장식했고, 이를 보는 나는 거의 순식간에 더 많이 걱정해야 할 것만 같았다. 1차 봉쇄 뒤로 나와 사랑하는 이들의 삶에 실질적인 변화가 전혀 없을 때도 말이다. 온라인에서 마주치는 모든 이의 걱정과 우려는 곧 나의 걱정과 우려가 되었다. 하루 한 번, 일간 신문이 제시하는 차분하고 분석적인 관점에 따라 최신 뉴스를 읽는 대신, 웹사이트를 통해 몇 <u>분</u>마다 갱신되는 바이러스, 주식 시장 쇼크, 정치적 불안에 대한 글을 읽게 되었다. 나는 일종의 사이클론에 휘말려 우열을 다투는 걱정, 불안, 그리고 주의 산만 등 온라인 소셜 뉴스 활동을 특징 짓는 사태에 빠져들었다.

이 지점에 다다르자 전에는 한 번도 느끼지 못했던 충동이 들었다. 물러서고 싶다, 연결을 끊고 싶다는 마음이 든 것이다. 소셜 네트워크가 내 정신과 마음을 멋대로 휘두르고, 흩트리며, 이득을 취하도록 허락하고 싶지 않았다. 그날 나는 반동적으로 책상 위에 있던 메모지에 몇몇 단어를 두서없이 적었는데, 지금도 그 내용을 종일 참고한다.

- 트위터(현 X)는 내 영혼을 텅 비게 한다.
- 뉴스는 내 마음을 텅 비게 한다.
- 둘 다 위협 반응을 일으키고, 번아웃을 초래한다.
- 어떤 대가를 치르더라도 피해야 한다.
- 그것들은 나를 노리는 지뢰다.

첫 자극 금식을 마친 뒤, 한때 중독적이라고 여겼던 스트레스는 공허하고 무의미한 것이 되어버렸다. 그때는 우리 가족, 내 사업, 내가 속한 도시의 건강을 생각하는 것만 해도 충분히 큰 스트레스였다. 이런 상황에 과하게 불안한 세상의 걱정거리마저 쌓을 필요는 없었다. 다행히 나는 연결을 차단하는 능력을 발휘했다. 그렇다고 해서 팬데믹 기간에 다른 사람들이 느낀 진정한 고통을 외면하려는 것은 아니다. 모든 사람은 저마다 팬데믹과 관련된 사연이 있고, 어떤 이야기들은 다른 것들보다 훨씬 가혹하다. 하지만 여기서 말하려는 요점은 간단하다. 유난히 불안하고 긴장되는 시기에는 자신이 접하는 정보를 유의해서 볼 필요가 있다는 것이다. 이로써 우리는 평온함을 유지하고, 자신의 정신을 지키며, 실제로 주변에서 무슨 일이 벌어지면 이에 대처하는 데 필요한 중요한 정신적 자원에 의지할 수 있다.

때로 우리가 유념할 가장 중요한 교훈들은 어떤 이유에서든 수차례 익힌 뒤에야 완전히 내 것이 된다. 그중 나의 일상에 주의 분산 요소를 받아들이고 제거하는 과정에서 다시 한번 깨달은 것이 있다. 주의 산만은 주의 산만을 낳는다는 것이다. 도파민이 도파민을 낳기 때문이다. 정신에 더 많은 자극을 가할수록 더 많은 자극을 갈망하며, 계속 그 고도에서 머물길 원하게 된다. 따라서 평온함에 집중하면서 아침을 열면—책, 차분한 커피 한 잔, 또는 가족과 함께 일어나기—그날 내내 평온함을 누릴 가능성이 훨씬 커진다.

그렇게 높은 자극 수준에 머물 필요는 없다. 그리고 뉴스들이 내 마음을 텅 비게 만들 이유는 절대로 없다.

○ 물 밖에 나온 물고기

나무 한 그루를 베어 줄기를 들여다보면 안쪽에 겹겹이 쌓인 나이테가 있다. 각 테는 매년 나무가 성장기를 거친 결과인데, 테 하나마다 전해주는 이야기가 있다. 나무의 나이(테의 개수를 세면 나이를 알 수 있다), 매해 성장 정도(테가 넓으면 더 생산적인 성장기를 보낸 것이다), 심지어 그 나무가 얼마나 밀집된 곳에 살았는지도 알 수 있다(한쪽의 나이테가 더 가늘다면 그 해는 비좁았다는 것을 말한다).

우리 마음도 비슷하다. 뇌 구조를 살펴보면 우리의 기원을 파악하고 우리의 진화 역사에 관해 더 많은 것을 알게 된다. 일례로 우리는 사회적으로 행동할 때 보상을 받는다는 것을 알 수 있다.[11] 뇌 구조의 상당 부분이 타인과의 연결에 쓰이기 때문이다. 또한 뇌의 바깥층, 예를 들어 논리적 추론, 공간 추론, 언어를 담당하는 신피질neocortex은 충동을 담당하는 변연계처럼 우리 정신의 핵심을 이루는 더 오래되고 본능적인 뇌 부위보다 나중에 진화되었다. 변연계는 뇌의 각 부문의 목표가 상충할 때—이를테면 체중 감량과 맛있는 페이스트리 먹기—자주 이기곤 한다.

뇌의 바깥층은 정교함을 갖추었지만, 뇌의 핵심은 여전히 매우 원시적이다. 가장 믿을 만한 증거에 따르면, 뇌가 지금의 상태에 도달한 것은 약 20만 년 전이다.[12] 긴 시간처럼 들릴지도 모른다. 현대 세계의 개발 양상에 비하면 실제로 그렇다. 그러나 뇌가 진화해 온 전체 시간을 생각한다면 이는 찰나에 불과하다.

우리 뇌가 지금의 상태로 진화한 것은 현대 세계가 존재하기 훨씬 전이다. 어찌 보면 뇌는 유물과도 같다. 2년마다 컴퓨터 속도가 두 배로 빨라지는 데 반해, 뇌는 인간이 사냥, 채집, 손수 도구 만들기를 시작한 이래로 같은 형태를 유지해 왔으니 말이다. 우리는 곤충과 파충류를 사냥하고, 딸기류와 견과류 및 채소를 채집했다. 돌로 칼을 만들고, 부싯돌로 불을 피웠으며, 나뭇가지들을 한데 모아 악천후를 피할 거처를 만들었다.

오늘날 우리는 그때와 같은 원시적인 뇌를 가졌지만, 그런 뇌가 인지하지 못하는 세상에서 살아가야 한다. 말하자면 우리는 물 밖에 나와 어떻게든 헤쳐가려고 애쓰는 물고기와 같다. 우리의 원시적인 뇌 회로가 현대 사회에서 번성하기에 얼마나 부적합한지를 더 깊게 살펴보지는 않겠다. 이를 다룬 책들이 충분히 많고, 나도 한두 권은 가지고 있다. 하지만 여러분이 지금 이 문장을 읽는 데 사용하는 뇌의 형성 시점은 거의 모든 스트레스가 물리적이었을 때라는 사실 정도는 생각해 볼 가치가 있다. 그때 인간은 먹잇감으로 여겨져 추격당했고, 적을 피해 달아났으며, 주머니 속의 반짝이는 직사각형 화면에 도착한 가상의 '전자 우편'보다 검치호랑이saber-toothed tigers(구부러진 칼 같은 송곳니를 가진 호랑이로, 수천 년 전에 살았으나 현재는 멸종되었다-옮긴이)를 훨씬 더 두려워했다.

원시적인 뇌가 현대 세계를 헤쳐갈 때 부딪히는 주요 난제는 두 가지다. 하나는 그 어느 때보다 많은 스트레스를 겪는다는 것이며, 다른 하나는 이 스트레스를 해소할 출구가 거의 없다는 사실이다.

오늘날 우리가 받는 스트레스 대다수는 정신적이다. 물리적 세계에는 스트레스가 존재하지 않는다는 뜻이다. 그리고 이 스트레스에 달리 갈 곳을 제공하지 않는 탓에 이것들은 우리 내면에 차곡차곡 쌓인다. 한때 운동이 스트레스의 분출구였던 적도 있었다.[13] 그때는 하루 평균 20킬로미터를 걸었으니까. 사회적 연결이 분출구가 되기도 했다. 거의 모든 시간을 다른 사람들에 둘러싸여 보냈다. 한편, 땅, 나무, 덤불에서 자라는 양질의 먹거리를 몸에 채우기도 했다. 그러나 오늘날 우리는 신체 역량에 비해 아주 조금만 움직이고, 사회적 소통도 줄었으며, 그 어느 때보다 몸에 나쁜 음식을 먹고 있다.

어떤 면에서는 그래도 괜찮다. 의료, 빠른 운송 수단, 사회적 소통을 자극하는 웹사이트 등 현대 세계가 갖춘 온갖 장식 덕에 여전히 장수를 누릴 수 있으니 말이다. 그러나 여러분도 알아차렸겠지만, 불행히도 우리 삶에 유입되는 스트레스는 빠져나가는 것보다 훨씬 많다. 이메일은 늘었으나 놀이는 줄었다. 소셜미디어는 더 많아졌지만 취미 생활은 줄었다. '친구'는 많아졌지만 깊이 있는 소통은 줄었다. 자연 속을 거니는 것보다 뉴스를 시청하는 데 더 많은 시간을 보낸다. 앉아 있는 시간은 더 길어진 반면, 친구와 가족, 지인들의 눈을 바라보는 시간은 줄어들었다. 유입되는 스트레스는 더 많아졌는데 빠져나가는 스트레스는 줄었다.

다행히 우리에게는 뇌와 신체의 원래 구조를 따르는 동시에 스트레스를 완화하고 평온함을 얻을 방법이 있다. 그 주된 방법 중 일부는 사람, 움직임, 명상, 좋은 영양에서 온다. 이러한 삶의 영역 모두가 마음의 균형을 이뤄 평온함을 누리게 한다.
 흥미롭게도 이것들은 도파민을 분비시키는 습관을 대체하는 즐거운 활동에만 그치지 않는다. 게다가 이 모든 활동은 한곳에 존재한다. 바로 아날로그 세상이다.

우리는 매일 시간과 주의력을 두 세계에 나누어 사용한다. 바로 아날로그 세계와 디지털 세계다.

두 환경을 분명히 구분하는 것은 가치 있는 일이다. 두 세계가 매우 다른 방식으로 우리 삶에 영향을 미치기 때문이다. 평온함은 물리적인 아날로그 세계에서 얻기 훨씬 쉽다. 자극적인 디지털 세계는 심한 도파민 분비를 일으키는 탓에 뇌 속 신경전달물질 간의 균형을 흐트려 놓을 수 있다. 반면, 아날로그 세계의 활동은 화학 물질이 더 균형 있게 분비되도록 유도한다. 또한 이 활동들은 현재 순간에 몰입하게 만들고, 우리를 더 큰 평온함으로 이끈다. 아날로그 세계는 20만 년이나 된 태고의 뇌가 적합하게 작동하는 환경이기도 하다. 따라서 그 안에서 더 많은 시간을 보낼수록 기분이 좋아진다. 물론 여기에도 예외는 있다. 그러므로 우리는 두 세계에서 평온함, 의미, 생산성을 가져다주는 부분은 취하고, 나머지 대다수 부분은 버려야 한다.

현재 대다수의 사람이 아날로그 세계보다 디지털 세계에서 훨씬 많은 시간을 보낸다. 2019년 후반, 미국인들은 평균 하루 10시간 이상을 디지털 세계에 머무는 데 썼다.[1] 이는 봉쇄, 격리, 재택근무 등으로 디지털 세계와의 관계가 강화되기 전에 측정한 결과다. 팬데믹의 영향을 적용한 최근의 자료에 따르면, 사람들의 스크린 사용 시간은 1일 13시간에 근접할 정도로 치솟았다.[2] 물론 이러한 증가가 일시적인지 아니면 점점 더 디지털화되는 미래의 초기 징후인지 판단하기는 어렵다. 한 가지 주목할 점은, 이 수치들이 우리가 화면을 보는 시간만 따졌다는 것이다. 팟캐스트나 오디오북 청취 등 다른 방식으로 디지털 세계와 연결되는 시간은 빠져 있었다.

뇌가 디지털 세계에서 번성하도록 설계되지 않았다는 점을 생각하면, 이 통계치 앞에 멈칫하게 된다. 실은 멈칫할 뿐 아니라 이 숫자들 앞에 좌절해야 마땅하다. 역사적으로 우리가 살아온 장소는 아날로그 세계다. 우리는 이곳에서 타인과 교류하고, 손으로 무언가를 만들어 내며, 자연의 경이로움을 만끽하고, 그 외 시간에는 차분히 머무르면서 기운을 회복했다. 평온함은 아날로그 세계에 존재한다. 하지만 당장은 디지털 세계가 매우 구미를 돋우고 매력적인 데다 우리가 본능적으로 사랑하는 방식으로 만들어져 있다. 그 결과, 아날로그 세계 대신 디지털 세계를 택하게 된다.

의심이 들 때, 우리는 자극적인 대상에 이끌린다.

두 세계는 나름의 놀랄 만한 장단점을 가지고 있다. 디지털 세계가 흔히 알려진 그대로가 아니라는 점은 점점 분명해지고 있지만, 실상은 더 미묘하다. 아날로그 세계 역시 익히 알려진 대로가 아니다. 이제 두 세계를 들여다보면서 이들이 평온함을 찾아가는 우리 여정에 어떤 보탬이 될지 생각해 보자.

○ 디지털 세계의 마법

지금까지 디지털 세계를 꽤 비판적으로 말했는데 그럴 만한 이유가 있었다. 디지털 세계에는 대다수 초자극제가 존재할 뿐 아니라, 이 세계는 '더 많은' 것 — 더 많은 할 거리, 따라잡아야 할 더 많은 것들, 더 많은 걱정거리, 더 많이 축적해야 할 '지표' 등 — 을 추구하는 방식으로 하루하루를 조직하게 만든다. 심지어 성취 지향적 사고방식을 부채질한다. 디지털에서 머무는 대다수 시간에 온갖 메일함을 사용하는데, 그것들을 끊임없이 비워 완료 상태로 만들려고 애쓰기 때문이다.

하지만 디지털 세계의 이점을 무시하는 것 역시 어리석은 일일 것이다. 이 세계는 타인과 연결할 유례없는 기회를 제공한다. 지식 노동에 종사하는 사람이라면 그동안 디지털 공간에서 수행하는 일일 업무의 비율이 더 늘었을 것이다. 작업의 수행과 전달이 모두 디지털 세계에서 이루어지니 말이다. 근무 외 시간에도 우리는 여전히 이 세계에 연결되어 있다. 진정한 의미에서 디지털 세계는 굉장하다고 할 수 있다. 어제 오후만 해도 그렇다. 유리 화면의 버튼을 몇 번 눌렀더니, 20분 만에 매콤한 부리또가 현관 앞에 배달되었다. 이 상황을 20만 년 전 여러분의 조상에게 한번 설명해 보라.

기술이 인간의 심리를 이용하는 방식만 논해도 책 한 권 분량이 나오는 것처럼, 디지털 세계의 마법에 관해서도 책 한 권을 거뜬히 쓸 수 있다. 이 세계는 더 건강해지고 싶다는 의욕을 심어준다. 소셜미디어를 중독성 있게 느끼는 심리를 활용해 피트니스 구독 서비스를 재미있는 게임처럼 만들기도 한다. 디지털 생활과 떼려야 뗄 수 없는 인터넷은 우리를 전 세계의 사랑하는 사람들과 연결해 준다. 심지어 그들의 얼굴을 실시간으로 볼 수 있는데, 얼마 전까지만 해도 이런 기술은 상상조차 할 수 없는 현실로 여겨졌다.

한편, 우리가 사용하는 디지털 기기들은 밈, 새끼 고양이 사진, 요리법, 지도를 검색하고 각종 도서 및 오디오북, TV 프로그램, 영화 등을 몇 초 만에 내려받는 등 무수한 오락거리를 접하게 해준다. 소리가 들릴 만큼 가까운 곳에 스마트 스피커가 있을 때, 큰 소리로 아무거나 물어보면 답을 얻을 수 있다. 계산도 얼마나 편해졌는지 모른다. 더는 1킬로그램이 2.2파운드라는 사실을 기억할 필요가 없다. 한편 인터넷에는 딸기를 먹고 있는 거북이 영상도 상당수에 달하는데, 이 영상들은 검색한 보람을 느낄 정도로 흥미롭다.

디지털 세계가 제공하는 온갖 불필요한 자극에도 불구하고, 이 세계는 정말 놀라운 마법을 부린다.

하지만 유용성의 양면을 생각하면 한 가지 의문이 든다. 디지털 세계의 일부 요소가 우리를 불안하게 하고 그 외 요소는 우리에게 유익하다면, 어떻게 해야 디지털 세계 중 취할 만한 부분만 추려내고 나머지는 줄일 수 있을까?

여기서 간단한 규칙 하나를 염두에 두어야 한다. **디지털 세계는 나의 성취 목표를 뒷받침해 주는 정도까지만 가치가 있다.** 기억해 두자. 생산성의 가장 큰 의미는 의도에 있다. 13시간을 화면 앞에 있다고 해서 나쁜 것은 아니다. 다만 이것이 자신의 의도를 잃어버리게 만들 때는 해롭다고 볼 수 있다.

인터넷은 심한 도파민 분비를 일으키는 탓에 그곳에 머물다 보면 본래의 의도가 금세 손아귀를 빠져나간다. 무언가를 게시하려고 소셜미디어 애플리케이션을 열었지만, 최신 소식이 먼저 보이도록 정렬된 다른 업데이트 내용을 훑는 동안 어느새 정신적 자동 조종 상태로 바뀌고 만다. 뉴스도 비슷하다. 좋아하는 뉴스 웹사이트들을 둘러보다 보면 정말 읽고 싶었던 것보다 요즘 유행하는 훨씬 새롭고 자극적인 이야기에 이끌리게 된다. 거실 온도 조절기의 교체 방법을 알려주는 영상을 찾으려고 유튜브에 접속했는데 나에게 맞도록 개인화된 홈페이지에 올라온 다른 새로운 영상에 홀딱 빠져든다. 30분 뒤에는 애초에 유튜브에 접속한 이유를 잊어버리고, 결국 스마트폰을 내려놓고 나서야 벽에 매달린 전깃줄이 눈에 들어온다.

이런 일이 늘 벌어지는 것은 아니다. 하지만 꽤 빈번한 일이긴 하다. 이렇게 시간을 잡아먹는 덫에 걸려든 자신을 발견할 때면 온라인에서 시간을 쓰는 방식에 죄책감이 든다.

가장 유익한 디지털 기기들은 내 의도를 가로채는 것과 정반대로 작용한다. 그것들은 내가 성취하려는 목표에 유익하다. 차를 한 대 부르려고 우버Uber 아이콘을 눌렀을 때, 그 앱 안에서 목표를 잊어버리게 만드는 주의 분산 요소는 거의 없다(적어도 이 글을 쓰는 지금 시점에서는 그렇다). 명상 가이드를 사용하거나, 다른 사람들과 만나거나, 운동 가이드를 따라 하려고 사용하는 앱 등 다른 수많은 앱도 마찬가지다. 대개 이러한 서비스들은 도파민을 적게 분비시킨다.

디지털 세계에서 가장 유익한 부분들은 우리의 아날로그 환경에 가치를 더하는 역할을 한다. 특히 디지털 서비스가 다음과 같이 작용할 때가 그렇다.

- **시간을 아껴준다.** (예시: 교통편 예약, 길 찾기, 곧 만날 사람에게 메시지 보내기)
- **아날로그 생활에 기능을 더해준다.** (예시: 우버 차 부르기, 피트니스 추적기로 신체 활동을 기록해 친구들과 겨루기)
- **다른 사람과 연결해 준다.** (예시: 데이트 앱 및 모임 웹사이트)

이러한 디지털 세계의 특징들은 삶을 더 간소하고 능률적으로 만듦으로써 평온함을 누릴 더 많은 공간을 확보하게 한다. 이런 기능 덕분에 주어진 시간을 더 의도적으로 보낼 수도 있다.

○ 디지털 생활과 아날로그 생활의 분리

자신의 활동을 종류별로 더 세세히 나눠 벤 다이어그램에 나타내면 일상 활동을 다음의 세 그룹으로 나눌 수 있다.

- **디지털 한정 활동**: 소셜미디어 계정 새로고침하기, 비디오게임 하기, 새 이메일 확인하기 등의 활동은 디지털 세계에서만 할 수 있다.
- **아날로그 한정 활동**: 샤워, 수면, 커피 마시기 등은 아날로그 방식으로만 할 수 있다.
- **두 세계에 걸친 활동**: 이 그룹에 속하는 예는 무수히 많다. 이를테면 독서, 돈 관리, 게임, 티켓 수령, 색칠하기, 지도 검색, 일기 쓰기, 스톱워치 사용, 친구와의 대화 등이 여기 속한다.

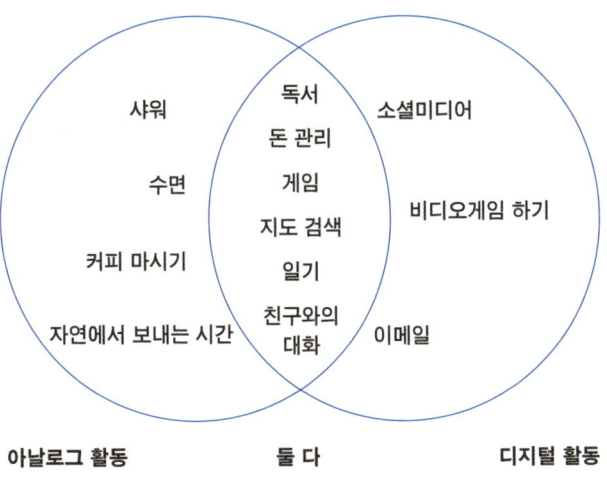

지금 제시하는 조언에 유념해야 한다. **어떤 활동을 효율적으로 하고 싶다면 디지털 방식을 택하고, 행동을 의미 있게 만들고 싶다면 아날로그 방식을 택해야 한다.** 이로써 인터넷의 효용(시간 절약, 생활에 유익한 기능 추가, 다른 사람들과의 소통)을 누리는 한편, 디지털 세계의 성가신 토끼굴을 피할 수 있다.

지금까지 이 책에서 제안한 활동을 실천했다면, 이미 자신의 과업을 수행하기에 더 적합한 균형을 찾았을 것이다. 생활 속의 성가신 초자극제들을 다스린다면, 즉 만성 스트레스의 원천을 잘라내고 나머지로부터 한발 물러선다면 남아 있는 디지털 활동들은 여러분의 의도를 뒷받침할 가능성이 크다. 음미 목록에 있는 몇몇 항목을 즐겁게 누렸거나 자극 금식 동안 아날로그 활동 일부를 생활 속 대안으로 실천했다면, 일부 아날로그 활동과 다시 연결되었을 수도 있다. 이를 통해 전보다 마음이 평온해짐에 따라 인터넷 속 초자극제들을 갈망하지 않을지도 모른다.

하지만 조언을 한층 더 받아들여, 의도적으로 자신의 과제를 아날로그 방식으로 수행할 수도 있다. 특히 디지털과 아날로그 세계 양쪽에 걸쳐 있는 활동을 아날로그 방식으로 할 수 있다.

○ **아날로그로 대체하기**

여러분의 가장 소중한 기억들은 아날로그에 가까운 모습일 것이다. 가족 여행, 깊이 있는 대화, 먼 곳으로 떠났던 휴가 등이 그 예다. 디지털 세계 속에서 보낸 순간들, 그중에서도 적어도 여러분 기억에 남아 있는 순간들은 배경으로 밀려날 것이다. 그렇다고 해서 인스타그램을 훑어보고, 비디오게임을 하고, TV를 시청하며 보낸 모든 시간이 낭비였다는 말은 아니다. 하지만 대체로 디지털 세계는 기억의 저장소이기보다 시간을 앗아가는 장소에 가깝다.

물론 여기에도 예외는 있다. 모든 디지털 활동이 무의미한 것은 아니다. 어쩌면 여러분은 지금껏 시청한 모든 영화의 모든 장면을 기억하는 영화광일 수도 있고, 외과의들이 날마다 더 많은 환자를 진료할 수 있도록 소프트웨어를 설계하는 컴퓨터 프로그래머일 수도 있다. 개인적으로 나는 컴퓨터를 이용해서 쓴 내 책들, 내 삶을 변화시켜 준 이메일들을 떠올리면 흐뭇해진다. 물론 테일러 스위프트가 나의 트윗 중 하나에 좋아요를 눌러준 순간도 빼놓을 수 없다. 하지만 내게, 아마 여러분에게도, 이런 순간은 '규칙을 입증하는 예외'(예외가 존재한다는 것을 통해 그 외는 모두 규칙에 속한다는 것을 나타냄-옮긴이) 정도로 여겨질 뿐이다.

아날로그 세계는 우리를 더 평온하고 균형 있게 만드는 것과 더불어, 더 기억에 남는 시간을 만들어 준다는 측면에서도 도움이 된다. 즉, 아날로그 세계는 시간에 관한 인식 속도를 늦춰준다. 이로써 눈앞의 일들을 더 진지하게 다루게 되고, 그 결과 더 많은 부분을 기억하게 된다. 과거를 음미하고 자기 삶을 회상할 때, 반복되는 일상은 뭉뚱그려 생각된다. 시간의 심리학에 따르면 삶이 더 새로울수록 시간은 천천히 움직이는 것처럼 느껴진다. 우리 마음에서 새로운 사건들은 시간의 표식이며, 내가 어디까지 왔는지 판단할 때 돌아보는 표지가 된다. 달리 말해, 새로움은 단순히 지금 이 순간 이끌리는 대상이 아니다. 그것은 훗날 삶을 돌아볼 때도 이끌리는 대상이다. 나아가 애초에 어떤 기억이 돌아볼 가치가 있다는 신호이기도 하다.

인터넷 기업들은 뇌의 새것 편향을 작동시키는 각종 서비스를 제공하지만, 여기서 말하는 새것은 대개 덧없는 주의 분산 요소의 형태를 띤다. 디지털 공간에서 다음 밧줄로 넘어갈 때 잠시 매달리는 밧줄과 같은 것이다. 이와 더불어 새것은 상대적이기도 하다. 인터넷에서는 거의 모든 것이 새로운 까닭에, 오히려 새롭게 느껴지는 것이 거의 없다. 마치 디지털 공간에 존재하는 타임스퀘어를 걸어갈 때, 너무 많은 자극에 압도된 나머지 어느 것 하나 진지하게 경험하지 못하는 것과 같다.

이와 달리 아날로그 세계는 느리다. 좋고 의미 있는 방식으로 느리다. 이 세계는 대상을 소화하고, 음미하며, 기억할 수 있을 만큼 충분히 느리다. 하루 중 터무니없이 많은 시간을 화면 앞에서 보낸다는 점을 고려할 때, 목적의식을 갖고 디지털 세계에서 한발 물러나 아날로그 세계에 몸을 담그는 것은 평온함으로 가는 확실한 길이라고 할 수 있다.

평온함을 탐구하는 과정에서 내가 좋아했던 또 다른 실험은 느리고 차분한 아날로그 순간을 음미하는 데 더 많은 시간을 할애한 것이다. 더 많은 디지털 활동을 아날로그 대안으로 바꿀수록(대체 활동이 존재할 때), 그날그날을 더 깊이 있게 경험할 수 있었다. 업무

중에도 주의 분산 요소를 피하고 그저 내 앞에 놓인 일에 차분히 집중할 만큼 속도를 늦출 수 있었다.

또한, 아날로그적인 대안을 택하면 주어진 시간에 더 많은 의미를 얻는다는 것도 알게 되었다. 아이패드를 사용해도 연구 논문이나 책을 효율적으로 읽을 수 있었다. 하지만 펜을 들고 쪼그려 앉아 출력된 논문을 들여다보고, 책장 넘기는 소리를 들으면서 여백에 메모를 끄적일 때 훨씬 더 집중이 잘된다는 사실을 알아차리기 시작했다. 잡지를 볼 때는 〈이코노미스트〉 앱을 열어 여기저기 눌러보는 대신에 실물 판을 구독했다. 신문 구독에서 이미 느꼈듯이, 이렇게 더 느리고 차분하게 세상 돌아가는 일을 접하는 것이 더 기억에 많이 남는다는 사실을 알게 되었다. (연구에 따르면, 주의 영역을 빈틈없이 가득 채우는 빈도가 낮을수록 더 많이 기억하는 경향이 있다.[3])

아날로그로 대체하며 속도 면에서 잃은 부분은 집중력과 평온함으로 더 크게 만회할 수 있었다. 또한, 나를 유혹하는 주의 분산 요소가 시야에서 사라지자 주어진 시간을 더 효율적으로 활용하는 효과도 얻게 되었다.

아날로그 세계의 또 다른 훌륭한 특징은 내면을 돌아볼 정신적 여유를 만들어 자신의 생각을 더 촘촘히 돌아보게 한다는 것이다. 디지털 공간에서는 한발 뒤로 물러나 반성하거나, 아이디어들을 이리저리 궁리하거나, 자기 마음을 깊이 들여다보면서 문제에 대한 창의적인 해법을 모색하는 경우가 거의 없다. 그저 이쪽 가지—아이디어, 링크, 영상—에서 다음 가지로 옮겨가는 데 분주할

뿐이다.•

 아날로그 활동은 마음에 생각할 여지를 준다. 우리 마음은 방황하는 동안 자동으로 아이디어를 발견하고, 미래를 계획하며, 자신을 충전한다. 가장 최근에 샤워했던 때를 떠올려 보라. 아니면 마지막으로 마음이 방황하도록 놔두었던 순간을 떠올려도 좋다. 마음이 여기저기 자유롭게 흘러가도록 의도적으로 두는 정신 상태를 가리켜 나는 '스캐터포커스scatterfocus'라고 부른다.•• 샤워를 할 때, 여러분은 아마 문제에 관한 해법들을 한데 모으고, 다음 날을 계획하며, 샤워 후에는 활력이 도는 기분을 느꼈을 것이다.

 평온함을 탐구하면서 더 많은 디지털 활동을 아날로그 활동으로 대체할수록 나는 더 평온해졌다. 아날로그 세계를 통해 자극 높이를 낮추기 위한 영감이 필요하다면, 내가 유익하다고 판단한

- 한 가지 지적해 둘 것이 있다. 어느 시점에서 인터넷은 화면을 통해 상호작용하는 2D 차원에서 벗어나, 아날로그 현실과도 중첩되는 3D 차원에서 이루어질 수도 있다. 이 개념은 종종 '혼합 현실mixed reality' 또는 '메타버스metaverse'라고 불린다. 이러한 미래가 언제 펼쳐질지, 그리고 그러한 미래는 어떤 모습일지에 대한 답은 시간만이 쥐고 있다. 무슨 일이 일어나든 간에, 여전히 혼합 현실은 아날로그 세계보다 더 많은 도파민 분비를 일으킬 것이다. 따라서 그때도 디지털 세계에서 한 걸음 물러나는 편이 나을 것이다.
- •• 이 주제에 관해서는 나의 전작 《습관적 몰입》에서 깊이 있게 다루었다. 나는 개인적으로 저자가 본문에서 자신의 다른 책을 홍보하는 것을 싫어한다. 그러므로 이런 언급에 대해 앙갚음하고픈 마음이 든다면 전작을 구매하지 않아도 좋다.

아래 대체 활동을 참고하자.

- **글쓰기:** 지금 내가 이 글을 컴퓨터에 작성하는 것은 더 효율적이기 때문이다. 이 책을 수기로 적는다면 곱절의 시간이 걸릴 것이다(내가 휘갈긴 글씨를 나중에 알아보기나 한다면 말이다). 하지만 친구에게 쓰는 편지, 일기, 미래를 구상하는 글처럼 더 의미 있는 글을 쓸 때는 아날로그로 할 것이다. 나는 만년필을 열렬히 좋아하는데, 만년필은 속도를 늦추고 글쓰기를 편안한 의식으로 수행하는 데 도움이 된다. (만년필을 깨끗이 닦고 잉크를 채우는 일도 이상하게 마음을 평온하게 해준다.)

- **할 일 목록 작성하기:** 개인의 생산성에 관한 연구를 생업으로 하는 사람으로서, 나는 내가 셀 수 있는 것보다 많은 일정 관리 앱을 사용해 보았다. 그러나 평온함을 찾아가는 여정 중 어느 시점에서 업무 관리 앱을 전부 삭제하고 종이를 사용하기로 했다. 책상에 놓인 큼지막한 리걸 패드legal pad(줄이 그어져 있는 황색 용지철-옮긴이)에 그날의 목적과 할 일을 아날로그 방식으로 기록하기로 한 것이다(물론 내가 좋아하는 TWSBI 만년필을 썼다). 이런 방식의 시간 관리는 느리긴 해도 더 계획적이다. 대개 느리게 계획할수록 더 신중하게 행동한다.

- **친구와 시간 보내기:** 소셜미디어에서 친구들과 소통하는 것은 자극적이긴 하나 그리 보람되지는 않다. 이에 나는 디지털 소셜미디어에서의 시간은 친구와 보낸 시간에 넣지 않기로 했다. 친구와 보낸 시간으로는 직접 만나 자리를 함께한다거나, 문자보

다 풍부한 매개체(전화 통화는 포함했다)를 이용하는 의사소통만 인정해야 한다. 내가 생각하는 우정은 누군가와 공유하는 관심의 총합이다. 이런 관심은 같은 시간에 직접 만나서 공유할 때 더 보람 있다.

- **종이책 읽기:** 나는 오디오북과 전자책의 열렬한 팬이다. 하지만 양서를 읽으며 깊이 빠져들고 싶을 때는 거의 늘 아날로그 방식을 택한다. 책이라는 물건이 독서 경험 전체를 더 흥미롭게 만들어 준다고 생각한다. 앞서 언급했듯이 업무에 필요한 책도 아날로그 방식으로 읽기 시작했다. 이로써 여백에 메모를 적고 앞뒤를 오가며 아이디어를 연결하면서도 불편함은 줄일 수 있다.

- **게임하기:** 평온함을 얻는 여정 초반에 내가 깨뜨린 나쁜 습관은 스마트폰으로 즐기던 간단하고 보상 없는 게임이었다. 이 게임들은 지나친 자극과 중독을 유발하도록 설계된 것들이었다. (스마트폰 게임의 중독성에 의구심이 든다면, 서브웨이 서퍼Subway Surfers를 한번 다운로드해 보라. 아니, 하지 말라. 나는 인정하고 싶은 것보다 훨씬 많은 시간을 이 게임에 불태웠다.) 디지털 게임의 대안으로 보드게임과 퍼즐 한 꾸러미를 구매했다. 이 대안의 가장 좋은 점은 대다수 게임을 다른 사람들과 함께하며 더 의미 있는 시간을 만들 수 있다는 것이다.

- **사전 찾아보기:** 생소한 단어를 마주칠 때마다 거실에 보관해 둔 두꺼운《옥스포드 영어 참고 사전Oxford English Reference Dictionary》에서 뜻을 찾아보려고 노력하기 시작했다. 이렇게 하면 단어를 더 많이 기억할 수 있다. 어차피 사전은 측면 배너 광고도 없고,

찾은 뜻을 소셜미디어에 공유(누군가 실제로 이를 원하기라도 하듯)할 방법도 없이 지면 전체가 단어로 가득하다. 가장 좋은 점은 아내와 내가 이 사전을 결혼식 방명록으로 썼다는 사실이다. 그때 모든 하객에게 사전에서 우리 부부를 나타내는 단어에 동그라미를 쳐달라고 부탁했다. 그 메모들 덕분에 단어 찾기가 훨씬 더 재미있다(적어도 그 메모들이 단어 찾기의 재미를 온전히 즐기게 해 준다).

- **뉴스:** 첫 도파민 금식 이후로 디지털 뉴스를 완전히 끊고 조간신문 두 개를 택했다. 실물 신문은 내가 좋아하는 구독 서비스다. 저렴한 가격에 받아보는 일일 브리핑 자료에는 우리 동네, 우리나라, 세계 각지에서 벌어지는 일들에 관해 알아야 할 모든 내용이 담겨 있다. 더 좋은 점은, 신문 구독을 통해 정보 습득의 책임을 신문에 맡길 수 있다는 것이다. 웹사이트 곳곳을 탐색하며 스스로 뉴스를 거를 필요가 없다. 일과 생활 차원에서 시시각각 벌어지는 사건에 대응해야 할 상황이 아니라면, 실물 신문 구독을 고려해 보라. 온갖 신문이 강경한 이념적 관점을 고수한 채 편향된 시각으로 그날그날의 사건을 왜곡하는 시대에 실물 신문 구독은 분명 성가신 방법일 수도 있다. 하지만 다시 말하건대, 이 책에서 제시한 다른 모든 조언이 그렇듯 이 방법도 자신에게 효과적일 거라고 생각될 때만 시도하자. (내가 사는 도시의 신문들은 충분히 균형 잡힌 관점을 갖추고 있어 이 전략을 사용해 볼 만하다.)

위의 활동들은 디지털 및 아날로그 생활을 담아낸 벤 다이어그램에서 중간에 위치한다. 따라서 더 의미 있는 수준의 평온함을 얻는 손쉬운 방법이다. 대개 이 전략을 따르면 시간을 잃지 않는다. 다만 다른 방식으로, 더 철저히 일을 완수하게 된다.

더 많은 일을 아날로그 방식으로 실행하는 것 외에, 아날로그 세계에서만 할 수 있는 활동을 실천하는 것도 가치 있는 일이다.

아날로그 한정 활동은 여러분의 스트레스를 흡수하는 것으로 나타났는데, 덕분에 나와 번아웃 역치 사이가 더 멀어진다. 이 활동들은 비교적 적은 도파민을 유도한다. 도파민을 유도하지만, 그 외 행복감, 유대감, 그리고 도취감을 안겨주는 신경전달물질을 균형 있게 분비시켜 우리에게 보상한다. 도파민을 만들어 내는 주의 분산 요소를 걸어낸 뒤에도 시간이 남는다면, 이런 활동을 해서 느긋하고, 충전되며, 무엇보다도 평온한 기분을 얻을 수 있다. 또한 이 활동들은 눈앞의 과제에 생산적으로 집중할 상태에 이르게 한다.

평온함을 위한 가장 좋은 습관에는 두 가지 공통점이 있다. 이들은 아날로그적일 뿐 아니라 우리의 원시적인 뇌를 행복하게 한다. 이번 장에서는 내가 좋아하는 네 가지 습관을 강조하고자 한다. 연구에 따르면 이것들이 가장 의미 있는 수준의 평온함을 가져다준다고 한다.

바로 움직임, 사람들과의 시간, 명상, 그리고 주의를 기울여 몸에 연료 공급하기다.

○ 움직임에서 찾는 기쁨

우리는 디지털 세계에 존재하는 즉각적인 대상에 이끌리기도 하지만, 이에 못지않게 아날로그 세계에 존재하는 편리한 것들에도 이끌린다. 하루를 보내는 동안 하는 신체 활동 역시 마찬가지다. 요즘은 도보나 자전거로 출근하는 사람이 거의 없고, 회사에 도착해서도 손보다는 정신을 활용해 일하는 사람이 많다. 어느 측면에서는 이것이 우리가 선호하는 방식이다. 육체적 노력을 줄이려는 것 말이다. 여기서 노력이란 우리의 몸과 마음이 보존하려는 재료에 해당한다.

하지만 안타깝게도 이는 우리가 주변 환경과 잘못 어울리고 있다는 뜻이다. 우리 몸은 활동적으로 움직이도록 설계되어 있다. 마음을 가라앉히려면 몸을 움직여야 한다. 사무실 의자에 너무 오래 앉아 있어 좀이 쑤시는 자신을 발견하거나, 종일 자리에서 일어나고 싶다는 불가해한 욕구를 경험하거나, 때로 몸을 가만두지 못하겠다면 이 때문일 것이다. 역사적으로 볼 때 우리는 매일 8~14.5킬로미터(5~9마일)를 걷도록 진화되었다.[4] 오늘날 우리는 하루에 5,000보, 즉 4킬로미터(2.5마일) 정도를 걷는다.[5] 선조들이 이렇게 적게 움직이려면 애를 써야 했을 것이다.

표준 권장에 따른다면 매일 1만 보 걷기를 목표로 삼아야 한다. 어떻게 해서 이 숫자가 나왔는지 더 자세히 살펴보면 임의적이라는 느낌이 든다. 한 연구는 이 숫자의 기원을 '일본의 걷기 모임들 및 30년도 더 된 사업 슬로건'에서 찾을 수 있다고 밝혔다.[6] 이 숫자는 권장하기 쉬운 수치이지만, 1만 보를 재보면 8킬로미터(5마일)가 조금 넘는다. 이 정도는 걸어야 우리 몸의 설계에 맞는 신체 활동이라는 말이다. 설상가상으로 자신의 생활에 그렇게 많은 걸음을 끼워 넣기란 어렵다는 생각도 들 것이다. 집에서 일하는 사람으로서 적어도 나는 그렇게 느꼈다.

이 권고는 우리에게 주어진 놀라운 움직임의 배열은 고려하지 않았다. 사실 그런 움직임의 다수는 몸에 좋은 매일 걷기를 실천하기보다 무한히 더 재미있다. 요가의 경우, 실제 걸음 수는 몇 안 되지만 운동 후에는 상쾌하고 균형 잡힌 기분을 느끼게 된다. 1시간 동안 수영을 하러 가는 경우도 그렇다. 운동 측정기에 몇 걸음이라도 잡히면 그나마 운이 좋은 것이다. 그런데도 수영 후에는 몸과 마음의 태도가 달라진다. 땀을 뻘뻘 흘리며 바닥 문지르기, 부엌 찬장 닦기, 책장 먼지 털어내기처럼 활기차게 집안일을 하는 것은 대개 운동이라고 생각되지 않지만, 이것도 운동만큼이나 심박수를 높여준다.

일상에서 쉽게 실천할 만한 규칙 하나를 소개한다.[7] 매주 중등도 활동 150분, 활기찬 운동 75분 이상을 실천해 보라. 이는 미국 보건복지부가 규칙적인 육체 활동으로 권장한 주간 활동량이다. 이를 실행할 때는 이것이 자신을 움직이는 최저 운동량임을 염두에 두자. 이것을 하루 운동량으로 풀어 말하면 최소한 가벼운 운동 20분(활기찬 걷기 또는 수영), 또는 활기찬 운동 10분(달리기, 사이클링, 킥복싱, 브레이크댄스, 그 외 땀을 흠뻑 쏟게 하는 모든 활동)에 해당한다. 일단 몸을 좀 움직이고 나면 그대로 계속 움직이고 싶어질 것이다. 자신이 좋아하는 방식의 움직임이면 더더욱 그렇다. 이 숫자를 출발점으로 삼아 이 정도의 육체 활동 밑으로는 내려가지 않도록 유의하자.

움직임 부문을 집필하는 데 도움을 얻고자, 스탠퍼드대학교의 강사이자 《움직임의 힘》, 《왜 나는 항상 결심만 할까》의 저자 켈리 맥고니걸과 접촉했다. 그리고 우리 몸이 설계된 방식에 따라 움직이길 원하는 사람에게 권할 말이 있냐고 물었다. 맥고니걸의 견해에 따르면, 자신이 운동을 싫어하는 사람이라고 느끼는 것은 '나를 운동인으로 변화시켜 줄' 올바른 운동량, 운동 유형, 운동 커뮤니티를 만나지 못했기 때문이다.[8] 선택지는 무궁무진하다. 맥고니걸은 그룹 댄스 수업, 킥복싱, 웨이트 트레이닝, 고강도 인터벌 운동을 좋아한다. 나는 프로젝트를 진행하는 동안 실내 자전거 수업, 공원에서 프리스비 던지기, 유튜브 보며 요가하기 등을 매우 좋아하게 되었다. 그리고 날마다 위에서 말한 최저 운동량을 두 배씩 채우려고 노력했다.

관건은 다양성이다. 최대한 다양한 유형의 움직임을 시험해 보고 계속하게 되는 한두 가지 운동을 알아내자. 먼지 쌓인 트램펄린도 다시 꺼내고, 댄스 수업에도 들어가고, 소셜미디어에서 시간 보내기를 보상으로 활용하기도 하자. 단, 보상 시간은 동등한 시간만큼 달리기 운동을 한 후에만 가져야 한다. 컴퓨터 앞에서 모닝커피를 마시는 대신, 좋아하는 카페까지 걸어가거나 초록이 짙은 근처 야외로 나가 커피 맛을 음미하자. (문자 그대로) 연을 날려 보기도 하고, 움직이며 보내는 시간을 정하기도 하고, 친구나 가족과 함께 야외로 나들이도 나가보자. 하이킹, 바이킹, 걸어다니기 등이 모두 적합한 활동이다. 나를 활동적이게 하는 방식에 자발적으로 참여하고, 스트레칭을 일상 활동에 접목해 업무 후 정리 의식의 일부로 삼으며, 뒷마당이나 공동 공간에서 하는 원예 활동도 늘려보자. 최대한 다양한 방식으로 움직임을 시도하는 것이다. 좋아하는 활동을 찾기까지 얼마간 시간이 걸리겠지만, 맞는 것을 찾았다면 계속 실천하자.

나에게 맞는 운동을 찾는 과정에서는 내면에서 일어나는 모든 부정적인 혼잣말에 유념하라. 십중팔구 그런 혼잣말을 하게 될 것이다. 실제로 그런 말이 들리면, 내용을 잘 파악하되 그 말이 타당한지 자문해 보자. 우리 마음은 운동에 관해 생각할 때 부정적인 쪽으로 기우는 경향이 있다. 더군다나 내 몸을 사랑하는 마음에서 활력 있는 움직임으로 몸에 보상하려는 뜻에서가 아니라, 외모를 바꿔볼 요량으로 운동하는 사람이 너무 많은 탓에 더더욱 그런 생각으로 기운다. 운동에 관한 부정적인 내면 대화는 대개 사실이 아니며, 내가 목표를 향해 노력하는 과정에서 스스로 즐기는 감정을 가로막는다.

맥고니걸은 이렇게 말해주었다.[9] "움직임과 관련해 사람들이 겪는 여러 부정적인 경험들은, 피트니스와 운동이 우리 몸을 더 용인할 만한 형태로 만들겠다는 의도로 틀을 잡는 데서 생겨난다." 움직일 때의 기분이 좋아서, 그리고 움직이고 나면 날아갈 듯한 기분이 들 거란 이유에서 움직이길 바란다.

지속할 만한 유형을 찾기 위해 다양한 운동을 시도하는 것 외에, 맥고니걸은 활동적인 시간에 더 많이 실천할 두 가지를 더 권한다. 하나는 가능하면 그룹 운동을 시도하는 것이며, 다른 하나는 자연에서 시간을 보내는 것이다. 그룹 운동은 공동체를 만들고 다른 사람과 연결되게 해준다. 이는 옥시토신을 분비시키는 한편, 운동하면서 다른 사람과 연결되었다는 느낌이 들게 한다. 맥고니걸의 표현에 따르면, "다른 사람들과 일치된 방식으로 움직이는 것은 서로를 결속시킨다. 또한, 고통을 완화하는 엔도르핀을 유도하고, 함께 움직이다 보면 기분도 좋아진다."[10] 연구에 따르면, 다른 사람들과 일치된 형태로 움직이는 것은 아날로그 세계에서 하든, 디지털 세계에서 줌을 활용해 실시간으로 함께 운동하든 같은 효과를 안겨준다.[11]

우리는 나무와 관목을 듬성듬성 심은 콘크리트 환경이 아니라 자연 속에 있을 때 번성하도록 진화했다. 자연에서 시간을 보내는 것도 추가적인 노력 없이 평온함을 누리는 길이다. 맥고니걸의 연구에 따르면, 야외 활동은 정신 건강에 심대한 유익도 안겨주며 심지어 '자살 생각, 우울증, 트라우마, 애도' 등 더 중대한 어려움을 겪을 때도 도움이 된다고 한다.[12]

어떤 방법을 쓰든, 얼마나 기분이 좋아지든, 움직이는 것이 가장 중요하다. 맥고니걸의 연구가 준 교훈을 기억하자. 운동이 나와 안 맞는다고 생각된다면, 나의 성향에 맞는 재미있는 운동 방식을 아직 찾지 못했을 뿐인지도 모른다.

○ 사람들과 함께하는 시간

> 빨리 가고 싶다면 혼자 가라. 멀리 가고 싶다면 함께 가라.
> _속담(작자 미상)

모두의 팬데믹 경험담은 가지각색이지만, 다수가 입을 모아 말하는 것이 있다. 화면 앞에 머무는 시간은 늘어난 반면 사람들과 함께하는 시간은 줄었다는 것이다.

움직임과 마찬가지로, 다른 사람과 함께하는 시간은 에너지 증진 이상의 효과를 가져다준다. 우리는 다른 사람들과 대면하여 시간을 보낼 필요가 있다. 이 시간이 우리 몸과 마음의 상태를 좌우한다. 최근 한 연구는 외로움이 건강 전반에 끼치는 영향이 15년간 매일 흡연하는 것과 같다는 것을 밝혀냈다.[13] (흡연은 미국에서 예방 가능한 죽음을 일으키는 주 요인이다.) 같은 연구에서 외로움은 신체적으로 비활동적인 것보다 수명에 더 위험할 수 있다고 드러났다. 또 다른 연구는 사회적 교류의 강도가 '육체 활동, 심박수, 수면에 관한 건강 측정 자료보다 주관적 스트레스, 행복, 안녕 수준을 예측하는 더 훌륭한 지표'임을 밝혔다.[14]

이 주제를 다룬 연구 중 내가 좋아하는 한 메타 분석은 총 300만여 명의 참여자를 대상으로 조사한 결과를 종합해, 사회적 고립 및 외로움의 전반적, 상대적 규모를 측정했다. 연구자들이 찾은 결과는 어마어마했다.[15] 사회적 고립, 외로움, 독거가 조기 사망의 가능성을 약 25~30퍼센트 높인다는 것이다.

다른 사람들과 함께 시간을 보내면 화학적으로 균형 잡히고 평온한 정신을 유지할 수 있는 것만이 아니다. 더 건강한 삶을 길게 누리게 되므로 수명 및 건강 수명이 연장된다.

우리의 정신은 타인과의 소통을 깊이 열망한다. 소통하는 시간은 우리에게 보상으로 되돌아온다. 평온한 생산성뿐만 아니라 더 긴 삶으로 돌아온다.

평온함을 찾아가는 여정의 초기에서 한 가지 불편한 사실을 인정해야 했다. 내가 개인적으로 맺고 있는 친밀한 교우 관계가 거의 없고, 이 때문에 정신 건강이 고통을 겪고 있다는 것이다. 내향성이 더 강했던 나는 사람들과 시간을 보내기보다 한껏 웅크리고 앉아 좋은 책 한 권을 읽는 편이 낫다고 생각하곤 했다. 더 깊이 파헤쳐 보니 이는 일종의 방어 기제였다는 사실을 알게 되었다. 나는 사회적 상황에서 불안을 느낀다는 사실을 자신에게도 숨겼고, 이로 인해 늘 사람들을 멀리했다.

수십 개의 느슨한 교우 관계는 맺어왔지만, 이보다 깊이 있는 관계는 거의 없었다(아내, 직계 가족과의 유대 관계는 제외하고).

이를 알아차린 뒤, 생활 속에서 사회적 소통 수준을 높이고자 집중적으로 노력했다. 자극의 높이를 낮췄더니 이를 실천하기가 더 수월했다. 다른 사람들과 대면하는 일을 갈망하기 시작한 것이다. 그래서 내게 맞는 활동을 찾기 위한 실험에 돌입했다.

많은 것을 시도했지만 대개는 잘 풀리지 않았다. 크리스마스 시즌이 가까워질 때쯤, 아내 그리고 친구 한 명과 하키 경기를 보러 갔다가 남성 합창단 옆을 지나가게 되었다. 그들은 천상의 화음을 내고 있었다. 한 공연자가 음악을 즐기는 내 모습을 보더니, 합창단 활동에 관심이 있거든 연락하라며 명함을 건넸다. 이후 나는 합창단에 합류했지만, 몇 번 연습에 가보고는 이내 발을 뺐다. 알고 보니 단원 중 몇 사람은 이 활동을 매우 진지하게 생각하고 있었다. (다짐: 다음번에는 전국 대회에 참가하지 않는 합창단에 합류해야지.) 지역 내에 개설된 즉흥 연기 수업도 들어보았다. 자유분방한 사람들을 좀 만나서 어울리려 했던 것이다. 수업은 재미있었다. 하지만 생각만큼 구성원들과 통하지는 않았다. 금요일 저녁에 모이는 뜨개질 모임에도 참여할 생각이었다. 다른 사람들보다 초보이긴 했지만 말이다. 그런데 내가 모임에 가려던 즈음 뜨개질 가게가 폐업하고 말았다. (뜨개질은 새로운 아이디어를 무수히 떠올리게 하는 활동이라고 생각한다. 가장 과소평가된 생산적 습관으로 쉽게 손꼽을 만한 활동이다.)

다행히 그 외에 시도한 것들은 보람 있었다. 우선 상담을 받기 시작했는데, 상담가는 애초에 내게 사회 불안이 있었다는 사실을 일깨워 주고, 무엇이 나를 불편하게 만드는지 차분히 풀어놓도록 이끌어 주었다. 그렇다고 바로 평온함을 느낀 것은 아니지만, 덕분에 다른 사람들과 시간을 보내지 못하게 만드는 정신적 장애물을 극복하는 데 도움이 됐다. 업무상 알고 지내는 친구 몇 명과 업무 프로젝트성 그룹을 짜보기도 했다. 우리는 매주 만나서 각자의 전략과 개인적 목표를 나눴다. 이를 통해 몇몇 새로운 관계를 가꾸는 한편, 업무상 교류가 없어 번아웃에 빠지곤 했던 상황을 바로잡을 수 있었다. 이미 내 삶에 존재하던 교우 관계에는 더 많은 시간을 할애해 관계의 깊이를 더하고자 했다. 고등학교 동창인 옛 친구들, 매년 여름 함께 자원봉사에 참여했던 친구들, 동네에서 알고 지내던 친구들이 그들이었다. 매주 사회적 활동 한두 개도 일정에 넣고자 노력했다. 출장을 갈 때도 방문할 도시에 지인이 없는지 생각해 보고, 있다면 그들과 만나 저녁을 먹거나 차를 나눌 수 있는지 연락했다.

이렇게 새로이 발견한 사회적 소통은 내 마음을 더 평온하고 균형 있게 만든 것뿐만이 아니었다. 교류와 교우 관계가 깊어질수록 더 많은 에너지가 나를 채워주었다.

아날로그 세계에 존재하는 평온함의 최대 원천은 인간적 교류에서 쉽게 찾을 수 있다.

타인과의 교류는 이 책에 제시한 어떤 요령보다 여전히 내가 가장 노력하는 전략임을 솔직히 말해야겠다. 일반적으로 다른 사람과 보내는 시간 측면에서는 다음의 3대 규칙을 따르는 것이 유익하다는 것을 깨달았다.

1. 디지털 사회화는 무의미하다. 이 규칙을 마음속에 새기자. 디지털 세계에서의 사교 시간은 사회적 시간으로 인정하지 않는다. 여러분의 정신은 이 둘을 같은 방식으로 생각하지 않는다. 디지털 교류는 (실제 교류의) 모방물이다. 누군가에게 손을 뻗어 그에게 닿을 수 없다면 이는 무의미한 것이다. 아날로그 사회화는 더 큰 노력이 들지만, 더 큰 평온함을 안겨준다.

2. **실험하고, 실험하고, 실험하자.** 운동의 경우처럼, 다른 사람과 시간을 함께 보낼 이상적인 방법을 찾기까지는 몇 번의 시도가 필요할지도 모른다. 합창단에도 들어가 보고, 즉흥 연기 수업도 참여해 보고, 스마트폰을 찾지 않게 만들 정도로 흥미로운 사람들과 다시 소통해 보라. 이것저것 계속 시도해 보고 좋아하는 것은 지속하라. 몇 차례 시도가 필요할 수도 있겠지만, 괜찮다. 기대했던 것보다 큰 노력이 들 수도 있지만, 이 또한 괜찮다.

3. **마음을 가라앉히는 것을 우선시하자.** 나처럼 사회적 상황에서 불안을 느낀다면, 자신의 자극 높이를 낮추겠다는 의도적인 노력에서 교류를 시도할 수 있다. 사람들과 시간을 함께 보내는 것은 자극의 고도에서 낮은 위치에 있다. 그러므로 사회적 활동에 임할 때 마음을 가라앉히려는 노력을 함께 기울인다면 더 편안한 느낌이 들 것이다. 더불어, 스마트폰을 집어 들고픈 강박적인 충동도 덜 느낄 것이다. 주어진 시간이 덜 흐트러지는 것은 물론이고, 그 시간이 더 기억에 남고 즐겁게 느껴질 것이다.

전자 기기 사용 시간이 늘면서 사람과 보내는 시간이 줄었다고 여겨진다면, 하루빨리 실험에 돌입해 생활 속에서 사회적 소통 수준을 높일 방법을 찾길 바란다. 이 노력은 언제나 가치 있다. 우리는 생물학적으로 타인과의 소통이 필요하기 때문이다. 내향형인 사람이라도 사람 냄새 나는 진정한 소통은 똑같이 필요하다.

사회적 교류를 넓힐 기회는 얼마든지 있다. 가족들과 '아날로그의 밤'을 가지는 것도 재미있는 방법이다. 이 기법의 정의는 이름

그대로다. 하루 날을 잡아, 그날 저녁 내내 온 가족이 자신의 전자기기를 꺼놓고 시간과 주의력을 기울여 함께하는 것이다. 소셜미디어가 주는 인공적인 유대감은 이처럼 깊고 개인적인 대면 교류와 상대가 되지 않는다.

그 외 언급할 만한 또 다른 전략은 타인을 돕는 데 초점을 맞추는 것이다. 다른 사람을 돌보는 일이 짐스러운 의무로 느껴질 때, 그 일은 우리를 소진시킨다. 하지만 다른 사람을 돕는 상황에서 세 가지, 즉 '공감 실천하기, 자율적으로 행동하기, 돕는 이유를 기억하기'를 할 수 있다면, 이 시간은 재충전의 기회가 된다. 불안은 나를 내부로 더 기울게 하는 감정인 반면, 사람들이 있는 외부로 초점을 옮기면 에너지 넘치고 느긋하면서도 생기가 넘치는 기분을 느끼게 된다. 스탠퍼드대학교 교수 자밀 자키Jamil Zaki는 〈애틀랜틱The Atlantic〉에 기고한 글에서, '타인을 돕는 것이 곧 자신을 향한 친절인 것처럼, 사람들은 심리적 차원에서 복잡하게 얽혀 있다'면서, '자신을 돌보는 것이 곧 다른 사람을 지지하는 일'이라고 논했다.[16] 그가 권하는 전략은 자기 돌봄의 날 대신 '타인 돌봄'의 날을 보내는 것이다. 교류 방법을 시험할 기회를 찾고 있다면 이 접근법을 시도해 볼 만하다.

뇌가 사회성을 발휘할 기회를 빼앗아 갈 때, 우리는 더 많이 불안해진다. 우리는 화면이 아니라 사람들에 둘러싸여 있을 때 평온함을 누린다.

○ **현재에 머무는 연습**

《도파민형 인간》의 공동 저자인 대니얼 리버먼에게 뇌 속의 지금-여기 네트워크를 더 많이 활성화하는 가장 쉬운 방법이 무엇이냐고 묻자 그는 간단히 '명상'이라는 한 단어로 답했다.

내 전작을 읽어본 사람이라면 내가 명상의 열렬한 팬임을 알 것이다. 심지어 나는 생산성을 이유로 명상하는 것도 아주 좋아한다. 부분적으로 명상 수행이 주의 산만에 대항해 회복력을 발휘하게 해주기 때문이다. 또한, 명상은 자극의 높이를 전반적으로 낮춤으로써 더 쉽게 집중하도록 유도한다. 명상하며 보내는 시간을 통해 자신이 완수할 일로부터 훨씬 많은 열매를 거두게 된다. 이런 이유에서 나는 모든 사람이 수행을 시도해 봐야 한다고 생각한다. (특히) 명상이라는 생각만 해도 흥미가 떨어지거나, 얼핏 그것이 히피풍이라는 느낌이 들더라도 말이다.

다행히 명상은 여러분의 기대보다 훨씬 명확한 행위다. 다음은 두 가지 요점으로 정리한 명상 방법이다.

- 자리에 앉아 등을 곧게 펴고 눈을 감은 후, 호흡의 세세한 부분에 모든 주의를 집중한다. 공기의 흐름, 온도 및 공기가 몸속에 들어오고 나가는 방식에 최대한 주목한다.
- 마음이 방황할 때는—분명 자주 그럴 것이다—다시 한번 호흡에 주의를 집중한다.

이게 전부다. 수행 방법에 관해 지나치게 걱정하지 않아도 된다. 두 손은 어떻게 둘지, 의자에 앉을지 명상 쿠션에 앉을지 등은 중요치 않다. 주변 환경에 주의 분산 요소가 별로 없다면 심지어 눈을 뜨고 해도 괜찮다.

명상은 간단하다. 사실 너무 간단해서 처음에는 자기가 잘못하고 있다고 생각할지도 모른다. 하지만 이 단순함이야말로 명상 수행을 매우 강력하게 만드는 비결이다.

이론적으로는 명상이 쉽지만, 일단 한번 해보려고 하면 마음이 싸움을 벌인다는 것을 알게 될 것이다. 도저히 못 하겠다는 생각이 들 수도 있다. 그런 생각이 너무 강한 나머지, 사전에 명상 의식을 위해 시간을 떼어두고도 이를 뒤로 미룰 것이다.

하지만 명상의 관건은 다음이다. 호흡에 집중하는 동안—극히 단순한 무언가에 집중하려고 마음이 처절한 전투를 벌일 때—평온함을 누린다면, 하루 중 다른 시간에도 평온함을 얻기가 무한히 쉬워질 것이다. 특히 속에서 혼잣말이 끊이질 않거나, 외부 세계가 너무 소란할 때는 더더욱 그렇다. 명상에 관한 진실은 이렇다. 호흡에 집중하는 동안 평온함을 유지한다면, 다른 어떤 일을 해도 평온함에 머물 수 있다. 그보다 낮은 높이의 자극이 관여하는 활동을 상상하기란 어렵기 때문이다. 따라서 호흡에 집중하는 법을 익힌다면, 거의 모든 다른 일에도 집중할 수 있게 된다.

명상은 종일 나의 주의력을 빼앗으려는 생각들(불안이 일으킨 것들)이 무엇인지 알아차릴 기회를 준다는 점에서도 훌륭하다. 다시 말하지만, 명상하는 동안 마음은 끊임없이 방황하는데 이는 전혀 문제 되지 않는다. 중요한 것은, 마음이 방황하는 시기를 포착하고—'내 마음이 참 끈질기구나' 생각하고 한 번 웃어주고는—차분히 호흡에 다시 주의를 가다듬는 것이다. 마음이 방황하리라는 것을 예상하고, 실제로 그 일이 벌어지면 다시 호흡으로 마음을 가라앉히면 된다.

일부 사람들의 믿음과는 반대로, 명상의 목적은 마음속에 일어나는 생각을 끊는 것이 아니다. 그것은 불가능하다. 여러분의 마음은 끊임없이 생각을 일으킨다(이를 멈추는 것이 더 심각한 문제다). 심지어 우리 마음은 주변에서 벌어지는 일에 대응해 강박적으로 생각들을 일으킨다고도 할 수 있다.

마음이 일으키는 생각들은 불안의 순환을 부추기기도 한다. 하지만 명상은 이런 마음의 경향을 알아차리는 데 도움이 된다. 방황하는 마음을 알아차리는 행위, 그리고 자신의 주의력을 친절히 다시 호흡에 모으는 행위를 통해 생각들 사이에 작지만 의미 있는 거리를 만들어 낼 수 있다. 방황하는 마음을 알아차린 후 우리는 의도적으로 자기 생각을 호흡 쪽으로 다시 이끈다. 이는 생각하던 것으로부터 한발 물러서서 자기 생각을 평가하고, 그것들이 사실인지 고려하는 데 필요한 여유를 제공한다. 이렇게 호흡을 이어갈 때마다 자신의 주의력을 조금씩 더 통제하게 된다.

내 삶에 관해 스스로 만들어 내는 이야기로부터 한발 물러서는 법을 배울 때, 우리는 어떤 이야기가 사실인지, 불안의 순환이 일으키는 생각들은 무엇인지 알아차릴 수 있다. 그리고 시간이 지남에 따라 허위의 생각들은 점점 줄어들고, 현재에 몰두하게 된다.

이로써 우리가 발견하는 것은 더 깊은 평온함이다.

물론, 명상도 우리 마음을 가라앉히는 여러 신경화학물질을 분비시킨다. 개인적으로 나는 명상 수행을 통해 뇌에서 분비되는 평온함과 관련된 화학물질을 사실적으로 이해하는 것보다 명상이 안겨주는 평온함이 더 큰 동기를 부여한다고 생각한다. 하지만 평온함과 관련된 화학물질의 분비를 높이고 싶다면, 편안하게 쉬면(그리고 호흡하면) 된다. 명상은 즉시 세로토닌을 유도해 행복감을 증진하는 한편, 코르티솔은 차츰 사라지게 한다. 한 연구는 명상이 달리기만큼 많은 엔도르핀을 만들어 낸다는 것을 밝혀냈다.**17** 달리기의 쾌감은 접어두고, 명상의 쾌감을 느껴보는 건 어떨까?

명상이 쉬운 것은 아니다. 게다가 처음에는 재미있지도 않다. 아마 여러분 마음은 명상에 시간을 쓰지 말아야 하는 이유를 정당화하려고 애쓸 것이다. 하지만 갖가지 생각들을 이겨내고 호흡에 집중할수록―그리고 처음부터 명상을 해보려고 노력할수록―더 평온한 마음을 얻을 것이다.

일단 명상이 일상생활의 일부로 자리 잡으면, 생각의 방해를 받는 빈도가 크게 줄어든다. 나아가 훨씬 더 생산적인 사람이 될 것이다.

이 책은 평온함을 얻기 위한 더 깊은 변화에 초점을 맞추고 있지만, 더 즉각적으로 평온함을 찾을 방편으로 호흡 연습을 사용할 수도 있다. 이는 특히 급성 스트레스 수준이 높은 시기에 대처하는 데 유익하다. 그 방법은 우리 몸의 미주 신경을 자극하는 것이다. 미주 신경은 부교감신경계, 즉 스트레스 없이 이완된 상태에서 활동하는 신경계 일부의 핵심 요소다. 이 신경은 몸과 뇌를 연결해 주기도 한다. 따라서 미주 신경을 자극하면 더 큰 평온함을 얻는다.•

미주 신경을 자극하는 두 가지 확실한 방법은 하품과 느린 호흡이다. 특히, 느린 호흡은 들이마실 때보다 내쉴 때 더 오랜 시간을 들이면서 복식 호흡을 할 때 효과적이다.

이 밖에 미주 신경을 자극하는 또 다른 방법은 특정한 어떤 대상을 응시하지 않도록 시선을 푸는 것이다. 이 방법이 쉽게 이해되지 않는다면, 바다, 별, 일몰을 바라볼 때처럼 광활한 풍경을 대할 때 느긋하게 두 눈을 풀어둔다고 생각해 보라.

이 모든 기법을 결합해 아주 빠르게 평온함을 얻을 수도 있다. 타이머를 5분으로 설정해 놓고, 1~2회 하품을 한 뒤, '4-8 호흡(4초간 들이마시고 8초간 내쉬기)'을 실행하면서 시선을 푼다. 타이머가 울릴 때까지 호흡 외에는 어떤 것도 주목하지 않도록 노력하라. 마음이 점점 인내심을 잃는다면, 또는 마음이 인내심을 잃는 시점이 오면 그저 다시 호흡으로 마음을 모아보라. 이 활동은 명상의 장점을 경험하게 하는 한편, 몸에 물리적 변화를 일으켜 더 깊은 평온함을 느끼게 해준다.[18] 그것도 단 5분 안에. 이 모든 방법을

• 우리 몸의 자율신경계를 이루는 또 다른 부분인 교감신경계는 긴장된 사건을 겪을 때 활성화된다. 싸움 혹은 도주 반응을 일으키는 것도 교감신경계의 역할이다.

동시에 실천하기는 부담스럽다면, 한두 가지 기법을 택해 시도해 보라. 이 기법들 모두 긴장된 상황 속에서 평온함을 찾게 하는 지름길이다.

○ 카페인과 평온함의 관계

신체 운동, 인간관계, 명상에 더해 우리 몸이 원활하게 기능하도록 돕는 음식을 더 많이 섭취할수록 더 큰 평온함, 그리고 더 큰 활력을 얻을 수 있다. 구체적으로 그런 음식이 무엇인지는 조금 후에 살펴보기로 하고, 우선 카페인부터 이야기해 보자.

프로젝트의 중반쯤 다다랐을 때, 카페인이 평온함에 끼치는 영향을 알아보기 위해 나의 카페인 내성을 재설정하는 새로운 실험을 해보기로 했다.

실험 전, 나는 신중하게 말차 한잔을 준비하는 아침 의식을 점점 더 좋아하게 되었다. 유난히 조용한 아침이면 가만히 침대에서 나와 부엌을 어슬렁거리며 물을 정확히 80℃로 끓이곤 했다. 이는 차분히 잠을 깨는 의식이었다. 볼을 밑에 받치고 말차 가루를 체에 내려 미세한 가루로 만든 다음, 소량의 뜨거운 물과 함께 가루를 섞어 말차 농축액을 만들고, 마지막으로 여기에 물을 좀 더 붓고 저으면 거품이 이는 맛있는 말차가 완성된다. 평소보다 더 많은 에너지가 필요한 날에는 말차 의식만큼이나 에어로프레스 AeroPress를 이용한 커피 의식을 즐기기도 했다. 이에 관해서는 더 논하지 않겠다. 그랬다간 여러분이 책을 덮고 더는 읽지 않을지도 모르니 말이다. 이 두 의식은 내 음미 목록에 있던 활동인데, 이상하게도 이 행위들을 좀 포기하면 어떤 일이 벌어질까 알아보고 싶어 마음이 들떴다.

쇠뿔도 단김에 빼자는 자세로 한번에 완전히 끊어보기로 했다. 첫째 날에는 금단 현상이 거의 없어서 놀랐다(전날, 이게 마지막이라며 종일 커피를 네 잔이나 마셨다). 취침 전에 살짝 두통이 있긴 했지만 전반적으로 몸 상태도 좋았고, 불가능할 거라는 예상과 달리 그날 꽤 많은 일을 완료했다.

금단 증상들이 6톤짜리 화물 자동차처럼 나를 강타한 건 둘째 날이었다. 금단 증상이 어찌나 심한지 이따금 침대에 누워 있어야 할 정도였다. 이 실험 직전까지 내가 커피로 섭취한 카페인의 양은 작은 컵 두세 잔가량으로 늘어 있었다. 하지만 이 실험을 통해 내가 카페인 의존성을 키워왔다는 것이 금세 드러났다. 둘째 날에는 독감에 걸린 듯했다. 완료한 일도 훨씬 적었고, 취미 활동에 쏟을 에너지도 거의 없었다. 아내는 내가 진짜 아픈 게 아닌지 걱정하게 되었다. 아내는 농담처럼 이렇게 말했다. "당신을 독감 걸린 사람으로 대해야 할지, 아니면 그저 약물 의존에서 회복 중인 사람으로 대해야 할지 모르겠어." (후자가 맞았다.)

다행히 셋째 날이 되자 가장 심한 금단 증상들이 차츰 가라앉았다. 아침에 두통약을 복용했더니 머리 아픈 게 사라졌고, 할 일을 완수하는 데는 여전히 굼떴으나 전반적인 몸 상태는 좋았다. 평소보다 의욕은 좀 떨어져 있었지만, 몇몇 프로젝트의 마감 기한

이 워낙 빠듯했던 터라 다른 때처럼 심하게 처지지는 않았다.

9일쯤 될 때까지 증상들은 계속 괜찮아졌다. 운동량을 늘리고, 더 많이 쉬고, 이따금 두통약을 복용해 머리 아픈 것을 해소하고, 물도 더 마셨더니 증상을 다스리는 데 큰 도움이 되었다.

10일째가 되자 규칙적으로 카페인을 섭취할 때와 동등한 에너지 수준으로 올라갔다. 대다수 사람은 카페인을 각성제라고 생각하지만, 사실 우리 몸은 섭취하는 카페인 양에 적응한다. 그 결과 어느 순간이 되면 카페인이 아무런 변화를 일으키지 않는다. 특정 양의 카페인을 습관적으로 섭취한다면, 정확히 같은 양을 계속 섭취해야만 정상적인 컨디션이라고 느껴진다.

더 낮은 카페인 섭취량에 적응하자 더 평온해졌다. 아주 훨씬 평온해졌다. 카페인이 사라지면서 더 잘 잤을 뿐만 아니라 하루하루가 덜 힘들었다. 사실 잘 자는 것 자체가 이미 에너지, 균형, 평온함을 가져다주었다. (수면은 평온함을 추구하는 과정에서 우리가 두 배로 늘려야 할 또 다른 아날로그 요소다. 이에 못지않게 수면은 뇌의 균형을 유지하는 데도 유익하다. 7시간에서 8시간 반이라는 권장 수면 시간보다 늘 적게 잔다면, 제시간에 눕게 하는 야간 의식 또는 하루하루를 기대하게 만드는 차분한 아침 루틴을 시도해 보라. 수면 부족이 불안 발작을 일으키는 흔한 요인임을 고려하면, 수면 위생에 투자하는 것은 훨씬 더 중요한 일이다.)**19**

이렇게 카페인 내성을 재설정한 끝에 평온함을 찾게 되자, 자잘한 일들을 끝내려고 마음이 싸움을 벌이지 않았다. 마음이 더 차분해진 덕분에 업무 사이사이에 휴식하는 데 죄책감도 덜 느꼈다. 주의 분산 요소를 갈망하는 것도 줄었다. 카페인은 도파민 분비를 자극하므로 도파민을 유도하는 행동에 더 몰두하게 한다.[20] (정말 그런지 시험해 보고 싶다면, 평소보다 카페인을 많이 섭취한 뒤, 자극 높이가 더 높은 주의 분산 요소를 더 갈망하게 되는지 살펴보라.)

그런데 카페인 내성을 재설정한 후 일주일 반 뒤, 나는 밤 9시경에 걱정에 휩싸이고 말았다. 재설정 이전에는 도통 잠이 들지 않아 애를 먹던 시간이었는데 유난히 에너지가 넘쳤기 때문이다. 실험 전이었다면 카페인을 다량 섭취한 날에만 그 시간에 그 정도의 에너지를 느꼈을 것이다. 물론 이날은 또 다른 에너지의 원천이 있었다. 몸에 긴장을 주지도 않았고, 에너지가 치솟았다가 뚝 떨어지기를 반복하지도 않았다. 나의 에너지는 카페인 섭취와 함께 치솟고 카페인이 체내에서 사라지면 뚝 떨어지곤 했으니 말이다. 그날 나의 에너지 수준은 일관되고, 견고하며, 오래 유지되었다. 하루가 끝날 무렵에 에너지 수준이 높았지만, 그건 크게 중요치 않았다.

내 걱정은 엉뚱한 데 있었다. 자리에 누워 몇 분 만에 잠들었다는 것이다.

카페인은 우리 일상과 삶에 없어서는 안 될 일부가 되었다. 하지만 의존도가 높아질 수 있는 약물이기도 하다. (단기적인 에너지 저하를 비롯해) 나타날 증상 때문에 카페인 포기를 원치 않는다면, 여러분도 이 약물에 대한 의존도가 커졌을 가능성이 있다.

그래도 괜찮다. 게다가 먹고 마셔도 되는 것과 안 되는 것을 내가 일러줄 생각은 전혀 없다. 하지만 먹고 마시는 방식이 내가 평온함을 느끼는 데 어떤 영향을 주는지 알아보려면 카페인에 주의를 기울이는 것이 흥미롭다. 일반적으로 말해, 음식은 우리 몸의 신경화학적 측면에 생각보다 많은 영향을 끼친다.

카페인은 액체 에너지로 생각하기 쉬우나 그보다는 액체 스트레스, 심지어 액체 아드레날린이라고 비유하는 것이 더 적절하다. 카페인을 섭취할 때 우리 몸은 얼마나 많은 아드레날린과 코르티솔 분비를 촉진할지 선택할 권한이 거의 없다. 카페인은 코르티솔 생산을 높이는 것으로 밝혀졌고, 아드레날린이라고 알려진 스트레스 호르몬 에피네프린의 생산을 무려 200퍼센트 가까이 높이는 것으로 드러났다.[21] 이는 우리 몸이 섭취량에 적응한 뒤에도 마찬가지다. 각성 상태가 높아지는 것은 단지 카페인으로 인해 우리 몸이 스트레스 호르몬들을 분비하기 때문이다. 그 결과 할 일을 완료하게 한다. 이미 만성 스트레스와 불안이 이런 호르몬들의 수치를 높인다는 점을 고려할 때, 카페인 섭취는 견딜 수 없는 불안을 안겨줄 수도 있다.

카페인을 마실 때 스트레스를 받는다는 느낌은 들지 않는다. 카페인은 아드레날린과 코르티솔뿐만 아니라 앞서 언급한 도파민(자극)과 세로토닌(행복감)도 분출시키기 때문이다. 행복하고 기운 넘치는 기분은 카페인 섭취 습관을 강화하고, 카페인 디톡스를 실행하기 더 어렵게 만든다. 카페인 섭취를 중단하면 이런 화학물질들이 생기지 않아 기분이 축 처지기 때문이다.

> 카페인의 영향은 사람마다 다르게 나타난다는 사실에 주목할 필요가 있다. 대다수 사람은 각기 다른 수준의 카페인에 적응해 있을 뿐 아니라, 우리 몸의 생리적 특성이 반응하는 양상도 저마다 다르다. 어떤 사람들은 몇 모금만 마셔도 초조해지지만, 연거푸 몇 잔을 마셔도 거의 아무것도 못 느끼는 사람도 있다. 자신의 섭취량과 관계없이 불안을 느낀다면 섭취량을 줄여야 할 수도 있다. 이 사실은 나 스스로 카페인 내성을 재설정한 뒤에 직접 깨달은 것이다.

몸과 마음을 타고 흐르는 스트레스 호르몬이 줄어들면서, 나는 카페인 내성을 재설정한 것이 — 며칠 동안은 고통스러웠지만 — 평온함을 찾아가는 여정에 엄청난 도움이 되었다는 것을 알게 되었다. 나는 대다수 사람보다 카페인에 예민한 편이고, 이 전략을 따랐을 때 여러분에게 나타나는 효과는 다를 수도 있다. 하지만 초기의 에너지 저하를 이겨내고 나니 덜 불안해졌다는 사실을 알게 되었고, 꼬리에 꼬리를 무는 생각들도 훨씬 줄어들었다. 정신 에너지가 더 깨끗하게 사용되는 느낌이었다. 머리도 더 맑아지고, 일관된 생산성을 발휘했으며, 보통 때라면 오후 중반쯤 카페인 분비가 줄어들어 에너지가 급격히 떨어지고도 한참 지난 시점인 저녁까지도 에너지가 남아 있었다. 그리고 평온함 쪽으로 더 가까이 이동했다.

카페인을 섭취한 뒤에 불안, 심한 기분 변화, 초조함을 느낀다면 카페인 내성 재설정을 추천한다. 이는 도파민 금식에 뒤이어

이 책에서 권하는 가장 고통스러운 방법일지도 모른다. 하지만 정말 가치 있는 실험이라는 것을 알게 되리라 생각한다. 이 노력은 커다란 이익을 안겨줄 수 있다. 카페인 섭취는 오랫동안 불안 및 공황 발작과 연관되어 왔다.[22] 미국의 정신의학 진단 매뉴얼인 DSM-5에는 카페인 유도 불안 장애라는 진단명이 있을 정도다. 이 물질이 사람에게 끼치는 영향은 제각기 다르다는 점을 고려하면, 여러분이 받는 영향이 생각보다 클 수도 있다.

다스리기 힘든 만성 스트레스가 많을 경우, 이 스트레스 더미에 카페인이 또 다른 무게를 얹어서는 안 된다.

카페인 내성을 재설정하기로 마음먹은 사람들에게 다음의 몇 가지 요령을 제시한다.

- **다음번에 독감이나 감기에 걸렸을 때 재설정을 시도해 보자.** 그러면 독감 증상(오한, 허약함, 무기력)과 비슷한 금단 증상이 나타나더라도 카페인을 끊어서가 아니라 아파서 그런 것이라고 생각하게 된다. 또한, 초기 에너지 저하 기간을 쉬면서 보낼 수 있도록 주말이나 금요일에 재설정을 시작해 보자.

- **카페인을 단번에 끊어도 좋고, 날마다 조금씩 섭취량을 줄여도 좋다.** 단번에 끊기는 명확하다. 평소 마시던 카페인을 그냥 완전히 끊으면 된다. 이와 달리 섭취량을 조금씩 줄이면서, 카페인이 든 커피나 차를 점점 더 디카페인 커피로 천천히 대체할 수도 있다.

- **재설정 기간, 특히 첫 주 동안 운동, 휴식, 물 섭취량, 수면량을 늘려 에너지 수준을 높이자.** 그러면 카페인 부족에서 오는 에너지

저하를 보충하는 데 도움이 될 것이다. 궁금하다면 일상 활동을 그대로 지키면서 자신의 카페인 의존도가 어느 정도였는지 확인해 보자.

- **숨은 카페인에 유의하자.** 대다수 탄산음료에는 카페인이 함유되어 있다.[23] 350밀리리터 다이어트 콜라 한 캔에는 46밀리그램의 카페인이 들어 있는데, 이는 에스프레소 몇 잔에 해당하는 양이다. 디카페인 음료에도 카페인이 숨어 있다. 일례로, 스타벅스에서 판매하는 디카페인 커피에는 30밀리그램의 카페인을 함유하고 있다. 디카페인 커피를 꼭 마셔야겠다면, 스위스 워터Swiss Water 사의 방식(화학물질이 첨가되는 다른 디카페인 제조 방식과 달리, 화공약품 없이 물만으로 카페인을 녹여내어 카페인을 분리하는 공법-옮긴이)으로 정제했는지를 확인하라. 이 방식은 각성 성분을 거의 다 제거해 준다.

- **카페인 내성을 재설정하는 데 어려움을 겪고 있다면, L-테아닌 L-theanine을 함유한 카페인 음료 섭취량을 늘리자.** L-테아닌은 녹차(그리고 말차)에 함유된 아미노산으로, 카페인에 대응해 몸에서 만들어 내는 아드레날린의 양을 현저히 줄여준다.[24] 이에 따라 스트레스 반응을 덜 보이게 된다. 또한, L-테아닌은 불안감을 낮추면서도 집중력을 높이는 것으로 밝혀졌다. 이런 이유에서 나는 녹차의 카페인 전달 기제를 좋아한다. 녹차에 든 L-테아닌은 소량의 도파민을 분비시키기도 한다. 이 효과는 마시는 녹차의 카페인 함유 여부와 관계없이 동일하게 나타난다. 이런 점에서 일반적으로 녹차는 커피의 탁월한 대체품이다. 카페인 섭취

의 이익은 얻으면서도 극단적인 스트레스 반응은 보이지 않으니 말이다.

카페인의 최대 장점은 의욕을 심어주고, 행복감을 느끼게 하며, 주의 영역을 좁혀 한 가지에 집중하게 한다는 것이다. 반대로 카페인의 최대 단점은 불안감을 주고, 불필요한 스트레스를 삶에 얹어놓는데 대개는 이를 알아채지 못한다는 것이다. 카페인 내성을 재설정하면 내가 어느 쪽에 속해 있는지 발견하는 데 도움이 될 수도 있다.

이렇게 실험한 뒤에도 평온함이 느껴지지 않는다고 생각된다면, 얼마든지 전으로 돌아가도 좋다. 하지만 여러분이 조금이라도 나(그리고 다른 많은 사람)와 같다면, 자신이 도달하는 에너지 수준 및 평온함의 깊이에 깜짝 놀랄지도 모른다.

○ 숙취 불안

음료 이야기가 나와서 말이지만, 알코올 섭취도 우리의 신경화학 시스템을 어지럽힌다. 알코올은 자주 섭취되는 약물로, 과용될 때도 많다. 2019년 미 국립 알코올 남용 및 알코올 중독 연구소NIAAA가 실행한 설문 조사에 따르면, 19세 이상 미국인의 약 54.9퍼센트가 지난 한 달 사이에 음주한 적이 있었다.[25] 이 자체로는 그리 많은 양이 아니지만, 이들 중 25.8퍼센트는 지난 한 달 사이에 폭음한 적도 있었다.* 놀랍게도, 미국에서 알코올 섭취는 흡연, 부실한 식생활, 신체 활동 부족에 이어 미국에서 예방 가능한 사망의 주요인으로 손꼽힌다.27

몇 년 전까지만 해도 나는 내가 과음하는 축에 든다고 생각했다. 일주일에 두어 번 이상 음주를 하지는 않았지만, 음주하는 날에는 두 잔까지 마시곤 했다. 두 잔 마실 때는 세 잔 마실 때가 많았고, 세 잔 마실 때는… 무슨 말인지 알아챘을 것이다. 내게 음주는 늘 위험한 비탈길이자, 갖가지 문제와 스트레스를 잠시 잊게 해주는 주의 분산 요소였다. 하지만 술 마신 다음 날 아침에는 약간의 숙취를 겪는 통에 불안한 기분으로 눈을 떠 두려움에 사로잡히곤 했다. 이러한 음주 후 현상은 '숙취 불안hangxiety'이라는 고유의 은어가 있을 정도로 흔히 나타난다.

NIAAA의 조지 F. 쿱George F. Koob 소장은 이를 다음과 같이 간결하게 요약했다.28 "내가 생각하는 숙취는 알코올이 일으키는 가벼운 금단 현상이며, 불안은 이를 일으키는 구성요소 중 하나다." (강조 표시는 내가 했다.)

알코올이 뇌에 영향을 미치는 방식을 생각해 보면 이는 이치에 맞는 말이다. 연구에 따르면 알코올은 한번에 여러 신경화학물질의 생성에 영향을 미친다.29 알코올을 섭취했을 때 우리가 느끼는

• 폭음Binge drinking은 혈중알코올농도를 0.08데시리터당그램(g/dL) 이상 높일 정도의 음주 패턴으로 정의된다.26 NIAAA에 따르면 이는 대개 '약 2시간 사이에 여성은 네 잔 이상, 남성은 다섯 잔 이상 마셨을 때' 나타난다.

기분은 짜릿함, 행복감, 이완감의 세 가지다. 너무도 좋은 기분 아닌가! 하지만 여기에는 함정이 있다. 이 모든 기분이 처참하게 무너지는 것을 경험한다는 것이다.

첫째, 알코올은 뇌에서 더 많은 도파민을 생성하도록 유도하며 이는 우리에게 한바탕 쾌감을 안겨준다.**30** 첫 잔을 마신 뒤 얼른 다음 잔을 들고 싶은 것도 전혀 놀랍지 않다. 하지만 중요한 것은, 이에 뒤따르는 알코올 금단 현상으로 도파민 생산이 줄어든다는 것이다. 알코올을 섭취하면 세로토닌도 생산된다. 술을 마시면서 술기운에 젖어 있을 때 기분이 좋아지는 것도 이 때문이다. 하지만 유감스럽게도 금단 단계에 이르면 세로토닌 생산이 억제된다(적어도 쥐를 대상으로 실행한 연구에서는 그렇게 나타났다).**31** 알코올은 두뇌의 GABA 수치에도 영향을 끼친다.**32** GABA는 느긋한 기분을 느끼게 하는 신경화학물질로서, 이번 장에 소개한 많은 활동이 GABA를 분비시키기도 한다. 소량의 알코올은 GABA의 활동을 높이지만, 다량의 알코올을 섭취하면 유감스럽게도 뇌 속의 GABA가 일시적으로 고갈된다. 이에 따라 덜 느긋하고, 더 긴장되며, 때로는 공황에 빠진 듯한 기분을 느끼게 된다.

이러한 추락이 없다면 알코올 섭취는 그리 문제 될 일이 없을 것이다. 하지만 안타깝게도 느긋하면서도 행복한 짜릿함으로 시작한 기분의 끝에는 어김없이 금단 현상이 나타난다. 알코올의 효과로 나타난 세 가지 기분이 급격히 추락하는 것은 말할 것도 없다. 여러분도 나처럼 알코올로 인해 불안이 심해진다고 생각된다면(이를테면 술 마신 다음 날 아침), 음주량을 줄이거나 완전히 끊는 편이 바람직할지도 모른다. (혹시 알코올 의존 상태라 심각한 금단 증상을 겪고 있다면 반드시 의학적 도움을 받길 바란다.)

근래 들어 내가 지키는 알코올 섭취 규칙은 간단하다. 술 자체가 새롭거나(예를 들어 위스키 잔에 따라 마시는 고급 스카치, 레스토랑에서 선보이는 흥미를 자아내는 특별 주류), 재미있는 행사의 일부로 음주할 경우(예를 들어 가족과 함께하는 와인 투어, 아내의 성취를 축하하는 자리)에만 술을 마시는 것이다.

당장은 술을 몇 잔 걸치면 행복하고, 느긋하고, 활기가 넘치는 기분이 든다. 하지만 사실 알코올 섭취는 다음 날 아침으로부터 행복, 에너지, 평온함을 빌려오는 것에 지나지 않는다.

○ 평온함을 위한 식생활

평온함과 같이 광범위한 주제를 책에서 논할 때 어려운 점은 이렇다. 시야를 충분히 넓히면 내가 하는 거의 모든 일이 평온함에 영향을 준다. 이번 장이 유난히 길어진 것도 이 때문이다. 우리가 관여하는 활동 하나하나에 따라 분비되는 신경화학물질의 조합이 달라진다. 지금까지 언급한 평온함의 요인 외에 또 다른 요인에 초점을 맞춰보자. 여기서 논의할 만한 마지막 요인은 우리가 먹는 음식이다.

음식과 관련해 스트레스가 우리 몸에 하는 일은 두 가지다. **스트레스는 더 많이 먹게 하는 동시에, 덜 건강하게 먹도록 우리를 유혹**

한다. 만성 스트레스의 원천을 다스리면, 그리고 평온함을 가져다주는 전략을 실천해 남은 요인을 처리하면 더 현재에 몰두하고, 번아웃에 빠질 확률만 낮아지는 것이 아니다. 이로써 체지방도 적게 유지하게 된다.

궁금해할 독자를 위해 스트레스 상황에 대응하고자 우리 몸이 지방을 보유하는 기제를 설명하면 다음과 같다. 먼저 스트레스를 주는 사건을 접하면, 스트레스 호르몬인 코르티솔이 우리 몸에 넘친다. 코르티솔의 홍수로 인해 우리 몸은 포도당(에너지)을 분출해서 스트레스의 원천을 무너뜨릴 자원을 확보한다.

인류의 역사 대부분에서 우리는 포도당을 잘 이용해 왔다! 우리에게는 싸움 혹은 도주 반응을 보여야 할 현실적이고 실제적인 위협이 있었다. 단순히 몇몇 트윗에 반응해 코르티솔을 분비하고 앉아 있던 것이 아니다. 우리 몸은 스트레스가 제공한 포도당을 남김없이 활용했다.

오늘날에는 마치 압력이 가득 찬 드럼처럼 만성 스트레스가 우리 내부에 차곡차곡 쌓이면서 혈당 수치도 함께 올라간다. 이 포도당을 활용하지 않는다면, 혈당 수치와 함께 인슐린insulin(포도당을 우리 몸이 필요하다고 믿는 에너지로 바꿔주는 호르몬) 수치도 상승한다. 혈당과 인슐린 수치가 높아지면, 우리 몸은 그렐린ghrelin이라는 공복 호르몬을 분비해 더 많이 먹고 체중을 늘리게 한다.[33]

여기서 스트레스는 사슬 반응을 발동시킨다. 더 많이 먹고 더 많은 체지방을 저장하도록 유도하는 일련의 도미노의 첫 시작이 스트레스인 것이다. 시간이 지나면서, 만성적으로 상승한 스트레스 수치 — 더불어 포도당과 인슐린 수치 — 는 체중을 늘릴 뿐 아니라, 당뇨와 인슐린 저항성에 걸리게도 한다. 불안, 우울, 불면증 모두 과도한 인슐린 생산과 상관관계가 있다고 밝혀졌다.[34]

도무지 체지방이 빠지지 않는다고 생각되는가? 아무리 훌륭한 식생활을 유지하고 운동을 많이 해도, 특히 복부 쪽에 지방이 몰려 있다면, 만성 스트레스가 문제일 수도 있다.•

어느 경우든지 간에, 심지어 스트레스 상황에서 덜 먹는다고 할지라도 내가 먹는 것은 분명 변화를 일으킨다. 심한 스트레스 상황에서는 위안을 주는 음식, 예를 들어 초콜릿, 맛있는 스낵, 구운 음식 등을 더 많이 먹고, 과일이나 채소, 비가공육 같은 건강식품은 덜 먹는 것으로 밝혀졌다.[37] 스트레스와 슬픔을 동시에 느낄 때는 연구자들이 '쾌락적 보상'이라고 일컫는 더 기름지고 달콤한 음식을 먹는 경향이 있다.[38]

이는 스트레스 순환을 불러일으킬 수 있다. 특히 정제당, 저섬유질 식품, 정제된 곡류 모두 카페인만큼이나 코르티솔 수치를 높인다는 점을 생각하면 더더욱 그렇다.

우리로서는 다행히, 이러한 스트레스와 음식의 관계는 양방향

• 흥미롭게도, 모든 사람이 스트레스에 대응해 더 많이 먹는 것은 아니다. 스트레스 상황에서, 전체의 40퍼센트는 더 많이 먹는 경향이 있고, 20퍼센트는 먹는 양에 변화가 없으며, 나머지 40퍼센트는 오히려 덜 먹는다.[35] 우선, 약간 과체중인 사람들은 더 많이 먹을 확률이 더 높다. 복부 지방 자체가 스트레스 호르몬을 분비시키는 것으로 밝혀진 것도 이유가 될 것이다.[36]

으로 작용한다. 스트레스의 영향으로 내가 먹는 음식과 먹는 양이 달라지기도 하지만, **내가 먹는 것 또한 내가 느끼는 스트레스의 강도에 영향을 준다.**

몸에 스트레스를 덜 끼치도록 먹을 방법이 있다. 복합 탄수화물—통곡물, 과일, 채소, 견과류, 씨앗류, 콩류—은 모두 코르티솔 수치를 적극적으로 낮추는 한편, 행복 분자인 세로토닌을 더 많이 생산하게 한다. 《평온함의 화학The Chemistry of Calm》의 저자 헨리 에몬스Henry Emmons에 따르면, 설탕과 정제 탄수화물은 코르티솔 분비만 일으키는 것이 아니다.[39] 이 물질들은 '에너지를 생산하는 능력을 더욱 훼손하고 스트레스 호르몬을 계속 공급하도록 부신에 신호를 주는 설탕을 처리하는 데 관여하는 호르몬 및 세포의 역량을 모두' 긴장시켜 하나의 악순환을 낳기도 한다.

이 모든 것은 무엇을 의미할까? 기본적으로 스트레스 수치에 유익한 식품들은 한 가지 공통점이 있다. 이들은 공장에서 대량 생산되거나 고도로 가공하지 않는 영양적인 식품이라는 것이다. 위에서 언급한 복합 탄수화물을 섭취하면 소화가 천천히 진행되고, 그 결과 혈액에 갑자기 포도당이 넘치는 일이 없다. 땅에서 자란 식재료를 먹으면 더 큰 평온함을 얻는다. 20만 년 전 선조들이 그랬듯이 말이다.

온갖 가공식품을 갈망하는 자신을 발견했다면, 아직 다스려야 할 만성 스트레스가 남아 있다는 신호일 수도 있다.

○ **나에게 맞는 활동을 찾아 지속하기**

몸의 작동 원리에 따라 살며 행동하면 더 평온한 기분이 들기 시작한다. 몸이 원활하게 기능하는 본래의 기제에 맞게 살아간다는 것은 다양한 뜻으로 해석될 수 있다. 디지털 초자극제 멀리하기, 생활 속에서 더 많은 움직임 실천하기, 나에게 에너지를 전해주는 사람들과 함께 시간 보내기, 명상 수행하기, 더디게 연소하면서 장시간 에너지를 제공하는 음식 섭취하기 등이 모두 여기에 속한다.

이번 장에서는 다양한 아이디어를 제시했는데, 이 모든 변화를 한꺼번에 시도하려다 보면 과욕을 부리게 될지 모른다. 소소하고 쉬운 변화부터 한두 개씩 시작해 보자. 가장 변화가 기대되는 한두 가지 영역이면 족하다. 그런 다음, 잘 유지되고 평온함을 안겨주는 습관이 확인되면 이를 더 발전시키고, 효과가 없는 것은 내려놓으면 된다.

자기에게 가장 효과적인 기법들을 뜻밖의 장소에서 만날지도 모른다. 적어도 내 경우에는 그랬다. 나는 가공식품을 줄이기 시작하면서 평온함을 향한 가장 유의미한 몇몇 성과를 거뒀다. 사실 나는 맛있는 배달 음식의 열렬한 소비자였다. 그런 내게 더 건강한 음식이 평온함에 영향을 미치는 정도는 놀라움을 안겨주는 동시에 하나의 경종을 울려주었다. 삶에서 내가 기억하는 것보다 훨씬 많은 날 동안 음식은 최고의 시기에 만끽하는 여가 활동인 동시에, 최악의 시기에 느껴지는 모든 불안을 무감각하게 만들려고 찾아 들어가는 도피구이기도 했다. 대다수 사람은 불편한 감정을 피할 때 활용하는 '도피처'를 가지고 있다. 하지만 이런 도피구는 당면한 다른 스트레스 요인을 잊어버리려고 스스로 부과한 스트레스의 원천일 뿐이다. 도피구의 형태는 다양하지만, 과식(과거 내가 택했던 도피처), 충동 구매, 약물 사용(알코올, 대마초, 심지어 카페인), 비디오게임(서브웨이 서퍼 같은 간단한 게임 포함), 뉴스나 소셜미디어와 같은 디지털 형태의 주의 분산 요소 등이 하나의 스트레스를 다른 스트레스로 바꾸는 데 사용된다.

이러한 일부 활동은 재미와 오락의 원천이 될 수 있어 때로는 의도적으로 탐닉하게 된다. 이따금 한 번씩 '도파민의 밤'을 정해 도파민을 분비시키는 애호 습관을 즐겨도 괜찮다. 하지만 이 습관들을 이용해 당면한 스트레스와 부정적인 감정에서 피하려 한다면, 그 탐닉의 반대편에서 스트레스가 나를 기다린다는 것을 기억해야 한다. 더군다나, 이 도피굴은 내가 직면한 스트레스 위에 또 다른 무게를 얹어놓을 수도 있다.

자신도 모르게 그런 습관에 탐닉하는 것을 발견했다면, 그런 충동을 촉발하는 요인을 깨달아야 한다. 특정한 사람 또는 구체적인 감정(이를테면 지루함, 외로움, 시기심)이 신호가 될 수도 있고, 하루 중 어느 때 또는 선행 행동이 이를 촉발할 수도 있다. 나의 경우, 무분별한 과식을 할 때는 거의 업무와 관련된 일로 스트레스에 짓눌릴 때였다. 그럴 때면 몸에 나쁜 음식을 더 갈망하고, 음식을 먹으면서 상황을 피하려 했다. 한편, 이 과정에서 내면의 자신에게 거는 말들에 유념하여, 불친절하거나 잠재적으로 허구인 이

7장 | 아날로그 선택하기

야기에는 꼭 의심을 던져보자.

섬세하게 제작한 크리스털 유리를 일주일간 냉장고에 넣어뒀다가 꺼내어 그 속에 끓는 물을 부으면 유리는 산산조각이 날 것이다. 스트레스가 심한 시기와 무언가를 강렬하게 탐닉하는 시기 사이를 오가는 것도 마찬가지다.

다행히 이번 장에서 제시한 전략들을 실천한다면 자신의 에너지가 꾸준히 상승하는 것을 확인할 것이다. 심지어 이 습관 중 한두 가지는 '핵심 습관' 역할을 할 수도 있다. 핵심 습관은 도미노 사슬에서 다른 막대기들을 쓰러뜨리는 첫 번째 막대기와 같다. 예를 들어 나는 명상이 내 자극의 높이를 낮추는 지름길이라고 생각한다. 명상을 하면 주의가 덜 산만해져서 운동과 독서를 위한 시간도 늘어나고, 훨씬 평온한 기분도 느끼게 된다. 여러분은 유산소 운동, 비소설 읽기, 커피 대신 녹차 마시기, 일관된 취침 의식 실천하기 등의 습관에서 이 같은 역할을 찾을 수도 있다.

습관들은 결코 별개로 존재하지 않는다. 그것들은 모두 서로 연결되어 있다.

자신을 차분하게 만들어 주는 습관, 생물학적 기제에 따라 선호하도록 만들어졌으나 디지털 세계에서 많은 시간을 보낸 탓에 잊어버린 아날로그 활동에 주의를 기울이자. 여러분의 삶에는 이런 활동들이 더 많이 필요하다.

다음 장에서 살펴보겠지만, 이 활동에 기울인 거의 모든 시간은 보상으로 돌아오기도 한다.

8장

평온함과 생산성의 관계

온종일 강독에서 시간을 보내고도 죄책감을 느끼지 않는다면
그 자체로 성공한 사람이라는 뜻이다.
_작자 미상

○ **이케아 의자와 죄책감**

　　남들은 못 견디지만 나만은 즐기는 일(학술 논문 읽기 다음으로)을 하나 꼽으라면, 이케아IKEA 가구 조립을 말할 것이다. 나는 이 스웨덴 회사가 제조한 것이라면 무엇이든 부품을 짜 맞추는 과정에서 엄청난 즐거움을 느낀다. 설명서 내용을 차례대로 실행하며 눈앞에서 화장대나 장식장이 완성되는 모습을 목격하노라면 왠지 모르게 크나큰 만족감이 느껴진다. 깊은 생각이 필요치 않은 단순한 과정인데도 마지막에는 보고, 듣고, 사용할 만한 물

건이 만들어진다. 노력의 결과도 즉시 나타난다. 작업을 끝낼 즈음에는 부품들이 조립되어 모양새를 갖추어 가니 말이다. 게다가 내 본업과는 달리 이 작업은 촉각에 크게 의존한다(본업에 쓰는 기계식 키보드는 논외로 하자).

이 책의 계기가 된 여정을 시작하기 직전, 운 좋게도 나와 아내는 이케아에서 주방용 의자를 몇 개 주문했다.

유감스럽게도 의자들은 주중에 도착했고, 나는 출장 때문에 주말에 떠나야 할 상황이었다. 우리 집에서 최고 가구 조립 담당자를 맡은 사람으로서, 두 개의 새 의자가 생긴다는 것과 새 이케아 물건을 조립한다는 이중 유혹을 뿌리칠 수 없어 그냥 점심 직후에 조립을 해보기로 했다. 이미 오전에 일을 많이 해둔 터라 오후 시간에 여유가 있었다. 게다가 전체 조립은 길어야 두어 시간이면 될 것 같았고, 이 활동은 하루를 마무리하며 내 주의를 자유롭게 풀어둘 재미있는 방법이 될 듯했다.

내 예상 중 하나는 옳았다. 의자 조립에는 정확히 두어 시간이 걸렸다. 하지만 이것들을 조립하는 일이 얼마나 즐거울지는 완전히 잘못 짚었다. 오해는 말라. 실제 조립은 평소처럼 만족스러웠다. 다만 이 활동에 들어갈 때, 앞으로 무슨 마음이 들지를 예상치 못했다. 업무에서 한 걸음 물러선 것이 그토록 무거운 죄책감을 안겨줄 줄은 몰랐던 것이다.

여섯 개의 상자 옆에 앉자마자 거의 즉시 그 시간의 기회비용을 생각하기 시작했다. 조립 대신 할 만한 온갖 '더 나은' 일들이 떠올랐다. 기사를 쓸 수도 있고, 강연 준비를 할 수도 있으며, 내

도움이 필요한 클라이언트와 상담을 할 수도 있는 시간이었다. 이에 더해 초자극제로부터 한 발짝 물러났다는 죄책감이 생생하고 뚜렷하게 느껴졌다. 이메일이 계속 들어오고, 소셜미디어 메시지도 무응답 상태였으며, 사업의 최신 지표도 확인하지 않았다. 그 순간 나는 불안하고 초조할 뿐 아니라 그야말로 엉뚱한 데 매달려 있다는 느낌이 들었다. 그러자 온갖 회의감과 부정적인 혼잣말이 머릿속을 가득 채웠다.

이 간단하고 사소한 죄책감 에피소드를 돌아보니 몇 가지 눈에 띄는 것이 있다. 첫째는 그 활동—그날 접한 모든 자극 중 자극의 높이가 가장 낮았던 활동—을 하는 동안 내가 느꼈던 불편함이다. 다른 하나는 성취 지향적 사고방식을 벗어나 있다는 죄책감이다. 만약 의자 조립을 주말 또는 생산성 시간 외 시간에 했더라면 그 일을 훨씬 더 즐겼을 것이다. 과제는 같았으나 이를 대하는 관점이 달랐다.

하나의 활동에 몰두하며 현재에 머물지 못한 까닭에 재충전하지도 못했다. 조립 과정에서 저지른 온갖 실수도 기억난다. 의자 두 개를 조립하는 동안 번번이 실수를 저질러 몇 단계씩 되돌아가는 바람에 전체를 조립하는 데 더 오랜 시간이 걸렸다.

이 작업이 필요 이상으로 오래 걸린 것은 그 순간 충분히 뒤로 물러나 평온함에 집중하지 못했기 때문이다. 프로젝트를 대하는 나의 주의력, 집중력, 즐거움을 불안이 망가뜨리기도 했고, 번아웃이 한몫 하는 바람에 활동에 몰두하지 못한 점도 있었다. 불안한 마음이 불필요하게 나의 생산성을 제한했다.

○ 생산성이 떨어지는 이유 찾기

　여기서 잠깐, 괴짜 같은 태도를 발휘해 내가 개인적으로 흥미롭게 여기는 주제 하나를 탐구해 보자. 어쩌면 이 주제는 평온함을 추구하는 여러분의 마음을 어느 정도 안심시킬지도 모른다. 바로 평온함을 추구한 결과 생산성이 향상된다는 점이다.

　최고의 생산성 조언은 시간도 돌려주고, 원하는 것도 더 많이 성취하도록 우리를 이끌어 준다. 하지만 이 생각 때문에 종종 생산성이라는 큰 그림에서 중요한 부분을 놓치곤 한다. 대다수의 생산성 조언은 일을 더 많이 완료하는 데 유용한 온갖 잠재적인 방법에 초점을 맞춘다. 하지만 그것에 집중하다 보면, 왜 애초에 일을 덜 해내는지 그 이유에 관해서는 무시하고 넘기게 된다. 우리는 자신의 생산성을 제한하는 요인들이 무엇인지 반드시 확인해야 한다.

　직장에서 최대한 생산적으로 일할 것이라는 목표가 있다고 가정해 보자. 이때 두 가지 범주를 모두 충족하는 조언에 집중해야 한다. 첫 번째는 더 지적이고 정교한 방식으로 일하도록 이끄는 전략 및 중요한 일에 집중하는 전략이다. 이 조언은 결과가 즉시 나타나므로 재미를 느끼며 실천할 수 있다. 한 주를 미리 계획하기, 할 일 목록 관리하기, 중요하지 않은 일은 거절하기 등은 모두 시작하자마자 효과적인 기법이다. 이 요령들의 효과가 확인되면 더 지키려는 의욕이 샘솟는다.

　두 번째 조언의 범주는 섭렵하기가 더 어렵고 훨씬 경시되지만,

자신의 생산성 수준을 신경 쓰는 사람에게는 첫 번째 조언만큼이나 중요하다. 더 많은 일을 해내는 방법에 집중하는 데 더해, 할 수 있는 것보다 덜 해내게 되는 온갖 이유에도 초점을 맞추는 것이다. 즉, 나도 모르는 사이에 나의 수행 능력을 제한하는 변수들에 주목해야 한다. 성취 역량에 불필요한 한계를 만들어 내는 요인에는 이 책에서 논한 여러 상황이 포함된다. 다음이 그 예시들이다.

- 만성 스트레스로 인해 번아웃에 빠지면 눈앞에 있는 대상으로부터 분리된다.
- 놀라우리만치 높은 자극의 높이에 머물다 보면 더 많이 꾸물거리고, 더 많은 시간을 낭비하게 된다. 필수적인 과업을 실행하려면 자극의 높은 고도에서 낮은 고도로 내려와야 하기 때문이다.
- 끊임없이 '더 많이'를 추구하다 보면 도파민에 과잉 의존하게 되어 현재에 머무는 능력이 약화된다.
- 마음속의 불안과 걱정은 판단력을 흩트리는 동시에 프로젝트 기획하기, 아이디어 떠올리기, 목표에 관해 고민하기 등 더 중요한 것을 생각지 못하도록 주의를 분산시킬 수 있다.
- 끊임없이 주어진 시간에 대한 기회비용을 생각하다 보면 현재에 몰두하지 못할 수 있다.

위 요인들은 신속한 생산성 전략으로 고치기 어려운 몇 가지 예에 불과하다. 이 문제들을 방치한다면 덜 평온하고, 더 불안하며, 덜 생산적이게 될 것이다.

○   **불안과 생산성**

앞의 내용을 염두에 두고, 불안한 상태에서는 성취도가 얼마나 떨어지는지 계산해 보자.

앞에서 언급한 모든 이유를 고려할 때, 이 책은 평온함 못지않게 생산성도 논하고 있다. 생산성 조언의 첫 번째 유형 — 더 똑똑하게 일하도록 이끄는 조언들 — 은 매력적이고, 특히 초반에는 더 많은 일을 완수하도록 이끈다. 하지만 지나치게 몰두하면서 생산성 결함을 고치는 일은 무시한다면, 원하는 수준의 생산성을 얻지 못할 수도 있다. 특히 이 결과는 시간이 계속 흘러가는데도 자기 탱크의 잔여량(정신적, 정서적, 심지어 영적인 양)을 주의 깊게 관리하지 못할 때 나타난다.

불안한 정신 상태가 인지적 수행을 훼손해 봤자 얼마나 훼손할까 싶다면, 사실 내 말을 들어볼 필요도 없다. 이미 여러분은 현상을 잘 보여주는 수많은 예를 삶 속에서 경험했을 것이다. 한 예로, 가장 최근에 사람들 무리 앞에서 강연해야 했던 순간을 떠올려 보라(그런 일에 불안을 느낄 경우). 아마 여러분은 그 일을 두려워했을 것이다. 대중 연설은 죽음과 함께 가장 흔한 두려움의 대상으로 손꼽힌다.[1]

강연 직전의 정신 상태가 어땠는지 회상해 보라. 쉽게 집중할 수 있었는가, 아니면 주의력을 앗아가는 부정적인 혼잣말을 막으려고 기를 쓰고 노력했는가? 머릿속에서 한꺼번에 많은 내용을 처리할 수 있었는가? 주변 사람 중 누구든 간에 차분히 대화해 나갈 수 있었는가? 아니면 할 말을 생각하며 애태우느라 바빴는가? 만약 무대에 오르기 전에 누군가 깊은 집중력이 요구되는 교정 작업을 요청했다고 가정한다면, 그 일에 온전히 주의력을 쏟을 수 있었겠는가?

강연이 시작된 후에는 이를 원활히 진행했는가?

무슨 말을 했었는지 기억나는가?

어쩌면 여러분은 운이 좋아 다수의 무리 앞에 강연한 적이 없을 수도 있고, 불안한 사고 패턴 때문에 많은 그룹 앞에서 강연하다가 물러선 적이 없을지도 모른다. 만약 그렇다면, 마지막으로 비행기를 타고 가다가 난기류를 만났던 때를 생각해 보라. 책을 읽고 있었다면 같은 페이지를 여러 번 다시 읽어야 했는가? 팟캐스트를 듣거나 영화를 보고 있었다면, 되감기를 하거나 놓친 부분을 메우려고 애써야 하지 않았는가?

위 이야기들은 불안이 우리의 인지적 수행을 훼손하는 예시들이다. 불안을 경험하고 있다면 — 임상적으로 문제가 되는 수준은 아니라도 — 그 불안은 여러분이 미처 깨닫지 못한 방식으로 생산성을 제한하고 있을 것이다. 강연, 기체 난기류, 백화점에서 아이를 잃어버린 상황처럼 매사에 마음이 얼어붙지는 않을 것이다(부디 그러길). 하지만 이 예시들은 극단적인 경우를 잘 보여주고, 나도 모르는 사이에 불안이 주의력을 훼손하는 방식을 잘 드러낸다.

역설적이게도 불안은 자신의 수행 능력이 곤두박질쳤다는 사실을 덜 자각하게 만들기도 한다. 애초에 스스로 이를 자각하려면 꽤 높은 주의력이 필요하기 때문이다.

○ 불안과 주의력

작업 기억 용량—나는 이를 가리켜 '주의력 공간$_{attentional}$ $_{space}$'이라고 즐겨 부른다—은 자신이 하는 거의 모든 일을 보조하는 인지적 척도다. 이는 즉각적인 기억으로서, 매 순간 사태를 처리하고 생각하는 동안 그 정보를 머릿속에 보유하게 한다. 작업할 주의력 공간이 클수록 더 깊게 생각하고, 한 번에 더 많은 양을 처리하며, 더 나은 수행력을 발휘할 수 있다. 주의력 공간이 크면 삶의 사건들을 돌아보는 역량도 더 커진다. 작업 기억은 계획, 이해, 추리, 문제 해결, 그 외 중요한 기능을 촉진하여 거의 모든 방식으로 정신적 수행을 보조한다.[2]

연구자들은 우리가 불안할수록 덜 생산적이라는 사실을 오래전부터 알고 있었고, 이 관계는 반세기가 넘도록 연구된 주제다. 연구자 팀 모란$_{Tim\ Moran}$이 수행한 메타 분석은 이렇게 요약했다.[3] "이제 인지적 결함들은 불안의 중요한 구성 요소로 널리 인정받고 있다." 불안이 수많은 방식으로 인지적 수행을 저해한다는 것은 확립된 사실이다. 우선, 불안은 '독해력 및 수학적 문제 해결력 부문의 부진한 수행력'과 뚜렷이 연관되고, 심지어 '지능 및 일반 적성 성취도를 평가하는 표준화된 검사에서의 낮은 점수'와도 연관된다.

위 메타 분석은 이러한 수행력 감소에 한 가지 공통 요인이 있다고 제안한다.[4] 바로 인지적 용량 감소다. 불안은 인지적으로 비싼 값을 치르게 한다. 불안하면 생각을 위한 자원이 줄어든다. 불안이 정신적 메모장을 얼마나 축소시키는지에 관해서는 연구마다 상반된 결과를 제시하지만, 모란은 불안이 주의력 공간을 약 16.5퍼센트까지 축소시킨다는 점을 밝혀냈다.[5]

얼핏 들으면 적은 수치 같지만, 미미한 감소가 실제로는 심각한 효과를 불러일으킬 수 있다. 이것이 불안이 인지 능력에 영향을 끼치는 한 가지 방법에 불과하다는 것은 말할 것도 없다. 주의력 공간이 축소된다는 것은 매 순간 처리량이 줄어든다는 뜻이다. 그 결과 생각하고, 아이디어들을 한데 모으고, 정보를 연결하며, 눈앞의 세계를 이해하는 데 필요한 정신적 여지가 줄어든다. 비행기 난기류 사태가 벌어질 때만큼 생산력이 떨어지지는 않겠지만, 그런 상태에 근접할 수도 있다.

불안은 소중한 주의력을 급하게 소비하는 한편, 삶에 집중하는 능력을 떨어뜨림으로써 우리의 성취 역량을 떨어뜨린다.

높은 인지력을 요구하는 일일수록 일말의 불안이 수행력을 해치는 정도도 자연스럽게 높아진다. 정신적으로 그리 부담스럽지 않은 반복 행위이자 다른 사람들과의 관계도 거의 없는 일이라면, 불안한 마음이 수행력에 그리 큰 영향을 끼치지는 않을지도 모른다.

하지만 여러분은 아마 반대 경우에 속할 것이다. 오늘날 상당수의 사람이 생계를 위해 지식 노동에 종사하고 있으니 말이다.

작업 기억 용량이 더 크다면 지식 노동을 수행하는 데 엄청난 도움이 된다. 이 또한 내 말에 굳이 귀 기울일 필요가 없다. 불안이 줄어들어 훨씬 평온하고 부담이 없던 때를 생각해 보라. 친구들과

긴 도보 여행을 마치고 돌아온 다음 날, 세상과 잠시 차단하고 휴가를 즐긴 뒤 새로운 정신으로 돌아왔을 때 말이다. 불안한 생각들이 주의력과 줄다리기하지 않는 덕분에 얼마나 더 명료하게 생각할 수 있었는가? 눈앞의 일에 얼마나 깊이 몰두할 수 있었는가? 주의력 공간이 넓어짐에 따라 더 많은 아이디어를 생각해 내고, 주변 사람과 더 친밀한 기분을 느끼고, 훌륭한 일을 수행하고 좋은 삶을 누리기 위해 재량껏 사용할 인지적 자원이 넘친다고 느껴졌는가?

약간의 정신적 역량이 가져다주는 혜택은 정말 크다.

불안이 우리의 정신적 역량을 어느 정도나 저해할지 더 깊이 이해하고자 팀 모란과 연락을 취했다. 나는 여러 곳에서 인용된 2016년 메타 분석을 발표한 이후로 그의 생각이 어떻게 발전했는지 궁금했다. 수치들은 크게 변하지 않았다. 하지만 논의 중에 그가 제안한 한 주제가 흥미롭게 느껴졌다. 작업 기억 외에도 불안이 우리의 일반적 인지 수행력을 제한하는 몇몇 요인과 연관되는 것 같다는 점이다. 모란에 따르면, '불안이 실험실 과제 및 현실 생활 속의 수행력 다수와 연관돼 보이는 데는 이유가 있다. 불안이 주의력 통제 정도, 또는 상충하는 정보를 처리할 때 주의력을 유지하는 능력 등 더 일상적인 능력과 연관되기 때문이다.'[6]

달리 말해, 불안은 작업 기억을 축소하는 데 그치지 않는다. 불안은 사실상 우리 정신을 축소한다. 어떤 일에 종사하든 이 잃어버린 정신적 역량을 반드시 되찾아야 한다.

모란의 직감은 엉뚱하지 않았다. 불안과 인지적 수행에 관해 그가 살펴본 수천 가지 연구가 이를 뒷받침한다. 그의 결론을 뒷받침하는 새로운 연구가 있었다.[7] 이 연구에 따르면, 불안은 소중한 주의력 공간을 점유할 뿐 아니라 자신의 주의력에 대한 통제를 떨어뜨리는 한편, '위협과 관련된 자극'에 더 많은 주의를 기울이게 한다.

불안한 시기에는 활용할 정신 자원만 줄어드는 게 아니다. 불안은 집중하는 일을 훨씬 어렵게 만들고, 새로운 위협, 예를 들어 불안을 심화하는 스트레스 요인 등에 더 많은 주의를 쏟게 한다.

우리의 일과 삶은 자신이 활용하는 지력의 혜택을 입는다. 유감스럽게도 불안은 생산성을 발휘하며 의미 있는 삶을 음미하는 데 필요한 소중한 정신적 자원을 빼앗는다.

이러한 측면에서 평온함을 추구하는 것, 그리고 시간과 에너지가 들더라도 자기가 느끼는 불안을 줄이는 것은 생각보다 많은 시간을 절약해 준다.

한 가지 재미있는 사고 실험으로, 정확히 얼마나 많은 시간을 되찾을 수 있는지 계산해 보자.

○ **불안으로 잃은 시간 되찾기**

우리는 모두 선천적 특성이 다를뿐더러, 저마다 다른 삶을 살아가며 매우 다른 일에 종사하고 있다는 점을 다시 한번 말해둬야겠다. 이에 더해, 불안이 각 사람에게 끼치는 영향도 제각기 다르다. 따라서 각자의 수행 능력에 나타나는 영향도 상이하다. 이는 특히 다양한 유형의 과제에 따라 다르게 나타난다. 주의력 공간은 크게 세 가지 방식으로 활용된다.[8] 하나는 지식을 조작하고 연결하는 것이며, 다음은 시각 정보를 처리하는 것, 마지막은 청각 정보를 처리하는 것이다. 개인의 불안이 어떻게 나타나느냐에 따라 인지적 수행력은 각기 다른 방식으로 부정적인 영향을 받는다.

불안할 때 자신이 대체로 부정적인 생각에 집중하고 있다면, 일반적 추론 기능 전반에 부정적인 영향을 받아서 그 결과로 논리적 사고가 어려울 수도 있다. 과거의 불안한 일들을 시각화한다면, 주의력 공간에서 주로 시공간을 담당하는 부분이 영향을 받아 시공간을 다루는 일에 어려움을 느낄 수도 있다. 불안할 때 끊임없이 부정적인 혼잣말을 하게 된다면, 주의력 공간에서 주로 음운적(언어) 요소가 해를 입어 평소처럼 효과적으로 소통하지 못할지도 모른다.

이 모든 개념을 염두에 두고, 평온함을 통해 얼마나 많은 시간을 아낄 수 있는지 대강 헤아려 보자. 얼마나 많은 시간을 되찾을지 설명하기 위해, 불안이 수행력을 제한하는 유일한 방식은 줄어든 작업 기억 용량으로 표현된다고 최대한 보수적으로 가정하자. 또한 작업 기억과 생산성 사이의 관계는 선형적이라고도 가정하겠다. 달리 말하면, 주의력 공간이 감소한 비율만큼 일일 생산성도 함께 감소하고, 그 결과 일의 실행 시간도 더 오래 걸린다. 다시 말하지만, 우리가 정신적 메모장에 의존하는 정도를 고려할 때,

이는 매우 보수적인 측정 방식일 가능성이 크다.

주의력 공간의 규모가 16.5퍼센트 줄었을 때, 일을 완료하기까지 투여되는 시간은 훨씬 길어진다. 이는 듣기보다 훨씬 더 유의미한 차이다. 만약 현실적이고 실질적인 업무를 실행할 시간이 8시간 주어진다면, 이제 그 업무량에 9시간 19분이 필요한 셈이니 말이다.

더 많은 정보와 소통에 연결된 탓에 전보다 더 바빠졌다고 생각된다면—하지만 곰곰이 생각했을 때, 업무량에 변화가 거의 없다면—불안이 원인일 수 있다. (업무량은 번아웃의 중대한 요인임을 고려할 때, 불안으로 인해 늘어났다고 느끼는 업무 시간은 일에 대한 몰입도를 낮추어 번아웃에도 영향을 미칠 수 있다.)

불안은 임상적으로 문제시되는 수준이 아니어도 수행력에 영향을 끼칠 수 있다. 그리고 불안은 우리의 생산성을 16.5퍼센트보다 훨씬 더 제한할 가능성이 크다. 작업 기억 용량은 불안이 수행력에 영향을 끼치는 하나의 차원에 불과하다.

평온함이 우리에게 가져다주는 수많은 장점들, 이를테면 몰입의 과정을 통해 실제로 업무에서 진척을 이루게 한다는 점을 고려할 때, 평온함은 불안한 시기에 특히 생산성을 이끌어 내는 필수 요소라고 볼 수 있다. 생산성을 가치 있게 여긴다면, 이 수치를 보고 분명한 깨달음을 얻게 된다. 반드시 평온함에 투자해야 한다는 것이다.

○ 활개 치는 죄책감

평온함을 추구하다 보면 몇몇 이유로 죄책감이 든다.

먼저 죄책감은 주어진 시간을 의도성 있게 쓰지 않고 있다는 느낌에서 비롯된다. 강한 의도를 갖고 일하지 않을 때, 우리는 주어진 시간의 기회비용을 염려하기 시작한다. 나의 시간을 가장 적합한 일에 쓰고 있는지 의구심이 들어서다.

이러한 죄책감의 요인은 더 의도성 있게 일하도록 이끄는 전략으로 아주 쉽게 물리칠 수 있다. 제일 잘 알려진 생산성 조언을 탐색해 보라. 진부한 표현이지만, 그 조언은 더 열심히가 아니라 더 똑똑하게 일하도록 이끈다. 일과 가정생활에서 중요한 일일 우선사항 세 가지를 정하고, 그중 가장 중요한 과제를 정해서 시간마다 울리는 자각 알림(다수의 스마트 워치가 보유한 기능)을 설정해 수시로 작업 중인 일을 돌아보라. 과감한 노력을 해보고 싶다면 생산성에 관한 책을 탐독할 수도 있다.

죄책감을 유발하는 두 번째 흔한 요인은 주어진 가치관에 맞게 행동하지 않는 데서 생겨난다. 현대 사회의 문화는 비활동적인 일에 눈살을 찌푸린다. 따라서 현대 문화의 기본 가치, 즉 다른 무엇보다도 생산성, 성취, 끊임없는 성장을 중시하는 가치를 받아들인 사람이라면, 평온함을 추구하며 덜 분주해질 때 죄책감을 느낄 수도 있다. 그 시간에 열심히 일하지 않고 있다는 뜻이니 말이다.

대다수의 사람은 생산성을 어느 정도 가치 있다고 여긴다. 여러분도 그렇다면, 두 번째 유형의 죄책감은 다음의 두 가지 주된 이유에서 잘못되었다.

1. 평온함이 목표 달성에 얼마나 유익한지 대충 얼버무린다.
2. 우리는 자신의 생산성을 측정하는 데 놀랍도록 형편없다.

첫 번째 논점에 대해서는 이전 단락에서 다룬 바 있다. 평균 수준의 (임상 수준 미만의) 불안을 느낀다고 가정할 경우, 8시간 분량의 일을 완료하기까지 최소 9시간 19분이 걸린다. 즉, 날마다 8시간을 업무에 쓴다면 야근해야 할 때가 많고, 저녁 시간까지 업무상 연결되어 있어야 하며, 주말 몇 시간 혹은 휴가 기간에도 일에 매달려야 뒤처지지 않는다. 이는 부정적인 에너지 순환을 일으켜 더 많은 만성 스트레스를 얹어줄 수도 있다. 일의 즐거움이 줄어드는 것은 말할 것도 없다. 도파민은 도파민을 낳고, 자극은 자극을 낳으며, 불안은 불안을 낳는다.

물론 직장에서 주의력 공간의 크기는 주요 측정치 중 하나에 불과하지만 분명 중요한 요소다. 이는 불안이 우리 정신을 굼뜨게 해서 한 번에 더 적은 양을 기억하고, 더 적은 양을 처리하게 만드는 이유를 설명해 준다. 하지만 여기에 작용하는 다른 요인들도 있다. 불안은 주의력 공간을 축소하는 동시에, 덜 중요한 일에 주의를 쏟게 만들기도 한다. 특히 더 부정적이거나 위협적인 관심 대상을 마주할 때 더욱 그렇다. 불안에는 연구자들이 '위협 편향 threat bias'이라 일컫는 현상이 내재해 있다.[9] 이름에서 짐작되겠지만, 이러한 태도는 주변 환경에서 위협적인 모든 대상, 예를 들어 부정적인 뉴스 내용 및 머릿속에 떠오르는 파국적인 생각들에 더 많은 주의를 기울이게 한다.

더불어 불안은 다른 방식으로도 개인의 생산성을 떨어뜨린다. '더 많이'의 사고방식과 초자극제는 도파민을 중심으로 습관을 형성하도록 유도하고, 그 결과 우리는 주의 분산 요소를 갈망하게 된다. 불안은 의욕을 떨어뜨리는 한편, 우리를 번아웃으로 몰고 간다. 초자극제는 평안함을 느끼기에 가장 알맞은 것보다 훨씬 높은 자극 높이에서 고공 행진을 하도록 유도한다. 하지만 생산적인 과업의 대다수는 자극의 낮은 고도에 위치해 있다.

불안이 수행력을 제한하는 무수히 많은 방식을 고려할 때, 1일 8시간 분량의 업무에 9시간보다 훨씬 많은 시간이 걸린다는 건 쉽게 이해할 수 있다. 이 숫자―불안이 불러오는 이 모든 여파를 고려한다면 더더욱 보수적으로 느껴질 것이다―를 활용하면, 평온함이 생산성 장벽을 돌파하는 데 유익한 정도가 여실히 드러난다. 심지어 일종의 '손익 분기점', 그러니까 평온함을 추구하는 것이 더는 유용하지 않은 지점을 계산할 수도 있다. 이 모든 추가적 여파(의욕 저하, 인지 역량 감소, 자극 증가, 혼잣말 증가, 현재에 대한 집중도 감소) 때문에 이미 잃어버린 1시간 19분에 더해 일일 업무를 완료하는 데 25분이 더 걸린다고 가정해 보자. 실제로 잃게 되는 시간은 훨씬 더 클 것이다. 앞서 말했듯 거의 모든 사람이 이 시간을 되찾을 수 있도록 최대한 보수적인 자세를 유지하자. 정신적 메모장이 줄어든 탓에 잃어버린 시간 25분을 더하고 나면, 불안한 상태에서 덜 효과적으로 일한 까닭에 총 1시간 44분을 잃는 셈이다.

달리 표현하면, 지식 노동에 종사할 경우 자신의 생산성 저하를 고민하기보다 하루 중 거의 2시간을 평온함에 투자하는 게 낫다.

당연히 매일 이렇게 긴 시간을 평온함에 투자할 필요가 없다. 이 책에서 제시하는 대다수 전략—만성 스트레스 직면하기, 현재에 머무는 수행을 통해 초자극제 다스리기 등—은 설령 시간이 들더라도 아주 적은 시간을 기울이도록 고안된 것들이다. 자극 금식과 같은 전략은 애초에 시간을 절약해 줄 수도 있다. 시간 투자가 요구되는 거의 모든 전략은 앞 장에서 제시했다.

불안의 이야기가 전해주는 교훈은 간단하다. 생산성을 가치 있게 여긴다면 불안을 극복하고 평온함을 얻는 데 투자해야 한다는 것이다. 평온함에 투자하여 생산성을 위한 역량을 기를 수 있다.

더 반가운 사실은, 이 시간을 투자하는 데 죄책감을 느낄 필요가 전혀 없다는 것이다. 그 시간에 대신 할 온갖 더 '생산적'인 일을 떠올리려는 유혹이 들더라도 말이다. 어느 경우든 결론은 오히려 반대다. 평온함이 나를 얼마나 더 생산적으로 만들어 주는지 생각해 보면, 평온함에 투자하지 않는 데 죄책감을 느껴야 한다.

이 책의 전략들을 실천하는 것과 관련해 솔직한 진실을 말하자면 이렇다. 이 요령들이 자신을 얼마나 생산적으로 만들어 줄지 논리적으로는 이해되더라도, 그런 활동에 시간을 들이는 데는 여전히 죄책감이 들 것이다. 나 또한 특히 처음에는 그런 기분이 들었다.

죄책감이 일어날 때는, 평온함에 투자해서 나도 모르는 사이에 얼마나 생산성이 향상되고 있는지 상기하자. 그리고 이를 근거로 아직 남은 죄책감을 돌아보자. 이는 애초에 내가 생산성을 어떻게 측정하고 있는지 생각해 볼 훌륭한 기회가 된다.

○ 분주함 편향

자신의 생산성을 측정하기란 어려운 일이다. 보통 인지적으로 더 까다로운 일일수록 생산성 측정이 더 어렵다. 정신적으로 까다롭고 복잡한 일에 종사할 경우, 대개는 나의 시간과 주의력, 에너지를 투여해 생산하는 결과물 역시 그만큼 복잡하다.

대다수 사람이 공장 생산 라인에서 일하던 시절을 떠올려 보라. 이 일은 단순하고 반복적이었으므로 하루가 끝날 무렵 개인의 생산성을 명확히 측정할 수 있었다. 하루치 시간에 더 많은 부품을 생산했다면 생산성이 더 높은 것이었다. 8시간 교대로 일하면서 네 개가 아닌 여덟 개의 부품을 만들었다면 생산성이 두 배 높은 셈이었다. 이렇게 나의 생산량과 개인적인 생산성이 정비례했다.

그러나 지식 노동에서는 더 이상 출력물의 양이 생산성을 좌우하지 않는다. 1,600단어짜리 보고서를 쓸 경우, 400단어짜리 보고서를 쓸 때보다 네 배 더 생산적인 느낌이 들 수도 있다. 하지만 400단어 분량의 보고서가 회사에 더 많은 변화를 불러온다면 어떨까? 그 보고서가 모두의 시간도 절약해 준다면?

여기서 죄책감의 또 다른 측면을 생각할 수 있다. 1,600단어 보고서와 400단어 보고서 중, 여러분에게 더 생산적이라고 느껴지는 것은 어느 쪽인가?

여러분의 일을 전통적인 방식으로 측정한다면, 아마 그 일은 더 큰 노력을 요하거나 더 오랜 시간이 걸리는 일 중 한쪽일 것이다. 실제로 변화를 일궈냈다거나 가장 유용한 일은 아니었을 것이다.

이것이 바로 우리가 생산성에 관해 자신에게 말하는 이야기들이다. 어느 수준에서 우리는 여전히 결과물과 에너지 비용을 생산성과 동일시한다. 지식 노동에서는 결과물, 노력, 생산성 간의 관계가 크게 무너진 시대인데도 말이다.

대다수 사람은 자신의 생산성 측정을 진지하게 고려하지 않는다. 하지만 사는 동안 일하며, 또는 방해 요소 없이 목표한 바를 실행하려고 노력하며 보내는 시간의 양을 고려할 때, 다음 질문은 충분히 생각해 볼 가치가 있다. **나의 생산성을 어떻게 측정해야 할까?**

하루가 잘 지나갔는지를 측정하는 데도 여러 방법이 있듯이, 어느 수준에서 우리는 자신의 생산성을 측정하는 여러 방법(대개는 무의식적인 방법)을 가지고 있다.

너무도 많은 사람이 무리하면서 바쁘게 산다고 느낀다. 이에 우리는 주어진 하루 동안 자신의 생산성을 보여주는 더 명확한 실마리에 눈을 돌리곤 한다. 우리는 자신이 얼마나 열심히 일했는가, 일을 완수하고자 기울인 노력이 얼마나 되는가 등을 살펴보는 경향이 있다. 계속 바쁘게 지냈다는 증거가 보이면 죄책감은 사라진다. 하루의 활동이 부진했다고 생각될 경우, 죄책감 속에 완전히 잠길 수도 있다. 자극적인 주의 분산 요소가 가득한 날보다 느굿하고 신중하게 더 많은 것을 성취한 때도 말이다.

자신이 얼마나 열심히 일했는가를 살펴보는 게 나쁜 것만은 아니다. 생산성 측정 지표로는 이보다 훨씬 나쁜 것들도 있다. 그러나 이런 방식으로 일의 성과를 측정하려는 충동은 인지적 업무를 측정할 때 고장을 일으키곤 한다. 특히 에너지 소비에만 초점을 맞춰 재충전의 기회를 놓치거나, 자신의 프로젝트 및 아이디어를 진지하게 반성할 시간에도 계속 일에 몰두할 때는 더더욱 그렇다. 2장에서도 논했듯이 맹목적인 분주함은 만성 스트레스를 일으킨다.

이런 상태에서는 아이디어도 샘솟지 않는다. 바쁜 임원이 한낮에 공원을 거닌다고 하면 모르는 사람 눈에는 비생산적이라고 보일지 모른다. 하지만 이렇게 함으로써 수십억 달러 가치의 아이디어를 떠올려 10년치 이메일에 빠짐없이 답하는 것보다 회사에 크게 이바지한다면, 이는 가장 훌륭하게 시간을 보낸 예에 속할 것이다. 기분상으로는 덜 생산적이라고 느껴지겠지만, 평온하고 활력 있으며 더 실질적인 차이를 만들어 낼 비결을 알아냈을 것이다. 컴퓨터 프로그래머의 경우도 비슷하다. 더 적게 일하는 한편, 스캐터포커스 상태로 더 자주 휴식하여 한참 고민 중인 문제들을 궁리해 결과적으로는 시간을 절약할 수도 있다. 행정 보좌관의 경우도 마찬가지다. 낮은 자극의 높이에 머물고 있으면 덜 생산적이라는 느낌이 들 수도 있지만, 더 편안한 고도에서 움직이다 보면 더 많은 프로젝트를 진척시킬 수도 있다.

평온한 마음은 신중한 마음이며, 신중한 마음은 생산적인 마음이다. 끊임없이 '서둘러야' 한다는 느낌이 든다면, 업무 일부를 자동화하고 평온함을 추구할 방법을 실행해 더 지적으로 일할 중요한 기회를 간과하고 있을지도 모른다.

생산성을 측정하려면 내가 얼마나 성취하고 있는가를 돌이켜봐야 한다. 평온함을 추구할 때 죄책감을 느끼는 것은, 덜 바쁘면 진척이 더디다는 느낌이 들어서다. 그러므로 우리는 자신의 노력이 어떤 결실을 거뒀는지 스스로 일깨워 줘야 한다. 생산적인 하루였음을 신호하는 잘못된 지표─내가 얼마나 열심히 일했는가, 받은 편지함에 남아 있는 메일은 몇 개인가, 얼마나 지쳐 있는가─에 눈을 돌리기 쉬우므로, 나의 시간이 가져다준 결과에 관한 탄탄한 정보를 자기 마음에 제공하는 것이 필수적이다. 사실, 중요한 프로젝트를 전혀 진척시키지 않고도 열심히 일하고, 받은 편지함을 0으로 만들고, 녹초가 된 듯이 느낄 수 있다.

자신의 성취를 빠짐없이 추적해야 한다. 특히 더 평온하고, 덜 바쁘고, 더 생산적일수록 이를 실천해야 한다.•

- 사무실 환경에서는 덜 바빠 보이면 그만큼 덜 생산적인 것처럼 보인다는 점을 말해둔다. 내가 나의 생산성을 측정하는 데 젬병인 만큼, 다른 사람도 나의 생산성을 측정하는 데 형편없다. 프랑스 시인 피에르 르베르디Pierre Reverdy가 표현했듯, "사랑은 없다. [오직] 사랑의 증거가 있을 뿐이다." 같은 논리가 생산성에도 적용된다. 이상적인 세계라면 성취도로 직장에서 평가받아야 한다. 하지만 일부 경우에는 실제로 내가 얼마나 생산적인가에 더해, 내가 얼마나 생산적인 인상을 주는가도 고민해 볼 필요가 있다. 여러분의 생산성을 드러내는 증거에 유념하라.

○   **죄책감에 대처하는 기술**

　　　　대다수 사람은 더 높은 생산성을 발휘해 더 많은 것을 성취하려 한다. 하지만 현실에서 우리 마음은 현재에 집중하며 의도성을 발휘한 정도로 생산성을 평가하기보다, 얼마나 분주하게 에너지를 소비했는가를 돌아볼 때가 더 많다. 다행히 이런 태도를 물리칠 방법이 있다. 이로써 자신이 얼마나 많은 것을 성취했는지 상기하고, 죄책감을 덜 느끼는 가운데 평온함을 추구할 수 있다.

　이러한 죄책감을 극복하려면 자신의 성취를 돌아보는 일이 필요하다. 이에 따라 반사적이고 비판적인 태도가 아니라, 분석적인 자세로 하루하루를 바라볼 수 있다. 우리에게는 '자이가르닉 효과Zeigarnik effect(심리학자 블루마 자이가르닉Bluma Zeigarnik의 이름을 딴 명칭)'라고 자주 일컬어지는 정신적 편향이 있다.[10] 이 때문에 우리는 완료한 모든 일보다 완료되지 않은 일들을 더 잘 기억한다. 바로 지금, 우리 마음은 살면서 이룬 모든 성취보다 어질러진 침실 벽장 때문에 더 무겁게 짓눌릴 수도 있다.

　다음은 내가 개인적으로 유익하다고 느낀 몇 가지 전략이다.

- **일일 성취 목록을 작성하자.** 하루를 보내면서 자신이 완료할 만한 것들을 모두 적어보자. 이는 이미 두어 번 언급한 적이 있는데, 여기에는 합당한 이유가 있다. 자이가르닉 효과 때문에 우리는 그날그날의 승리를 쉽게 잊곤 한다. 하루가 끝날 무렵, 적어둔 항목들을 다시 검토해 자신이 완료했으나 잊어버린 과제들

을 상기해 보자. 일반적으로 사람들은 자기 생각보다 많은 것을 완료한다. 이 요령은 특히 며칠 (또는 몇 주) 동안 아무것도 진척되지 않는다고 느껴질 때 유용하다.

- **장기 성취 목록도 관리하자.** 나는 일일 성취 목록에 더해, 2012년부터 컴퓨터에 작성해 온 파일이 하나 있다. 이 파일에는 업무와 생활 면에서 그동안 이룬 성취와 이정표들을 기록해 왔다. 이를테면 각종 기념일부터 내가 달성한 업무 프로젝트, 나아가 사업과 관련된 여러 지표가 담겨 있다. 매년 15~20개의 이정표 및 성취들이 적혀 있는데, 매달 초에 이 목록을 검토하며 추진력을 얻는 것은 재미있는 일이다.

- **할 일 목록이나 작업 관리기를 쓸 경우, 일과를 마치면서 그날 달성한 내역을 검토하자.** 일과가 끝나면 할 일 목록은 어떻게 처리하는가? 여러분이 이 프로젝트 전의 나와 같다면 아날로그 목록은 구겨버렸을 테고, 디지털 작업 관리기에 작성된 완료 작업은 디지털 공간에 날려버렸을 것이다. 하지만 일과를 마칠 때, 완료로 표시한 모든 항목을 다시 한번 꼭 살펴보자. 또한, 성취하겠다고 계획하진 않았지만 완료한 항목도 주저 없이 목록에 추가하자. 무언가를 목록에 적고 즉시 완료 상태로 표시하는 기분은 무척이나 좋다(의도치 않은 완료도 분명 일어난 일이니 말이다).

- **일과를 마칠 무렵, 그날 하루가 어땠는지 몇 분간 일기에 적어보자.** 하루를 마칠 때, 몇 분간 타이머를 맞춰놓고 그날 하루가 어땠는지 돌아보자. 무엇을 성취했는지, 얼마나 의도성을 가지고 일했는지, 잘된 일은 무엇인지, 다음번에 개선할 점은 무엇인지 (예시:

일할 때 좀 더 자신에게 친절해질 것) 등을 생각해 본다. 기억해 두자. 이 활동은 변해야 할 자기 모습을 놓고 자책하는 시간이기보다 잘된 점을 돌아보는 기회로 여겨야 한다. 이는 생산성 모드에서 벗어나기 전에 실천할 바람직한 요령이다.

위 요령들은 자신이 생각보다 생산적이라는 사실을 깨닫도록 도와줄 수도 있다. 특히 분주한 일들로 하루를 가득 채우지 않았을 때 효과적이다.

이 요령들을 실천할 경우, 평온함을 추구하기 전과 후에 자신이 성취해낸 일의 양을 꼭 확인해 보길 바란다.

평온함을 추구하면 덜 분주한 가운데 더 사려 깊고, 신중하며, 의도를 가지고 움직이는 데 유익하다. 이로써 평온함을 통해 주어진 일을 완수하는 역량을 넓힐 수 있다. 평온함을 누리는 데서 느끼는 죄책감을 더 밀어내고 싶다면, 평온함이 가져다준 업무상의 변화를 돌아보자. 이처럼 전후 상황을 머릿속에서 그려 자신이 수립한 습관들을 공고히 할 수 있다.

비록 20만 년 된 뇌를 지니고 있지만, 인간은 논리, 추론, 창의성 등 무수히 많은 기술을 지니고 있다. 안타깝게도 그런 기술 중에 자신의 생산성을 정확히 측정하는 능력은 빠져 있다.

○ **생산성 균형 잡기**

내가 이 책에 담긴 여정에 돌입한 것은, 나 자신의 불안을 극복하고 싶다는 마음 외에 다른 뜻이 없었다. 나는 불안하고 초조했으며, 전반적으로 불편한 마음을 느끼고 있었고, 뭔가를 포기해야 한다는 것을 알았다. 게다가, 내가 실천한 생산성 조언들이 나를 번아웃으로 몰고 갔다면, 그것은 효과적인 조언이 아니라는 뜻이었다. 생산성이 나의 상당한 관심사이긴 하지만—바라는 것보다 더 많이 성취하길 원치 않는 사람이 어디 있겠는가?—불안과 번아웃을 피할 방법을 찾지 못한다면 생산성을 추구할 가치가 있는지 확신이 서질 않았다.

하지만 스펙트럼 위를 이동하며 불안에서 평온함으로 옮겨가던 중, 한 가지 매우 다른 주제와 마주쳤다. 평온함을 무시한 채 생산성만 추구하던 때의 나는 생산성 그림의 중요한 일부를 놓치고 있었다. 그 부분이야말로 장기적으로 나의 일과 삶을 지속 가능하고, 유의미하며, 즐겁게 만드는 것이었다.

단순히 불안이 우리를 덜 생산적으로 만드는 것이 아니다. 평온함이 우리를 더 생산적으로 만들기도 한다. 압박 속에서도 까다로운 의사결정을 사려 깊게 내리는 침착한 지도자, 500단어 분량의 속보 기사를 30분 만에 완벽하게 써내는 기자, 병실에 걸어들어오는 것만으로도 환자들의 마음을 즉시 편안하게 해주는 의사 등을 생각해 보라. 생산성에 관한 한 평온함은 중요한 요소다.

평온함은 우리가 원하는 것을 더 성취하도록 도와주는 중요한 요소다. 불안한 환경에 놓여 있을 때, 평온한 의도성을 가지고 일에 접근하고, 현재에 머물면서 초점을 맞추고, 주의 분산 요소에 맞서 회복력을 발휘하면 생산적이게 된다. 낮은 자극 수준에 안착하면 힘들이지 않고 집중할 수 있다. 더불어 현재에 머물고자 노력하면 번아웃에서 벗어나고 지금 진행 중인 과정에 더 몰두하게 된다. 이렇게 자기 일과 삶을 더 즐기는 한편, 중요한 것을 더 많이 성취하게 된다.

도파민과 스트레스에 빠져도 생산적이라는 기분이 든다. 하지만 앞서 언급했듯이, 이는 생산성처럼 보이는 신기루일 뿐이다. 우리 문화가 소중히 여기는 바로 그 가치들—축적, 소비, 그리고 더 많이 획득하려는 일반적인 경향—은 특히 장기적으로 평온함과 상반된다는 사실을 확인할 수 있다.

제일 잘 알려진 생산성 조언(똑똑하게 일하도록 이끄는 조언)은 분명 중요하다. 하지만 만성 스트레스와 도파민을 분비시키는 주의 분산 요소가 가득한 불안한 세계에서는 평온함도 이에 못지않게 중요하다.

하나의 대상에 온전히 집중하고자 모든 역량을 쏟는 데는 뭔가 차분한 속성이 있다. 이는 깊이 스며드는 느낌이자, 자기가 몰두하는 대상과 혼연일치 되는 느낌이기도 하다. 망치로 못을 두드리는 것이 아니라, 내 손이 확장된 형태로서 망치가 내 일부가 된다. 볼펜으로 편지를 쓴다기보다는 펜 자체가 내 생각을 실어 나르는 통로가 된다. 뇌의 연결 지점들이 점화되면서 머릿속 생각들이 볼 펜 롤러볼 끝의 정확한 미세 운동으로 변환되는 것이다.

색다른 관점에서 보면, 최상의 생산성은 명상, 즉 이 순간 하고 싶은 일에 온전히 녹아들도록 이끄는 일련의 수행에 가깝다고도 할 수 있다. 자신이 성취하려는 대상에 완전히, 깊게 몰두할 수 있다면—그러한 활동에 자신의 시간, 주의력, 에너지를 완전히 투여한다면—생산성을 전혀 걱정할 필요가 없다.

평온함은 그 자체로 노력할 가치가 있을 만큼 생산성을 향상시킨다. 지금 여러분이 불안한 상태가 아니더라도 말이다. 평온함이 길러내는 현존감은 충분히 시간을 투자할 가치가 있다. 특히 현존감이 생산성을 불러오는 비결임을 고려하면 더욱 그렇다.

하지만 결국 생산성은 하나의 유익에 불과하다. 평온함은 그 자체로 아름다운 종착점이다. 평온함이 커지면 더 느긋하게 자기 삶과 주변 세상을 대하게 된다. 편안하게 숨을 내쉬고, 어깨의 긴장을 풀며, 그저 내 삶을 살아가게 된다. 매 순간 더 깊이 스며들어 그 순간을 음미하고, 자신 앞에 놓인 것을 한 걸음 진척시킨다.

자극의 높이를 낮추고 더 쉽게 집중하게 되면, 기분 좋게 할 일 목록의 더 많은 항목을 완수할 것이다. 나를 행복하게 만들지 않는 텅 빈 도파민 분출로부터 자유로워지는 기분은 또 어떤가? 장기적으로는 이것이야말로 진정한 성과다. 이로써 도파민을 분비시키는 주의 분산 요소 사이를 오가지 않고 인생을 더욱 즐기게 된다.

같은 관점에서, 만약 한 번이라도 번아웃을 경험했다면, 또는 번아웃 상태에 근접했다면 모르는 사람에게는 아무리 호화롭게 보여도, 그 상황이 몹시 씁쓸하고 불공평하며 파괴적이라는 것을 잘 알 것이다. 자기 일에 집중하며 현재에 머무는 능력을 기르면, 소진과 냉소주의 및 아무 변화가 없는 듯한 느낌에서 벗어나는데… 이것이야말로 최고의 상일 것이다.

평온함은 더 중요한 변화를 이루도록 유도하는 데 그치지 않는다. 평온함은 내가 이미 그런 변화를 이루고 있음을 깨닫는 능력도 안겨준다.

9장

평온함이 숨 쉬는 곳

무대 위 공황 발작을 겪고 2년쯤 지났을 때, 드디어 구름 사이로 태양이 얼굴을 내밀고 나를 비췄다.

그동안 나는 평온함을 찾겠다며 참 많은 방법을 시도했다. 이 책에 담은 요령들부터 생각만큼 효과적이지 않았던 전략까지 종류도 다양했다. 그중에는 상담 치료와 칸나비디올cannabidiol(이하 CBD) 오일도 있었는데, 이 두 전략은 내가 평온한 삶을 위해 시도해 보겠다고 말했을 때 주변 사람들의 궁금증을 자아내기도 했다.

상담 치료는 재미있었고, 내 마음이 특정한 방식으로 길든 이유를 발견하는 좋은 방법이었다. 하지만 자극 금식 또는 스트레스 재고표에서 예방 가능한 항목 처리하기 등 더 실용적인 전략만큼 큰 평온함을 안겨주지는 않았다. (물론 여러분의 경우는 제각기 다를 것이다. 나처럼 호기심이 많은 성향이라면, 예산이 허락하는 선에서 상담 치료사를 만나보기를 적극적으로 권장한다. 분명 상담을 통해 자기 마음의 몇 가지 흥미진진한 점을 알게 될 것이다. 만약 자신의 불안이 임상적으로 문제시되는 수준이라고 생각한다면—어떤 전략을 실천해도 사라질 줄 모른다면—상담 치료를 시도해 봐도 좋을 것이다.)

안타깝게도 CBD 오일은 그다지 놀라운 효과를 안겨주지 않았다. 오일 속 CBD는 헴프(대마)와 칸나비스(인도 대마)에서 추출할 수 있는데 이 성분들은 평판이 썩 좋지 않다. 운 좋게도 내가 평온함을 위한 여정에 돌입할 즈음, 캐나다에서 기호용으로 칸나비스를 사용하는 것이 합법화되어 이를 시험해 볼 수 있었다.

간단히 말해 칸나비스의 두 가지 주성분은 THC와 CBD다. THC는 취하게 만드는 향정신성 성분으로 도취감, 허기, 편집증, 이완, 졸음이 두루 섞인 기분을 느끼게 하고 시간 개념도 흐려지게 한다. 이 모든 것은 섭취하는 식물의 종류 및 개인의 신경학적 특성에 따라 달라진다. CBD는 칸나비스 성분 중에서도 비정신성 요소로 통증, 불안, 관절염 등의 증상에 효과를 보이는 것으로 알려졌다.

CBD가 이러한 증상에 이롭다는 것을 입증하는 연구가 그리 많지는 않지만, 칸나비스가 합법화되자 너무 궁금한 나머지 한창 유행하는 CBD 오일을 시도해 볼 수밖에 없었다. 나는 너무 옛날 사람 같은 인상을 주지 않고 싶었다. 그래서 가짜 콧수염을 붙이듯 마음을 단단히 먹고 시내의 칸나비스 상점에 찾아가 불안 증상에 어떤 제품을 추천하는지 살펴보았다. 30분 뒤, 소량의 CBD 오일 세 병을 들고 귀가했다. 그러고는 스포이트 반 개 분량을 혀 아래 떨어뜨리고 어떤 일이 일어나는지 두고 보았다. 무슨 변화가 있을까 기다려 봤지만, 놀랍게도 아무것도 느껴지지 않았다. 다음 날,

양을 두 배로 늘렸으나 여전히 아무 일도 없었다. 이튿날, 스포이트로 두어 번 더 떨어뜨렸는데도 별다른 반응을 느끼진 못했다. 그래서 용량을 과하게 늘려봤더니 마음이 한결 차분해지고 약간 멍해지긴 했는데, 전보다 불안이 감소하지는 않았다. 이후 다른 브랜드도 몇 개 써본 후, 이 제품이 그리 효과적이지 않다고 결론 내렸다. (카페인 척도에 비교하면 CBD 오일의 효과는 녹차 한두 잔 정도와 비슷한 듯했다. 물론 지금쯤이면 여러분도 알겠지만, 나는 카페인 내성 수치를 낮게 유지하고 있다.)

평온함을 위한 여정에서 시도한 모든 실험 중 CBD가 가장 실망스러웠는데 이는 정말 예상치 못한 결과였다. 유감스럽게도 연구 자료들도 내 경험을 뒷받침해 준다. 한 메타 분석에 따르면, 'CBD가 우울 장애 및 증상들, 불안 장애, 주의력결핍 과잉행동장애, 틱/투레트증후군, 외상 후 스트레스 장애, 정신증(CBD가 도움이 된다고 알려진 질환들)을 개선한다는 증거는 부족하다'.[1] 한편, 활성 성분인 THC가 '다른 의학적 질환 중에서도 불안 증상을 일부 개선한다는 증거'는 몇몇 존재한다.[2] 아직 더 많은 연구가 필요하겠지만(관련 연구가 진행 중이다), CBD 오일은 여러분이 힘들게 번 돈을 들일 가치가 없을지도 모른다. 하지만 늘 그렇듯 각자의 상황은 다를 수도 있다. 몇몇 사람은 CBD 오일을 철석같이 믿는다. 게다가 여러분이 느낄 최상의 결과가 마음을 진정시키는 플라세보 효과에 그친다 해도 그 자체로 가치 있을 수도 있다.

이는 참 아쉬운 일이다. 특히 모든 사람이 불안에 대한 빠른 해결책을 찾고 있으며, 뾰족한 대책, 알약, 또는 스포이트로 약물을 복용해 불안을 없애려 한다는 점에서 더욱 그렇다. 당장 해볼 수 있는 가장 수월한 조치는 불안을 한풀 꺾어놓고 불안이라는 존재에서 마음을 떼는 것이다. 여기서 더 들어가 애초에 자신이 왜 동요하는지, 평온함 스펙트럼에서 불안 쪽으로 마음이 기우는 까닭은 무엇인지 그 근본 원인을 밝히려면 노력이 필요하다. 그리고 이를 위해서는 자신의 습관과 생활의 구조를 아예 조직적으로 바꿔야 할 때도 많다.

다행히, 이렇게 더 어려운 변화를 꾀하는 것은 거의 늘 보람을 안겨준다. 왜 불안한지에 관한 근본 원인을 다룰 때, 자신의 정체성과 가치관에 더 충실한 삶을 사는 동시에 본인의 외모도 더 편안하게 느끼게 된다. 이러한 개선은 단순한 효과로 나타날 수도 있다. 더는 인스타그램에서 벗어나려고 분투하지 않는 것처럼 말이다. 더 나은 효과로, 처음부터 만성 스트레스를 안겨주는 소셜 미디어의 최신 게시물을 갈망하는 정도가 줄어들기도 한다. 한편 더 심대한 효과가 나타나기도 한다. 이를테면 만성 스트레스를 훨씬 더 잘 관리할 수 있는 것으로 바꾼 뒤 더는 소진감, 냉소주의, 비생산성을 느끼지 않는 것이다.

여러분이 지금껏 이룬 변화와 관계없이, 평온함은 추구할 가치가 있고 여전히 그렇다고 믿었으면 한다. 특히 몸에 좋고 맛있는 저녁 식사 준비하기, 진정으로 즐기는 운동 유형 찾기, 좋은 친구들과 시간 보내기 등 시간을 투자해야 하는 전략을 실천할수록 평온함은 더욱 그 진가를 드러낸다.

○ 많이 실험해 보기

나는 이 책 전체에 걸쳐, 지나치게 불안한 세상에서 지속성을 누릴 다양한 전략을 제시했다. 여러분이 찾는 목표가 불안감 극복이든, 삶에서 벌어지는 사건들 속에서 더 많은 의미를 찾는 것이든, 그저 매 순간 더 편안하게 안착하는 것이든 이 책에 담은 아이디어들이 도움이 될 것이다. 이 요령들을 활용해 더 많은 여유 시간, 만족감, 현재에 충실한 태도를 얻으려는 경우에도 마찬가지다. 또한 이 책에 담긴 아이디어들을 활용하면 더 큰 생산성과 창의성을 발휘할 수도 있다. 평온함은 일과 삶을 위한 견고한 토대이며, 현재에 충실한 태도야말로 생산성의 핵심이다.

이야기를 마무리하면서 마지막으로 여러분에게 권하고 싶은 것 하나는 **이 책에 제시된 전략을 최대한 많이 실험해 보라**는 것이다. 모든 전략이 여러분에게 효과적이지는 않을 것이다. 하지만 여러 가지 (증거에 기반한) 기법을 시도하면, 자연스럽게 유지되는 방법 및 자기가 가장 즐겁게 실천하는 것을 찾게 된다. 평온함을 찾아가는 여정에서 한 가지 확실히 깨달은 것이 있다면, 평온함이 **개인적**이라는 사실이다. 모든 사람은 신경학적 특성도 다르고 각자 다른 삶을 살아가며, 서로 다른 습관, 직업, 제약 사항, 가치관을 가지고 있다. 그러므로 자신에게 효과적인 조언은 수용하고 나머지는 편하게 넘기길 권한다. (이는 이 책뿐만 아니라 다른 실용서들을 대할 때도 유용한 전략이다.)

시도해 볼 아이디어는 무궁무진하다. 더 많이, 가능한 한 자연

속에서 움직여 보자. 더 활기차게 자기 일에 순간순간 충실한 태도를 보이는 방법으로 명상을 실천해 보자. 나만의 음미 목록을 만들어 그중 하나를 매일 즐겨보자. 생활 속 스트레스를 표로 정리해서 자기가 다스릴 만한 쉬운 스트레스 요인을 확인하자. 생산성 시간을 정해두어 날마다 노력과 음미 사이에서 알맞은 균형을 잡도록 하자. 수월하게 집중하고 마음을 가라앉히는 것을 목표로 삼아 한 달간 자극 금식을 실천해 보자. 돈과 지위 같은 뻔한 목표 대신 행복, 현재에 충실함, 다른 사람들과 보내는 시간 등 개인적으로 더 얻고 싶은 생활 속 '지표'를 택하자. 세로토닌, 옥시토신, 엔도르핀을 분비시키는 동시에, 건강하고 더 합리적인 수준의 도파민 분비를 유도하는 아날로그 세상에서 평온함을 안겨주는 습관을 실천해 보자. 평온함을 추구할 때 일어나는 죄책감에 주목하고 이에 관해 질문해 보자. 자기 마음을 더 깊게 파고들고 싶다면 상담 치료사와 만나보자.

   위 항목 중 한두 개를 골라보라. 두어 개를 시도해 본 뒤에 더 많은 기법을 실천할 계획을 세워라. 매주 몇 시간을 떼어놓고 아날로그 방식으로만 보내거나 어떤 분야의 수업 듣기, 요리나 악기 배우기, 뜨개질하기 등 아날로그 방식의 새 취미 활동을 시도해 보자. 시험 삼아 실물 신문을 구독하고 한동안은 디지털 뉴스를 끊어보자. 손을 놓았던 놀이와의 연결점을 되찾거나, 큰 업무 프로젝트를 완료할 때마다 자신에게 1시간짜리 마사지를 선물하자. 음주를 줄이겠다는 계획을 세우거나 카페인 내성 수치를 재설정해 보자. 고급 만년필을 손에 들고 사랑하는 사람에게 한두 장 분량의 편지를 써볼 수도 있다.

짐작건대 여러분은 평온함이 그 자체로 충분히 추구할 만하다는 사실을 깨달을 것이다. 가능한 한 많은 전략을 시험할 때, 실제로 자기 정체성에 꼭 맞는 전략들을 발견할뿐더러 나만의 삶을 찾게 된다. 이는 오랜 시간에 걸쳐 평온함을 지속하는 방법이기도 하다.

○ 평온함의 결실

행복을 느끼는 데 필요한 모든 것은 지금 내 눈앞에 있다고들 한다. 하지만 '더 많이'의 사고방식이 앞길을 가로막을 때면 그렇게 느껴지지 않는다. 오히려 이 사고방식은 반대 이야기를 들려준다. 행복은 늘 내가 가진 것, 성취한 것, 지금의 내 모습에서 조금 벗어나 있다고 말이다. 돈을 조금 더 벌면, 조금 더 생산성이 높아지면, 조금 더 몸을 만들면 그제야 편안해지고, 그때가 되어야만 내가 성취한 것의 결실을 즐길 시간과 주의력이 생긴다고 여긴다.

정작 현실에서 우리는 손 닿는 것보다 조금 더 먼 지점에 골대를 옮겨놓고, 이 행위를 끝없이 반복한다.

여기 간단한 진실이 있다. 얼마나 가졌느냐와 관계없이 편안함, 평온함, 행복은 아직 가지지 못한 것을 손에 넣으려고 애쓰는 것이 아니라 이미 내 삶에 존재하는 것을 음미하는 데서 얻어진다.

이러한 사고방식의 체화는 연습과 인내심을 요구하며, 평온함의 습관을 추구할 때 서서히 일어난다. 하지만 내가 겪어보니 충분히 노력할 가치가 있다.

　평온함 프로젝트에 착수하기 전까지 나는 개인적으로 '이만하면 됐다'는 느낌을 한 번도 느끼지 못했다. 누가 봐도 순조롭게 진행되던 삶의 영역에서도 마찬가지였다. 동료 저술가들이 책을 몇 권이나 팔고 있는지 지켜보며 늘 내가 뒤처진다고 느꼈고, 행복감을 누릴 만큼 잘하고 있다는 생각은 전혀 들지 않았다. (나를 뺀 모두에게 고통스러울 만큼 분명했던 사실은, 내가 애초에 이런 일의 측면에서 운이 좋았다는 것이다.) 업무 성과로 상여금을 받아 저축하면서도 금전적 자유를 좀 얻으려면 갈 길이 멀다고 스스로를 다그쳤다. 물론 실상은 저축할 여분의 소득이 있을 정도로 운이 좋았다.

　기본적으로 우리는 전혀 엉뚱한 곳에서 만족감을 찾는다. 가진 것보다 가지지 않은 것에 눈을 돌리니 말이다. 다행히 평온한 마음은 이런 부적절한 느낌을 감사의 태도로 변화시킨다. 지금 내 앞에 있는 사람 및 대상에 집중하며 현재에 충실해지는 법을 배울 때, 우리는 늘 이만하면 족하다고 느낄 것이다.

　평온함을 추구함에 따라 사소한 것들을 둘러싼 우선순위가 바뀌자 내면의 기분이 크게 달라졌다. 날마다 현재에 더 충실해지자 하루하루를 더 깊이 즐기게 되었다. 또한, 에너지, 활력, 의욕을 가지고 내 앞에 다가오는 것들을 대할 수 있었다.

　앞서 다뤘듯이 '더 많이'라는 개념은 일종의 신기루다. 우리는 언제든지 삶을 통해 다양한 지표를 더 많이 축적할 수 있고, 우리가 더 가지려는 가치들은 서로 상충할 때도 많다. 현대 사회는 더 많이 가져야 행복해진다고 속삭인다. 하지만 행복의 조언에 관한 한 현대 사회만큼 못 미더운 출처도 없다. 현대 사회는 행복하지 않다. 우리가 살필 곳은 자신의 내면이다.

평온함을 더 많이 추구할수록 나는 삶에서 현재 순간에 더 충실하고 행복해졌다. 음미 목록에 있는 항목 즐기기, 아날로그 세계에서 더 많은 시간 보내기, 주의 분산 요소가 슬그머니 잠입할 때마다 새롭게 자극 금식 실천하기 등 다양한 기법을 실천했더니 하루 중 대부분의 시간에 편안함을 얻을 수 있었다. 한순간도 빠짐없이 완벽하게 평온했다고 말한다면 거짓말일 것이다. 여전히 불안한 순간이 있었고, 위태로움과 불안감을 안겨주는 사건도 마주했다.

하지만 시간이 지나자 이런 불안한 시기들은 일상이 아닌 예외 상황에 가까워졌고, 공원에 잠시 불어닥치는 바람처럼 일시적으로 느껴졌다. 평온함의 결실은 실로 깊었다.

여러분도 나와 같은 것을 발견하게 되길 바란다. 평온함을 추구하면서 이미 보유하고 있는 모든 것들에 더 깊이 감사했으면 한다. 나아가 자신이 더 많이 추구해야 할 지표가 무엇인지도 고찰하길 권한다. 어떤 경우든, 찾는 것이 무엇이든—더 많은 시간, 주의력, 에너지, 인간관계, 깊이, 자유, 인정, 심지어 돈—진정한 풍요란 이미 가진 것을 음미하는 데 있다는 사실을 염두에 두길 바란다.

○ 더 깊은 연결성

평온함이 자라날 때 경험하는 또 다른 흥미진진한 부분은 심신에 일어나는 일들을 더 잘 자각하게 된다는 점이다. 우리의 몸과 마음은 하루 중 거의 모든 순간에 열심히 뭔가를 말하고 있다. 이를테면 에너지가 저조하다든지(재충전이 필요하다), 피곤해지고 있다든지, 이미 지쳤다든지 하는 말을 건네려 한다. 배가 너무 부르다든지, 필요보다 카페인을 많이 섭취했다든지, 영상 한 편을 더 시청하기보다 지금 느껴지는 기분을 직면해야 한다고 상기시킬 때도 있다. 그런가 하면 감사하라고, 속도를 더 늦춰 주어진 것을 즐기라고, 또는 누군가와 함께할 시간이 많을 테니 순간순간을 음미하라고 일러줄 때도 있다. 더 많이 자각할수록 더 의도적으로 행동할 수 있다. 평온함이란 매 순간 우리 마음에 더 적은 일이 일어나, 반성하고 주목하는 데 필요한 공간이 생긴다는 것을 의미한다.

이런 자각에 더해, 더 깊은 수준의 평온함이 안겨주는 또 다른 유익은 한층 의도적인 사람이 된다는 점이다.

의도는 일을 실행하기 전에 무엇을 할지 결정하는 것이다. 좀 더 여유를 발휘하면 무언가를 의도하는 자기 마음을 충분히 관찰할 수 있다. 간단한 실험으로, 다음번에 음악이 듣고 싶어지면 바로 재생 목록을 누르는 대신, 마음이 원하는 완벽한 노래가 머릿속에 떠오를 때까지 몇 초 기다려 보자. 바로 이때 의도가 형성되는 것을 느낄 수 있다.

평온함은 자기 의도에 더욱 주목하도록 이끌어 더 큰 성취감을 안겨주는 한편, 번아웃을 몰아내게 한다. 실행에 앞서 할 일을 먼저 선택하면 행동이 더 효과적으로 느껴진다. 주어진 시간을 어디에 쓸지 더 의도적으로 생각하고 사전에 할 일을 정하면, 자기 일과 삶을 완전히 통제하지 못하는 순간에도 자신의 행동에 목적이 있다고 느끼게 된다. 노력의 양은 그대로지만 사고방식과 이야기가 달라지는 것이다. 마치 내가 어렵고 긴장되는 일을 한번 해보기로 선택했다는 느낌이 든다. 그러면 이는 더 이상 나에게 벌어지는 일들이 아니다. 자신의 통제력 수준과 관계없이, 평온함은 의도가 형성될 여지를 주고 내가 그 의도에 주목하고 이를 바탕으로 행동하게 한다.

평온함을 통해 자각하는 힘과 의도성을 높이면, 내 삶에서 평온함이 차지하는 자리를 더 공고히 할 수도 있다. 주의 영역을 통해 인스타그램이 나를 우울하게 만들고 있다는 것을 관찰하고, 몇 달간 인스타그램을 삭제해 기분이 달라지는지 살펴볼 수도 있다. 논쟁이 벌어질 때는 좀 더 평온한 자세를 취해, 충동적으로 말을 내뱉기보다 마음속에 떠오르는 두 번째의 것을 말할 수 있다. 포만감을 넘어서까지 먹으려 (그리고 후회하려) 한다는 것을 알아차릴 때, 우리 마음은 이제 배가 부르니 감정에 휩쓸려 음식을 욱여넣는 도피구로 내려가지는 않겠다는 것을 깨달을 정도로 차분해진다.

한 걸음 물러서면, 대체로 그런 것이 아니라 매 순간 통찰을 얻는다.

불안은 자각과 의도를 흐린다. 다행히 평온함을 추구하면 반성하는 자세가 생기며 더 신중해진다. 마음속 먼지가 가라앉고, 대상이 더 또렷이 보인다.

○ 평온함을 찾은 후

구름 사이로 햇빛이 비치던 내 이야기로 돌아가자면, 당시 세상은 점점 불투명해지고 있었다. 2020년 3월, 첫 자극 금식을 끝내고 막 세상 소식을 다시 접하던 그때, 지구촌 곳곳에서 세계적 유행병의 감염자 수가 급격히 늘어나기 시작했다.

지나고 보니 코로나19 팬데믹 초기에 벌어진 일련의 사태는 흐릿하게만 기억된다. 이웃한 사건들이 커다란 시간 뭉치에 엉겨 붙은 것처럼 말이다. 자극 금식 실험은 이런 염려에서 벗어나는 신선한 휴식이었다. 쉴 새 없이 속보가 올라오는 뉴스 웹사이트 대신, 종이 신문은 하루를 시작하기 전에 딱 한 번 아침 브리핑을 제공했다. 하지만 이 생활은 깨지고 말았다.

실험 막바지에 다다를 즈음, 세계보건기구는 팬데믹을 전 지구적 보건 비상사태로 선포했고, 캐나다에서 미국으로 가는 항공편은 제한되었다(그때는 정말 미친 짓 같았다).[3] 다시 접한 세상에서는 봉쇄, 격리, 사회적 거리두기 등이 새로운 팬데믹 용어의 일부가 되었고, 모든 사람이 이 새롭고 불확실한 세계에 어떻게 반응해야 할지 이해하려고 발버둥치고 있었다. 실험을 마치고 온라인으로 돌아가자 눈을 떼기가 어려웠다. 그리고 한동안은 그 상태를 유지했다. 2020년 3월과 4월에는 자극 금식을 전혀 안 한 사람처럼 살았다. 나는 갖가지 행사가 취소되는 것을 확인하고, 감염자 수의 변동 추이를 살피고, 새로 발동되는 조치를 알아보며 화면 곳곳에서 눈을 떼지 못했다.

이때까지 나는 숱한 노력을 기울였다. 평온함을 가져다주는 습관들을 생활 속에 도입하는 한편, 마음의 균형을 잡아 평온함이 무럭무럭 자라날 공간을 만들었다. 세계적인 팬데믹이 시작됨에 따라 이런 조언 일부는 당분간 지킬 수 없었지만, 지금껏 들인 공이 있었기에 몇 달 전에 길러둔 습관으로 쉽게 돌아갈 수 있었다. 습관을 실천하던 방식으로 돌아가야겠다는 생각이 든 것은 또다시 내가 불안해하고 있음을 알아차렸기 때문이다. 하지만 전 세계가 '유례없는' 상황에 놓였다는 것을 생각하면, 이 정도만 해도 승리라고 생각한다.

애초에 평온함이 만들어 놓은 공간이 없었다면 그렇게 불안감이 높아지는 것을 알아차리지 못했을 수도 있다. 여러 실험을 진행하면서 이룩한 구조적 변화들은 별안간 매우 불안해진 세상에서 나를 보호하는 방패가 되었다.

내 일과 삶에 이룬 구조적 변화들과 함께, 감사하게도 나는 다시 돌아갈 평온함의 습관들을 가지고 있었다. 세상이 더 불안해질수록 그런 습관을 두 배 더 실천하려고 노력했다. 온종일 디지털 뉴스를 확인하는 대신, 종이 신문을 하나 더 구독해 지역 및 국제 뉴스를 더 균형 있게 접하고자 노력했다. 불안한 마음에 소셜미디어를 훑어내리는 대신 운동과 명상을 실천했다. 카페인 섭취도 단계적으로 줄여나갔다. 시간 가는 줄 모르고 종이책을 읽고, 날마다 음미할 것을 찾으며, 친구나 가족들이 피곤해할 정도로 영상 통화도 많이 했다. 또한, 아날로그 방식으로 할 만한 취미─사진 배우기, 운동하기, 아내와 도보 여행 가기─를 더 찾으려고 온갖 노력을 기울였다.

이 모든 것에 더해, 브레이크를 밟고 느린 순간을 즐기는 시간을 꼭 가지려고 노력했다. 불안은 조급하고 서두르는 데 반해, 평온함은 끈기 있고 너그럽다. 늘 성공적이지는 않았지만, 나는 온종일 평온함의 정신을 유지하려고 노력했다.

2020년 3월로부터 2년이 지난 현재, 평온함은 내 생활 속에 더 생생하게 숨 쉬고 있다. 내가 발견한 것이 하나 있다면, 평온함을 얻는 기술은 시간이 흐르며 능숙해진다는 사실이다.

이 글을 쓰는 지금, 겨울 눈이 녹아 슬러시처럼 변하면서 가을 낙엽 위에 쌓인 모래와 소금기를 씻어내고 있다. 악천후를 피해 실내에서 지내는 동안 상황이 약간 번잡해졌다. 마감 기한도 쌓여 있고(이 책의 원고도 2주 안에 내야 한다), 뉴스 소식들도 여전히 우려스러우며, 겉으로 보면 나의 일 대다수는 평온함을 찾아가는 여정의 초반 모습 그대로다. 일과 삶의 리듬은 계속된다. 겨울의 눈도 내렸다 녹고, 분주한 시기들도 왔다가 가며, 새로운 삶의 계절은 저마다 다양한 수준의 스트레스, 새로움, 기회를 선사한다.

하지만 일상의 리듬 아래 나타나는 차이는 매우 심오하다. 오늘의 크리스, 그리고 이번 여정에 오르기 전의 크리스가 산의 반대쪽에 서 있다면, 둘은 각도만 다를 뿐 같은 대상을 보더라도 전혀 다른 풍경을 묘사할 것이다. 평온함을 얻기 전후의 차이도 이와 같다. 삶이 분주해지면 우리는 자신의 정신적 한계에 내몰리곤 한다. 평온함을 얻기 위한 전략을 실천하면 상황도 변하지만, 내가 상황과 관계 맺는 방식은 더욱더 변한다. 생활은 거의 같지만, 이를 더 평온한 관점에서 바라보게 된다.

이 책에서 나눈 전략들을 탐색하고 실천한 뒤에도 나는 여전히 바쁘지만, 대체로 더는 불안하지 않다. 주변 상황이 변하는 동안에도 정서적으로 덜 반응적인 사람이 되었다. 불안을 느끼는 날이라도 그 기분은 둔하고 더 일시적이다. 주로 급성 스트레스를 안겨주는 사건에 반응할 때 그런 기분을 느낀다. 나는 불안에서 벗어나 평온함으로 향하도록 이끌어 주는 든든한 습관들을 길렀다. 덕분에 매일 내가 계획한 것을 원활히 해내는 데 필요한 정신적 강인함을 보유했다는 느낌이다.

유독 스트레스가 심한 기간에도 평온함 덕분에 한 걸음 물러나 나 자신과 상황 사이에 공간을 만들고, 다른 때였다면 불안했을 시기에도 꿋꿋한 태도를 유지했다. 이것이 늘 쉽지는 않았다. 아쉽게도 이런 공간을 확보하기가 늘 가능한 것은 아니다. 하지만 다행히, 평온함을 기르는 것은 우리 모두가 능숙해질 수 있는 기술이다. 모든 사람은 같은 산을 다른 시선에서 바라보는 법을 배울 수 있다.

책의 첫머리에서 내가 겪은 무대 위 공황 발작 일화를 꺼냈다. 내 안의 작가 기질대로라면 이야기를 고조시켜 책의 균형을 맞추고 흥미진진한 절정을 가미하고 싶다. 애초에 평온함을 위한 여정에 들어서게 만든 극적인 사건과 무게를 맞춰 이야기를 끝맺고 싶은 것이다. 하지만 이 책을 쓰게 한 여정을 마친 지금 내 솔직한 심정은 이렇다. 그런 극적인 이야기는 별로 쓰고 싶지 않다.

평온함은 점점 고조되는 크레센도가 아니다. 오히려 평온함은 서서히 강도를 줄여 우리의 진정한 본성으로 돌아가는 과정이다. 삶을 이루는 갖가지 활동 아래에 놓인 마음 상태가 평온함이다.

또 평온함은 그리 흥미진진하지 않은데, 이것이야말로 평온함의 묘미다. 평온함을 기를수록 우리 앞에 다가오는 흥미진진한 요소들에 대처하고 이를 즐길 정신적 역량이 보강된다. 기본적으로 마음이 과한 자극에 젖어 있지 않고 평온하며, 무엇보다도 준비되어 있다. 평온함을 기본 마음 상태로 가질 때, 우리는 일어나는 일들에 맞게 도약할 수 있다.

평온함을 위한 습관들은 긴장되는 새로운 사건에 대처할 원기를 준다. 만성 스트레스가 줄어들면서 더 현재에 몰두하고, 문제에 대한 실용적인 해법을 찾는 한편, 하루 중 가장 중요한 시기에는 정신적으로 현재에 충실하게 된다. 또한, 집중력이 향상됨에 따라 생산성도 높아져, 애초에 삶—그리고 평온함을 기르는 습관—에 들일 더 많은 시간을 확보한다.

나는 본문을 통해 여러분의 여정에 활용할 만한 아이디어, 요령, 전략을 전달하고자 최선을 다했다. 이것들을 실천한다면 더 많은 공간을 확보하고, 현재에 더 충실하며, 더 큰 생산성을 얻는 데 유익하리라 자부한다. 하지만 책을 덮기 전에 사고 실험을 하나 더 해보려고 한다. 평온함으로 가는 길이 실제 길이라면, 그것은 어떤 모습일까?

우선, 그 길은 도시의 거리가 아닌 자연 속으로 나 있을 것이 분명하다. 여러분은 심박수를 높이려고 활기차게 그 길을 걸을지도 모른다. 아마 앞의 행보에 필요한 에너지를 얻으려고 영양가 높고 맛있는 식사부터 했을 것이다. 또한, 햇볕을 흠뻑 쬐었을 것이며, 꼬불꼬불한 길은 아날로그 세상으로 이어졌을 것이다. 비디오게임 속을 걸어가지는 않았을 것이다. 그리고 그 길을 함께 걸어가는 다른 사람들이 있을 것이다.

길을 가는 동안 한가로운 순간들이 찾아올 것이다. 바라건대, 그 순간에 흠뻑 젖어 매 걸음을 음미했으면 한다.

이 산책은 시간이 걸린다. 하지만 산책하는 동안 에너지, 원기, 집중력을 얻게 되므로 그 시간은 절대 헛되지 않을 것이다. 아마 들였던 시간을 돌려받고, 그에 더해 여분의 시간도 얻을 것이다.

평온함은 삶을 즐겁게 만드는 핵심 원천이다. 생산성, 현재에 충실함, 통찰, 의도성, 자각, 편안함, 재치 넘치는 유머, 수용성, 창의성, 감사하는 태도가 모두 평온함에서 나온다.

또한, 평온함은 갖가지 분주한 생활 저 밑에 숨은 우리의 자연스러운 존재 상태다. 평온함은 우리가 하는 모든 일, 모든 생각, 자신에 관한 모든 신념을 강조한다. 정신적 분주함, 지나친 바쁨에서 오는 분주함, 장시간 일하는 데서 오는 분주함, 초자극제에 몰두하는 태도, 필요보다 더 많이 축적하려는 욕구, 필요한 것보다 더 큰 생산성을 내려고 애쓰는 태도 등 불필요한 활동을 하나하나 걷어낼 때 자신의 삶을 만나게 된다.

목적의식을 토대로 한 분주함은 삶을 가치 있게 만든다. 목적 없는 삶은 의미도 없다. 하지만 평온함을 곁에 둘 때 삶이 훨씬 더 즐거워진다. 이를 생각해 여러분도 평온함을 추구하는 일을 가치 있게 여기길 바란다.

혼란의 바다, 광란에 휩싸이는 세상, 우리의 한정된 시간을 차지하려는 온갖 우려와 걱정, 관심거리가 씨름하는 시기에 편안함, 현재에 충실함, 생산성을 지키는 일이야말로 자신에게 안겨줄 적절한 선물이다.

최선의 평온함은 훌륭한 삶의 토대라고 할 수 있다.

이 책이 그것을 찾는 데 도움이 되었으면 한다.

감사의 말

나는 훌륭하고 너그러우며 현명한 사람들과 함께 일한다는 데 매일같이 감사함을 느낀다.

먼저 내 아내 아딘(앞 문장에서 말한 세 장점을 모두 지닌 사람)에게 감사의 인사를 전한다. 아딘은 아이디어를 함께 궁리할 상대로 내가 세상에서 가장 좋아하는 사람이다. 아내의 의견과 지원, 피드백이 없었다면 내 책들이 제 모습을 갖추지 못했을 것이다. 아딘, 당신이 언제까지나 내 첫 독자가 되었으면 해. 사랑해.

출간 부문에서는 펭귄 그룹(미국), 랜덤 하우스 캐나다, 팬 맥밀런 UK의 편집자들에게 깊은 감사의 인사를 전한다. 릭, 크레이그, 마이크, 여러분 세 사람과 일하게 된 것은 나의 진정한 특권입니다. 여러분의 모든 지원과 지침, 그리고 이런 아이디어들을 다른 사람과 나눌 기회를 내게 준 것에 대해 진심으로 감사합니다.

펭귄, 랜덤 하우스 캐나다, 팬 맥밀런에서 협력하는 다른 모든 분께도 감사한 마음을 전한다. 펭귄 그룹에서는 특히 벤 페트론,

카미유 르블랑, 린 버클리, 사빌라 칸, 리디아 허트, 브라이언 타르트에게 감사의 인사를 전한다. 랜덤 하우스 캐나다의 수 쿠루빌라, 찰리스타 안다다리, 그리고 TK-마케팅에 감사드린다. 마지막으로 팬 맥밀런의 루시 헤일, 나타샤 툴렛, 조시 터너, 스튜어트 윌슨에게 감사드린다.

나의 슈퍼스타 에이전트 루신다 할편에게도 감사의 인사를 전한다. 루신다, 벌써 우리가 책을 세 권이나 함께 냈다니 믿어지지 않습니다. 계획되었든 그렇지 않든, 우리 앞에 펼쳐질 미래가 몹시 기대됩니다! 이런 프로젝트를 당신과 함께한다는 것은 제게 선물과도 같습니다.

한편, 진행 과정 곳곳에서 지원과 조언을 아끼지 않은 모든 분의 도움이 없었다면 이 프로젝트가 성사되지 못했을 것이다. 아만다 페리치올리 르루, 특히 내가 출장 중이거나 여러 차례의 안식 기간을 지내거나 생각을 쉬고 있을 때 귀중한 지원을 보태주어 감사했습니다. 원고를 편집하고 피드백을 아끼지 않을 정도로 친절을 베풀어준 빅토리아 클라센과 힐러리 더프에게 감사합니다. 천재적인 디자인을 지원해 준 안나 나티브, 나의 새 웹사이트 개설에 힘을 보태준 라이언 윌퐁에게 감사합니다. 소중한 조언과 지침을 제공해준 앤 보겔, 캐서린 첸, 카미유 노에 파간, 로라 반더캄에게 감사합니다. 그리고 대화와 친교, 생각거리를 제공해준 데이비드, 어니, 마이크 S, 마이크 V, 닉에게 감사합니다.

주석에 참고문헌으로 실은 수많은 연구자에게도 감사의 인사를 전한다. 저는 여러분의 도움으로 이 자리에 서 있습니다. 아무

쪼록 제가 여러분의 연구를 올바르게 다루었기를 바라며, 이 책을 계기로 그 연구들이 훨씬 많은 사람에게 도움을 주길 기원합니다.

이 작업은 정말 모두의 노력이 드는 일이다.

우리 가족, 특히 부모님 콜린과 글렌, 누이 에밀리, 그 외 제이미와 애나벨과 일리야, 그리고 스티브, 헬렌, 모건, 뎁, 알폰소, 사라에게 감사 인사를 전한다.

마지막으로 여러분에게 감사드린다. 진심으로 하는 말이다. 날마다 내가 세상에서 가장 운 좋은 사람이라고 느끼는 이유는 내가 흥미롭게 여기는 주제를 글에 담아낼 수 있어서다. 그리고 이 일을 지속하는 것은 여러분과 같은 분들이 내 창작물을 구매해 주는 덕분이다. 이 점을 생각하면 말할 수 없이 감사한 마음이 든다. 부디 이 책의 여러 주제가 여러분의 시간과 주의력을 쏟기에 가치가 있었으면 한다. 나아가 책에서 제시한 요령들 덕분에 여러분 마음이 더 평온해지길 바란다.

2장 | 성취주의의 덫

1. 애니 딜러드, 이미선 옮김, 《작가살이》(2018, 공존).
2. Noell, Edd. *Economic Growth: Unleashing the Potential of Human Flourishing.* Washington, DC: AEI Press, 2013.
3. 한스 로슬링, 올라 로슬링, 안나 로슬링 뢴룬드, 이창신 옮김, 《팩트풀니스》(김영사, 2019).
4. 한스 로슬링, 올라 로슬링, 안나 로슬링 뢴룬드, 《팩트풀니스》.
5. *Cambridge Dictionary,* s.v. "Calm." Accessed March 1, 2022. https://dictionary.cambridge.org/us/dictionary/english/calm; and *Merriam-Webster,* s.v. "Calm." Accessed March 1, 2022. https://www.merriam-webster.com/dictionary/calm.
6. de Lemos, Jane, Martin Tweeddale, and Dean Chittock. "Measuring Quality of Sedation in Adult Mechanically Ventilated Critically Ill Patients." *Journal of Clinical Epidemiology* 53, no. 9 (September 2000): 908–19. https://www.doi.org/10.1016/s0895-4356(00)00208-0.
7. Posner, Jonathan, James A. Russell, and Bradley S. Peterson. "The Circumplex Model of Affect: An Integrative Approach to Affective Neuroscience, Cognitive Development, and Psychopathology." *Development and Psychopathology* 17, no. 3 (September 2005): 715–34. https://www.doi.org/10.1017/S0954579405050340.
8. Siddaway, Andy P., Peter J. Taylor, and Alex M. Wood. "Reconceptualizing Anxiety as a Continuum That Ranges from High Calmness to High Anxiety: The Joint Importance of Reducing Distress and Increasing Well-Being." *Journal of Personality and Social Psychology* 114, no. 2 (February 2018): e1–11. https://www.doi.org/10.1037/pspp0000128.
9. Nock, Matthew K., Michelle M. Wedig, Elizabeth B. Holmberg, and Jill M. Hooley. "The

Emotion Reactivity Scale: Development, Evaluation, and Relation to Self-Injurious Thoughts and Behaviors." *Behavior Therapy* 39, no. 2 (June 2008): 107–16. https://www.doi.org/10.1016/j.beth.2007.05.005.

10. Dunn, Rob. "What Are You So Scared of? Saber-Toothed Cats, Snakes, and Carnivorous Kangaroos." *Slate*. October 15, 2012. https://slate.com/technology/2012/10/evolution-of-anxiety-humans-were-prey-for-predators-such-as-hyenas-snakes-sharks-kangaroos.html.

11. 켈리 맥고니걸, 신예경 옮김, 《스트레스의 힘》(21세기북스, 2020).

12. Paul, Kari. "Facebook Whistleblower Hearing: Frances Haugen Testifies in Washington—as It Happened." *The Guardian*. October 5, 2021. https://www.theguardian.com/technology/live/2021/oct/05/facebook-hearing-whistleblower-frances-haugen-testifies-us-senate-latest-news.

13. Holman, E. Alison, Dana Rose Garfin, and Roxane Cohen Silver. "Media's Role in Broadcasting Acute Stress following the Boston Marathon Bombings." *Proceedings of the National Academy of Sciences of the United States of America* 111, no. 1 (January 7, 2014): 93–98. https://www.doi.org/10.1073/pnas.1316265110.

14. Thompson, Rebecca R., et al. "Media Exposure to Mass Violence Events Can Fuel a Cycle of Distress." *Science Advances* 5, no. 4 (April 17, 2019). https://www.doi.org/10.1126/sciadv.aav3502.

3장 | 번아웃 방정식

1. "Burn-Out an 'Occupational Phenomenon': International Classification of Diseases." World Health Organization. May 28, 2019. https://www.who.int/news/item/28-05-2019-burn-out-an-occupational-phenomenon-international-classification-of-diseases.

2. Segerstrom, Suzanne C., and Gregory E. Miller. "Psychological Stress and the Human Immune System: A Meta-analytic Study of 30 Years of Inquiry." *Psychological Bulletin* 130, no. 4 (July 2004): 601–30. https://www.doi.org/10.1037/0033-2909.130.4.601.

3. Michel, Alexandra. "Burnout and the Brain." *Observer* 29, no. 2 (February 2016). https://www.psychologicalscience.org/observer/burnout-and-the-brain.

4. Oosterholt, Bart G., et al. "Burnout and Cortisol: Evidence for a Lower Cortisol Awakening Response in both Clinical and Non-clinical Burnout." *Journal of Psychosomatic Research* 78, no. 5 (May 2015): 445–51. https://www.doi.org/10.1016/

j.jpsychores.2014.11.003.

5. Bush, Bradley, and Tori Hudson. "The Role of Cortisol in Sleep." *Natural Medicine Journal* 2, no. 6 (2010). https://www.naturalmedicinejournal.com/journal/2010-06/role-cortisol-sleep.

6. Leiter, Michael P., and Christina Maslach. "Latent Burn-out Profiles: A New Approach to Understanding the Burnout Experience." *Burn-out Research* 3, no. 4 (December 2016): 89-100. https://www.doi.org/10.1016/j.burn.2016.09.001.

7. Maske, Ulrike E., et al. "Prevalence and Comorbidity of Self-Reported Diagnosis of Burnout Syndrome in the General Population." *Psychiatrische Praxis* 43, no. 1 (2016): 18-24. https://doi.org/10.1055/s-0034-1387201; and Koutsimani, Panagiota, Anthony Montgomery, and Katerina Georganta. "The Relationship between Burnout, Depression, and Anxiety: A Systematic Review and Meta-Analysis." *Frontiers in Psychology* 10 (March 13, 2019): 284. https://www.doi.org/10.3389/fpsyg.2019.00284.

8. Maske et al. "Prevalence and Comorbidity of Self-Reported Diagnosis of Burnout Syndrome in the General Population."

9. Bakusic, Jelena, et al. "Stress, Burn-out and Depression: A Systematic Review on DNA Methylation Mechanisms." *Journal of Psychosomatic Research* 92 (January 2017): 34-44. https://www.doi.org/10.1016/j.jpsychores.2016.11.005.

10. Leiter and Maslach. "Latent Burnout Profiles."

11. 저자의 크리스티나 매슬랙 인터뷰(2020년 12월 14일).

12. Maslach, Christina. "Finding Solutions to the Problem of Burnout." *Consulting Psychology Journal* 69, no. 2 (June 2017): 143-52. https://www.doi.org/10.1037/cpb0000090.

13. 매슬랙 인터뷰.

14. Eschner, Kat. "The Story of the Real Canary in the Coal Mine." Smithsonian Magazine, December 30, 2016. https://www.smithsonianmag.com/smart-news/story-real-canary-coal-mine-180961570.

15. 매슬랙 인터뷰.

16. "Depression: What Is Burnout?" *Institute for Quality and Efficiency in Health Care.* June 18, 2020. https://www.ncbi.nlm.nih.gov/book/NBK279286.

17. 필립 짐바르도, 이충호, 임지원 옮김, 《루시퍼 이펙트》(웅진지식하우스, 2007).

18. Zimbardo, Philip G., Christina Maslach, and Craig Haney. "Reflections on the Stanford Prison Experiment: Genesis, Transformations, Consequences." In *Obedience to Authority: Current Perspectives on the Milgram Paradigm,* ed. Thomas

Blass, 207-52. New York: Psychology Press, 1999.
19. Salvagioni, Denise Albieri Jodas, et al. "Physical, Psychological and Occupational Consequences of Job Burnout: A Systematic Review of Prospective Studies." *PLOS One* 12, no. 10 (October 4, 2017): e0185781. https://www.doi.org/10.1371/journal.pone.0185781.
20. Leiter, Michael P., and Christina Maslach. "Six Areas of Work life: A Model of the Organizational Context of Burn-out." *Journal of Health and Human Services Administration* 21, no. 4 (Spring 1999): 472-89. https://www.jstor.org/stable/25780925.
21. Leiter and Maslach. "Six Areas of Work life."
22. 미하이 칙센트미하이, 최인수 옮김, 《몰입 Flow》(한울림, 2004).
23. Leiter and Maslach. "Six Areas of Work life."
24. Maslach, Christina, and Cristina G. Banks. "Psychological Connections with Work." In *The Routledge Companion to Wellbeing at Work*, ed. Cary L. Cooper and Michael P. Leiter, 37-54. New York: Routledge, 2017.
25. Maslach. "Finding Solutions to the Problem of Burnout."
26. Leiter and Maslach. "Six Areas of Work life."
27. 숀 아처, 박세연 옮김, 《빅 포텐셜》(청림출판, 2019).
28. Leiter and Maslach. "Six Areas of Work life."
29. Maslach. "Finding Solutions to the Problem of Burnout"; and Maslach and Banks. "Psychological Connections with Work."
30. Leiter and Maslach. "Six Areas of Work life."
31. Maslach and Banks. "Psychological Connections with Work."
32. Leiter and Maslach. "Six Areas of Work life."
33. Maslach. "Finding Solutions to the Problem of Burnout."
34. Leiter and Maslach. "Six Areas of Worklife."

4장 | '더 많이'의 사고방식

1. Kahneman, Daniel, and Angus Deaton. "High Income Improves Evaluation of Life but Not Emotional Well-Being." *Proceedings of the National Academy of Sciences of the United States of America* 107, no. 38 (September 21, 2010): 16489-93. https://www.doi.org/10.1073/pnas.1011492107.
2. 비키 로빈, 조 도밍후에즈, 강순이 옮김, 《부의 주인은 누구인가》(도솔플러스, 2019).

3. 프레드 B. 브라이언트, 조지프 베로프, 권석만, 임영진, 하승수, 임선영, 조현석 옮김, 《인생을 향유하기》(학지사, 2010).
4. Quoidbach, Jordi, et al. "Money Giveth, Money Taketh Away: The Dual Effect of Wealth on Happiness." *Psychological Science* 21, no. 6 (June 2010): 759– 63. https://www.doi.org/10.1177/0956797610371963.
5. Festinger, Leon. "A Theory of Social Comparison Processes." *Human Relations; Studies towards the Integration of the Social Sciences* 7, no. 2 (May 1954): 117–40. https://www.doi.org/10.1177/001872675400700202.
6. Godin, Seth. *The Practice: Shipping Creative Work.* New York: Portfolio, 2020.
7. Tunstall, Elizabeth Dori. "How Maya Angelou Made Me Feel." *The Conversation,* May 29, 2014. http://theconversation.com/how-maya-angelou-made-me-feel-27328.
8. Hamilton, Jon. "Human Brains Have Evolved Unique 'Feel-Good' Circuits." Stanford University, November 30, 2017. https://neuroscience.stanford.edu/news/human-brains-have-evolved-unique-feel-good-circuits.
9. Moccia, Lorenzo, et al. "The Experience of Pleasure: A Perspective between Neuroscience and Psychoanalysis." *Frontiers in Human Neuroscience* 12 (September 4, 2018): 359. https://www.doi.org/10.3389/fnhum.2018.00359.
10. Moccia et al. "The Experience of Pleasure."
11. 대니얼 Z. 리버먼, 마이클 E. 롱 지음, 최가영 옮김, 《도파민형 인간》(쌤앤파커스, 2019).
12. Judge, Timothy A., and John D. Kammeyer-Mueller. "On the Value of Aiming High: The Causes and Consequences of Ambition." *Journal of Applied Psychology* 97, no. 4 (July 2012): 758–75. https://www.doi.org/10.1037/a0028084.
13. Krekels, Goedele, and Mario Pandelaere. "Dispositional Greed." *Personality and Individual Differences* 74 (February 2015): 225–30. https://www.doi.org/10.1016/j.paid.2014.10.036.
14. 대니얼 Z. 리버먼, 마이클 E. 롱 지음, 《도파민형 인간》.
15. 로레타 그라지아노 브루닝, 정미진 옮김, 《뇌가 행복해지는 습관》(빛소굴, 2021).
16. 대니얼 Z. 리버먼, 마이클 E. 롱 지음, 《도파민형 인간》.
17. Maslach, Christina, and Michael P. Leiter. "Understanding the Burnout Experience: Recent Research and Its Implications for Psychiatry." *World Psychiatry* 15, no. 2 (June 2016): 103–11. https://www.doi.org/10.10 02/wps.20311.
18. 프레드 B. 브라이언트, 조지프 베로프, 《인생을 향유하기》.
19. Quoidbach et al. "Money Giveth, Money Taketh Away."
20. Joel, Billy. "Vienna." Accessed July 1, 2020. https://billyjoel.com/song/vienna-2.

21. Gable, Shelly L., and Jonathan Haidt. "What (and Why) Is Positive Psychology?" *Review of General Psychology* 9, no. 2 (June 20 05): 103-10. https://www.doi.org/10.1037/1089-2680.9.2.103.
22. 프레드 B. 브라이언트, 조지프 베로프, 《인생을 향유하기》.
23. Hou, Wai Kai, et.al. "Psychological Detachment and Savoring in Adaptation to Cancer Caregiving." *Psycho-Oncology* 25, no. 7 (July 2016): 839-47. https://www.doi.org/10.1002/pon.4019.
24. Hurley, Daniel B., and Paul Kwon. "Results of a Study to Increase Savoring the Moment: Differential Impact on Positive and Negative Outcomes." *Journal of Happiness Studies* 13, no. 4 (August 2012): 579-88. https://www.doi.org/10.1007/s10902-011-9280-8; and Smith, Jennifer L., and Fred B. Bryant. "The Benefits of Savoring Life: Savoring as a Moderator of the Relationship between Health and Life Satisfaction in Older Adults." International Journal of Aging and Human Development 84, no. 1 (December 2016): 3-23. https://www.doi.org/10.1177/0091415016669146.
25. Fritz, Charlotte, and Morgan R. Taylor. "Taking in the Good: How to Facilitate Savoring in Work Organizations." *Business Horizons* 65, no. 2 (March-April 2022): 139-48. https://www.doi.org/10.1016/j.bushor.2021.02.035.
26. 프레드 B. 브라이언트, 조지프 베로프, 《인생을 향유하기》.
27. Fritz and Taylor. "Taking in the Good."
28. 프레드 B. 브라이언트, 조지프 베로프, 《인생을 향유하기》.
29. 프레드 B. 브라이언트, 조지프 베로프, 《인생을 향유하기》.
30. Chun, HaeEun Helen, K ristin Diehl, and Deborah J. MacInnis. "Savoring an Upcoming Experience Affects Ongoing and Remembered Consumption Enjoyment." *Journal of Marketing* 81, no. 3 (May 2017): 96-110. https://www.doi.org/10.1509/jm.15.0267.

5장 | 자극의 높이를 파악하라

1. "YouTube: Hours of Video Uploaded Every Minute 2019." Statista. May 2019. https://www.statista.com/statistics/259477/hours-of-video-uploaded-to-youtube-every-minute.
2. "The Top 500 Sites on the Web." Alexa. Accessed July 29, 2021. https://www.alexa.com/topsites.

3. "YouTube for Press." YouTube. Accessed July 29, 2021. https://www.youtube.com/intl/en-GB/about/press.
4. "Most Popular Social Networks Worldwide as of April 2021, Ranked by Number of Active Users." Statista. April 2021. https://www.statista.com/statistics/272014/global-social-networks-ranked-by-number-of-users.
5. "How Long Will Google's Magic Last?" *The Economist,* December 2, 2010. https://www.economist.com/business/2010/12/02/how-long-will-googles-magic-last.
6. "Facebook's Annual Revenue from 2009 to 2020, by Segment." Statista. January 2021. Accessed March 4, 2022. https://www.statista.com/statistics/267031/facebooks-annual-revenue-by-segment/.
7. Perrin, Nicole. "Facebook-Google Duopoly Won't Crack This Year." eMarketer. Insider Intelligence. November 4, 2019. https://www.emarketer.com/content/facebook-google-duopoly-won-t-crack-this-year.
8. Bryan, Chloe. "Instagram Lets You See What It Thinks You Like, and the Results Are Bizarre." Mashable. June 5, 2019. https://mashable.com/article/instagram-ads-twitter-game.
9. Brooks, Mike. "The Seductive Pull of Screens That You Might Not Know About." *Psychology Today.* October 17, 2018. https://www.psychologytoday.com/ca/blog/tech-happy-life/201810/the-seductive-pull-screens-you-might-not-know-about.
10. Lieberman, Dan, interview by Chris Bailey, January 8, 2021.
11. Caligiore, Daniele, et al. "Dysfunctions of the Basal Ganglia-Cerebellar-Thalamo-Cortical System Produce Motor Tics in Tourette Syndrome." PLOS Computational Biology 13, no. 3 (March 30, 2017). https://www.doi.org/10.1371/journal.pcbi.1005395; Davis, K. L., et al. "Dopamine in Schizophrenia: A Review and Reconceptualization." American Journal of Psychiatry 148, no. 11 (November 1991): 1474–86. https://www.doi.org/10.1176/ajp.148.11.1474; Gold, Mark S., et al. "Low Dopamine Function in Attention Deficit/Hyperactivity Disorder: Should Genotyping Signify Early Diagnosis in Children?" Postgraduate Medicine 126, no. 1 (2014): 153–77. https://www.doi.org/10.3810/pgm.2014.01.2735; Ashok, A. H., et al. "The Dopamine Hypothesis of Bipolar Affective Disorder: The State of the Art and Implications for Treatment." Molecular Psychiatry 22, no. 5 (May 2017): 666–79. https://www.doi.org/10.1038/mp.2017.16; Walton, E., et al. "Exploration of Shared Genetic Architecture between Subcortical Brain Volumes and Anorexia Nervosa." Molecular Neurobiology 56, no. 7 (July 2019): 5146–56. https://www.doi.org/10.1007/s12035-018-1439-4; Xu, Tian, et

al. "Ultrasonic Stimulation of the Brain to Enhance the Release of Dopamine—A Potential Novel Treatment for Park inson's Disease." "4th Meeting of the Asia-Oceania Sonochemical Society (AOSS 2019)." Ed. Jun-Jie Zhu and Xiaoge Wu. Special issue, Ultrasonics Sonochemistry 63 (May 2020): 104955. https://www.doi.org/10.1016/j.ultsonch.2019.104955; and Tost, Heike, Tajvar Alam, and Andreas Meyer-Lindenberg. "Dopamine and Psychosis: Theory, Pathomechanisms and Intermediate Phenotypes." Neuroscience and Biobehavioral Reviews 34, no. 5 (April 2010): 689-700. https://www.doi.org/10.1016/j.neubiorev.2009.06.005.

12. Wilson, Gary. *Your Brain on Porn: Internet Pornography and the Emerging Science of Addiction*. Margate, UK: Commonwealth, 2015.
13. Wilson. *Your Brain on Porn*.
14. Zillmann, Dolf, and Jennings Bryant. "Pornography's Impact on Sexual Satisfaction." *Journal of Applied Social Psychology* 18, no. 5 (April 1988): 438-53. https://www.doi.org/10.1111/j.1559-1816.1988.tb00027.x
15. Wilson. Your Brain on Porn.
16. Steinberg, Elizabeth E., et al. "A Causal Link between Prediction Errors, Dopamine Neurons and Learn ng." Nature Neuroscience 16, no. 7 (July 2013): 966-73. https://www.doi.org/10.1038/nn.3413.
17. Robinson, Brent M., and Lorin J. Elias. "Novel Stimuli Are Negative Stimuli: Evidence That Negative Affect Is Reduced in the Mere Exposure Effect." Perceptual and Motor Skills 100, no. 2 (April 2005): 365-72. https://www.doi.org/10.2466/pms.100.2.365-372.
18. Robinson and Elias. "Novel Stimuli Are Negative Stimuli."
19. Fiorillo, Christopher D., Philippe N. Tobler, and Wolfram Schultz. "Discrete Coding of Reward Probability and Uncertainty by Dopamine Neurons." Science 299, no. 5614 (2003): 1898-1902. https://www.doi.org /10.1126/science.1077349.
20. 제임스 클리어 지음, 이한이 옮김, 《아주 작은 습관의 힘》(비즈니스북스, 2019).
21. Moccia, Lorenzo, Marianna Mazza, Marco Di Nicola, and Luigi Janiri. "The Experience of Pleasure: A Perspective between Neuroscience and Psychoanalysis." Frontiers in Human Neuroscience 12 (September 2018): 359. https://doi.org/10.3389/fnhum.2018.00359.
22. 헥토르 가르시아, 프란체스크 미라예스 지음, 이주영 옮김, 《나이 들어가는 내가 좋습니다》(세종서적, 2020).

6장 | 자극 금식의 기술

1. 로레타 그라지아노 브루닝, 《뇌가 행복해지는 습관》.
2. Emmons, Henry. *The Chemistry of Calm: A Powerful, Drug-Free Plan to Quiet Your Fears and Overcome Your Anxiety*. New York: Touchstone, 2011.
3. Killingsworth, Matthew A., and Daniel T. Gilbert. "A Wandering Mind Is an Unhappy Mind." *Science* 330, no. 6006 (November 12, 2010): 932. https://www.doi.org/10.1126/science.1192439.
4. 대니얼 Z. 리버먼, 마이클 E. 롱, 《도파민형 인간》.
5. Soroka, Stuart, and Stephen McAdams. "News, Politics, and Negativity." *Political Communication* 32, no. 1 (2015): 1–22. https://www.doi.org/10.1080/10584609.2014.881942.
6. Erisen, Elif. "Negativity in Democratic Politics. By Stuart N. Soroka. (Cambridge University Press, 2014)" (review). Journal of Politics 77, no. 2 (April 2015): e9–10. https://www.doi.org/10.1086/680144.
7. Mrug, Sylvie, Anjana Madan, Edwin W. Cook III, and Rex A. Wright. "Emotional and Physiological Desensitization to Real-Life and Movie Violence." *Journal of Youth and Adolescence* 44, no. 5 (May 2015): 1092–108. https://doi.org/10.1007/s10964-014-0202-z.
8. Smith, Jennifer L., and Fred B. Bryant. "Savoring and Well-Being: Mapping the Cognitive-Emotional Terrain of the Happy Mind." In *The Happy Mind: Cognitive Contributions to Well-Being*, 139–56. Cham, Switzerland: Springer International, 2017.
9. Smith and Bryant. "Savoring and Well-Being."
10. Kane, Colleen. "Homes of Billionaires: Warren Buffett." CNBC, July 26, 2012. https://www.cnbc.com/2012/07/26/Homes-of-Billionaires:-Warren-Buffett.html; Gates, Bill, and Melinda Gates. "Warren Buffett's Best Investment." GatesNotes (blog), February 14, 2017. https://www.gatesnotes.com/2017-Annual-Letter.
11. Blakemore, Sarah-Jayne. "The Social Brain in Adolescence." *Nature Reviews Neuroscience* 9, no. 4 (April 2008): 267–77. https://www.doi.org/10.1038/nrn2353.
12. Robson, David. "A Brief History of the Brain." *New Scientist*, September 21, 2011. https://www.newscientist.com/article/mg21128311-800-a-brief-history-of-the-brain.
13. 대니얼 리버먼 지음, 김명주 옮김, 《우리 몸 연대기》(웅진지식하우스, 2018).

7장 | 아날로그 선택하기

1. "COVID-19: Screen Time Spikes to over 13 Hours per Day according to Eyesafe Nielsen Estimates." Eyesafe, March 28, 2020. https://eyesafe.com/covid-19-screen-time-spike-to-over-13-hours-per-day.
2. "COVID-19: Screen Time Spikes to over 13 Hours per Day According to Eyesafe Nielsen Estimates." Eyesafe.
3. 크리스 베일리 지음, 소슬기 옮김, 《습관적 몰입》(알에이치코리아, 2023).
4. 대니얼 리버먼, 《우리 몸 연대기》.
5. Althoff, Tim, et al. "Large-Scale Physical Activity Data Reveal Worldwide Activity Inequality." *Nature* 547, no. 7663 (July 20, 2017): 336–39. https://www.doi.org/10.1038/nature23018.
6. Tudor-Locke, Catrine, and David R. Bassett Jr. "How Many Steps/Day Are Enough?: Preliminary Pedometer Indices for Public Health." Sports Medicine 34, no. 1 (January 2004): 1–8. https://www.doi.org/10.2165/00007256-200434010-00001.
7. Laskowski, Edward R. "How Much Should the Average Adult Exercise Every Day?" Mayo Clinic, April 27, 2019. https://www.mayoclinic.org/healthy-lifestyle/fitness/expert-answers/exercise/faq-20057916.
8. 켈리 맥고니걸 지음, 박미경 옮김, 《움직임의 힘》(안드로메디안, 2020).
9. Bailey, Chris. "Want to Become Happier? Get Moving!" A Life of Productivity, June 16, 2020. https://alifeofproductivity.com/want-to-become-happier-get-moving.
10. Bailey. "Want to Become Happier?"
11. Bailey. "Want to Become Happier?"
12. Bailey. "Want to Become Happier?"
13. Birak, Christine, and Marcy Cuttler. "Why Loneliness Can Be as Unhealthy as Smoking 15 Cigarettes a Day." CBC News, August 17, 2017. https://www.cbc.ca/news/health/loneliness-public-health-psychologist-1.4249637.
14. Ducharme, Jamie. "Why Spending Time with Friends Is One of the Best Things You Can Do for Your Health." *Time*, June 25, 2019. https://time.com/5609508/social-support-health-benefits.
15. Holt-Lunstad, Julianne, et al. "Loneliness and Social Isolation as Risk Factors for Mortality: A Meta-analytic Review." *Perspectives on Psychological Science* 10, no. 2 (March 2015): 227–37. https://www.doi.org/10.1177/1745691614568352.
16. Zaki, Jamil. "'Self-Care' Isn't the Fix for Late-Pandemic Malaise." *The Atlantic*,

October 21, 2021. https://www.theatlantic.com/ideas/archive/2021/10/other-care-self-care/620441.

17. Harte, Jane L., Georg H. Eifert, and Roger Smith. "The Effects of Running and Meditation on Beta-Endorphin, Corticotropin-Releasing Hormone and Cortisol in Plasma, and on Mood." Biological Psychology 40, no. 3 (June 1995): 251-65. https://www.doi.org/10.1016/0301-0511(95)05118-t.

18. Howland, Robert H. "Vagus Nerve Stimulation." *Current Behavioral Neuroscience Reports* 1, no. 2 (June 2014): 64–73. https://www.doi.org/10.1007/s40473-014-0010-5; Baenninger, Ronald. "On Yawning and Its Functions." *Psychonomic Bulletin & Review* 4, no. 2 (June 1997): 198-207. https://www.doi.org/10.3758/BF03209394; Wile, Alfred L., Brandon K. Doan, Michael D. Brothers, and Michael F. Zupan, "Effects of Sports Vision Training on Visual Skill Performance: 2189 Board #160 May 30 9:00 AM -10:30 AM." *Medicine & Science in Sports & Exercise* 40, no. 5 (May 2008): S399. https://www.doi.org/10.1249/01.mss.0000322701.18207.3b.

19. Vgontzas, Alexandros N., et al. "Chronic Insomnia Is Associated with Nyctohemeral Activation of the Hypothalamic-Pituitary-Adrenal Axis: Clinical Implications." *Journal of Clinical Endocrinology & Metabolism* 86, no. 8 (August 2001): 3787–94. https://www.doi.org/10.1210/jcem.86.8.7778.

20. Garrett, Bridgette E., and Roland R. Griffiths. "The Role of Dopamine in the Behavioral Effects of Caffeine in Animals and Humans." Pharmacology, Biochemistry, and Behavior 57, no. 3 (July 1997): 533-41. https://www.doi.org/10.1016/s0091-3057(96)00435-2.

21. Lovallo, William R., et al. "Caffeine Stimulation of Cortisol Secretion across the Waking Hours in Relation to Caffeine Intake Levels." Psychosomatic Medicine 67, no. 5 (September 2005): 734-39. https://www.doi.org/10.1097/01.psy.0000181270.20036.06; Lane, J. D., et al. "Caffeine Effects on Cardiovascular and Neuroendocrine Responses to Acute Psychosocial Stress and Their Relationship to Level of Habitual Caffeine Consumption." Psychosomatic Medicine 52, no. 3 (May 1990): 320-36. https://www.doi.org/10.1097/00006842-199005000-00006.

22. Hughes, R.N. "Drugs Which Induce Anxiety: Caffeine." New Zealand Journal of Psychology 25, no.1 (June 1996): 36-42.

23. "Caffeine Chart." Center for Science in the Public Interest. Accessed July 28, 2021. https://cspinet.org/eating-healthy/ingredients-of-concern/caffeine-chart.

24. Mehta, Foram. "What You Should Know about L-Theanine." *Healthline,* January 20,

2021. https://www.healthline.com/health/l-theanine.

25. "Alcohol Facts and Statistics." National Institute on Alcohol Abuse and Alcoholism. Accessed March 4, 2022. https://www.niaaa.nih.gov/publications/brochures-and-fact-sheets/alcohol-facts-and-statistics.

26. "Alcohol Facts and Statistics."

27. "Alcohol Facts and Statistics."

28. Stiehl, Christina. "Hangover Anxiety: Why You Get 'Hangxiety' after a Night of Drinking." Self, January 1, 2021. https://www.self.com/story/hangover-anxiety.

29. Banerjee, Niladri. "Neurotransmitters in Alcoholism: A Review of Neurobiological and Genetic Studies." *Indian Journal of Human Genetics* 20, no. 1 (2014): 20-31. https://www.doi.org/10.4103/0971-6866.132750.

30. Banerjee. "Neurotransmitters in Alcoholism."

31. Banerjee. "Neurotransmitters in Alcoholism."

32. Banerjee. "Neurotransmitters in Alcoholism."

33. Frank lin, Carl, Jason Fung, and Megan Ramos. "Stress and Weight Gain," December 13, 2017. The Obesity Code Podcast. 48:05. https://podcasts.apple.com/us/podcast/stress-and-weight-gain/id1578520037?i=1000530185283.

34. Timonen, M., et al. "Depressive Symptoms and Insulin Resistance in Young Adult Males: Results from the Northern Finland 1966 Birth Cohort." *Molecular Psychiatry* 11, no. 10 (October 2006): 929-33. https://www.doi.org/10.1038/sj.mp.4001838.

35. Dallman, Mary F. "Stress-Induced Obesity and the Emotional Nervous System." *Trends in Endocrinology & Metabolism* 21, no. 3 (March 2010): 159-65. https://www.doi.org/10.1016/j.tem.2009.10.004.

36. Kershaw, Erin E., and Jeffrey S. Flier. "Adipose Tissue as an Endocrine Organ." Journal of Clinical Endocrinology & Metabolism 89, no. 6 (June 2004): 2548-56. https://www.doi.org/10.1210/jc.2004-0395.

37. Dallman. "Stress-Induced Obesity."

38. Berridge, Kent C., and Terry E. Robinson. "What Is the Role of Dopamine in Reward: Hedonic Impact, Reward Learning, or Incentive Salience?" *Brain Research Reviews* 28, no. 3 (December 1998): 309-69. https://www.doi.org/10.1016/s0165-0173(98)00019-8.

39. Emmons, Henry. *The Chemistry of Calm: A Powerful, Drug-Free Plan to Quiet Your Fears and Overcome Your Anxiety.* New York: Touchstone, 2011.

8장 | 평온함과 생산성의 관계

1. Dwyer, Karen Kangas, and Marlina M. Davidson. "Is Public Speaking Really More Feared Than Death?" Communication Research Reports 29, no. 2 (2012): 99107. https://www.doi.org/10.1080/08824096.2012.667772.
2. Cowan, Nelson. "Working Memory Underpins Cognitive Development, Learning, and Education." *Educational Psychology Review* 26, no. 2 (June 2014): 197-223. https://www.doi.org/10.1007/s10648-013-9246-y.
3. Moran, Tim P. "Anxiety and Work ing Memory Capacity: A Meta-analysis and Narrative Review." *Psychological Bulletin* 142, no. 8 (August 2016): 831-64. https://www.doi.org/10.1037/bul0000051.
4. Moran. "Anxiety and Working Memory Capacity."
5. 이는 모란의 논문 〈불안과 작업 기억 용량: 메타 분석 및 비체계적 문헌고찰〉을 각색한 측정치다. 본 분석에서 모란은 불안이 작업 기억 용량을 감소시키는 정도를 측정했지만, 그의 결과는 표준 편차 내에서 측정되었다. 이 수치를 단순 상관 측정치로 변환시키기 위해, 표준 편차 측정치를 효과 크기Cohen's d(Hedges and Olkin, 1985에 근거)로 변환했다. 이로써 원래의 효과 크기와 연관된 상관관계를 측정했다(Rosenthal, 1984 사용). 이렇게 해서 얻은 최종 결과가 -16.47퍼센트였다. 이후 모란에게 연락해 내가 그의 결과를 올바로 해석한 것인지 확인했더니 그 역시 같은 결과를 얻었다고 답해주었다. 불안이 작업 기억 용량에 끼치는 영향에 관한 상충된 연구가 얼마나 많은지 파악하기란 어렵다. 이런 점에서 모란의 논문은 더욱 적절하고 중요하다. 그의 연구는 불안이 작업 기억 용량을 감소시키는 정도를 분석한 것들 중 내가 찾은 최고의 자료다.
6. 2021년 6월 10일, 저자 크리스 베일리가 팀 모란을 인터뷰한 내용.
7. Eysenck, Michael W., et al. "Anxiety and Cognitive Performance: Attentional Control Theory." *Emotion* 7, no. 2 (May 2007): 336-53. https://www.doi.org/10.1037/1528-3542.7.2.336.
8. Chai, Wen Jia, Aini Ismafairus Abd Hamid, and Jafri Malin Abdullah. "Work ing Memory from the Psychological and Neurosciences Perspectives: A Review." *Frontiers in Psychology* 9 (March 2018): 401. https://www.doi.org/10.3389/fpsyg.2018.00401; and Lukasik, Karolina M., et al. "The Relationship of Anxiety and Stress with Work ing Memory Performance in a Large Non-depressed Sample." *Frontiers in Psychology* 10 (January 2019): 4. https://www.doi.org/10.3389/fpsyg.2019.00004.
9. Azarian, Bobby. "How Anxiety Warps Your Perception." BBC, September 29, 2016.

https://www.bbc.com/future/article/20160928-how-anxiety-warps-your-perception.

10. Baddeley, A. D. "A Zeigarnik-like Effect in the Recall of Anagram Solutions." Quarterly Journal of Experimental Psychology 15, no. 1 (March 1963): 63-64. https://www.doi.org/10.1080/17470216308416553.

9장 | 평온함이 숨 쉬는 곳

1. Black, Nicola, et al. "Cannabinoids for the Treatment of Mental Disorders and Symptoms of Mental Disorders: A Systematic Review and Meta-analysis." *The Lancet: Psychiatry* 6, no. 12 (December 2019): 995-1010. https://www.doi.org/10.1016/S2215-0366(19)30401-8.
2. Black et al. "Cannabinoids for the Treatment of Mental Disorders.
3. "Coronavirus Declared Global Health Emergency by WHO." BBC News, January 31, 2020. https://www.bbc.com/news/world-51318246.

옮긴이 **김미정**

인문, 사회 분야의 책을 우리말로 옮기고 있으며, 번역 에이전시 엔터스코리아의 전문 번역가로도 활동하고 있다. 《내 안의 무한 동기를 깨워라》, 《데일 카네기 인간관계론》, 《데일 카네기 자기관리론》, 《최소 노력의 법칙》, 《멘탈이 강해지는 연습》, 《감정 회복력》, 《고쳐쓰기, 좋은 글에서 더 나은 글로》, 《모두를 위한 지구》(공역), 《비즈니스 혁명, 비콥》(공역) 등 다수의 책을 번역했다.

불안한 마음을 줄여드립니다

1판 1쇄 인쇄 2024년 9월 10일
1판 1쇄 발행 2024년 9월 25일

지은이 크리스 베일리
옮긴이 김미정

발행인 양원석 **편집장** 차선화 **책임편집** 박시솔
디자인 강소정, 김미선 **영업마케팅** 윤우성, 박소정, 이현주, 정다은, 유민경

펴낸 곳 ㈜알에이치코리아
주소 서울시 금천구 가산디지털2로 53, 20층 (가산동, 한라시그마밸리)
편집문의 02-6443-8890 **도서문의** 02-6443-8800
홈페이지 http://rhk.co.kr
등록 2004년 1월 15일 제2-3726호

ISBN 978-89-255-7460-8 (03190)

※ 이 책은 ㈜알에이치코리아가 저작권자와의 계약에 따라 발행한 것이므로
본사의 서면 허락 없이는 어떠한 형태나 수단으로도 이 책의 내용을 이용하지 못합니다.
※ 잘못된 책은 구입하신 서점에서 바꾸어 드립니다.
※ 책값은 뒤표지에 있습니다.

이 책의 본문은 '을유1945' 서체를 사용했습니다.